一般行政法 I
〈総 論〉

General Theory
of
Administrative Law
VOLUME I

尹龍澤・島田 新一郎 著

八千代出版

　　　　　　　は　し　が　き

　平成 16 年に日本の法曹養成制度を根底から変革する法科大学院制度が開設されると、行政法が基本科目に加えられ、司法試験の必須科目になった。必ずしも行政法に関心のない学生も出席していた法学部の授業とは異なり、法科大学院での授業は、まさに寝る間も惜しんで学修する学生に対して、法学部の半分ほどの授業時間数で、日本の最難関の試験に合格するだけの実力をつけなければならないのである。法科大学院そのものが初めて導入された制度であるから、受講する学生はもちろん、教える側にとっても初めての経験であり、手本にすべき実例もなかった。授業での教授の仕方や教材の開発・選択に悩み、正直、法科大学院の授業は、当初の予想以上に厳しいものであった。

　しかし、法科大学院での教員生活も 10 年を過ぎた今では、学生と教員との双方向多方向の質疑応答を通じて高度な知識と思考を互いに学び合う法科大学院の授業こそが、高等教育の本来の姿ではないかと思っている。また、法科大学院では、一定数の実務家教員の採用が義務づけられていることから、ときには実務家教員と共同で授業を受け持つという大変刺激的な場も与えられた。大学院博士課程を修了してから一貫して研究と教育に携わってきた尹の授業に、弁護士でもある島田も参加して、学生に実務的観点からのアドバイスをしたが、これは分かりやすいと学生から高い評価を得た。これに気をよくして、私たちは、授業のための事前の打ち合わせや反省会をしばしば持つようになり、どうすれば分かりやすく説明できるか、どうすれば効率的に学修できるか、さまざまな試行錯誤を繰り返した。

　また、法科大学院は、多様な背景を持った法曹を要請するとの理念のもとに、これまでまったく法律を学んだことのない法学未修者をも 3 年間の教育で法律のプロに育てるという難題の解決が要求されている。私たちは、この十余年の経験をふまえて、この難題解決のためには、何よりも基本をしっかり学ぶことが大事であるとの考えに至った。所詮、応用とは基本の延長であ

り、その組み合わせに過ぎないからである。

　本書は、私たちの法科大学院での教育の経験をもとに、初めて行政法を学ぼうとする学生が、行政法の基本を効率的に学修できるようにとの目的で執筆したものである。そのために、できるだけ分かりやすい叙述を心がけたのはもちろんであるが、本書の冒頭に行政法の全体像を俯瞰した序論を置くことで読者が一人で学ぶ際の地図を与え、また、判例の紹介においても、できるだけ具体的な事実関係を知ることで行政法理論の実際の適用を理解しやすいようにした。

　このような工夫により、しっかりと腰を下ろして時間をかけさえすれば、初めて行政法を学ぶ学生でも、一人で読み通すことができるものになったのではないかと自負している。他の法律科目に比べて決して学びやすいとはいえない行政法ではあるが、本書が行政法の学修を必要とする人々にとって、いささかでも役に立てばこれに過ぎる喜びはない。

　なお、本書は、いわゆる「行政法総論・行政組織法」のみを扱ったものであり、「行政救済法」についても、後日機会をみて執筆するつもりである。

2015 年 10 月 18 日

尹　　　龍　澤
島田新一郎

目　　次

はしがき　*i*
凡　　例　*x*

序論　行政法学の全体像……………………………………………………… 1
1　行政法とは何か？　*1*　　2　日本行政法の特色　*2*　　3　行政法の基本原理　*3*　　4　行政組織法　*5*　　5　行政作用法　*7*　　6　行政の実行性確保の手段　*9*　　7　行政救済法　*10*　　8　現代行政法の変化　*11*

第 1 部　行政法の基本原理

第 1 章　行政法と行政……………………………………………………… 16
第 1 節　行政法の意義と行政法の主要な分野　*16*
　1　意義　*16*　　2　主要な分野　*16*　　3　行政法総論・各論から行政法総論・行政救済法へ　*18*
第 2 節　行政の概念とその分類　*19*
　1　行政の概念　*19*　　2　行政の分類　*20*

第 2 章　行政上の法律関係と公法・私法………………………………… 23
第 1 節　行政上の法律関係　*23*
第 2 節　公法・私法と行政法　*23*
　1　公法私法二元論　*23*　　2　公法私法一元論の登場　*24*　　3　公法私法一元論と行政概念との関係　*25*
　裁　判　例　*25*

第 3 章　法律による行政の原理と行政法の法源………………………… 28
第 1 節　法律による行政の原理　*28*
　1　法律の法規創造力の原則　*28*　　2　法律の優位（優先）の原則　*28*　　3　法律の留保の原則　*28*
第 2 節　行政法の法源　*30*
　1　意義　*30*　　2　成文法源　*31*　　3　不文法源　*32*
　裁　判　例　*34*

iii

第2部　行政組織法

第1章　行政組織法総論 …………………………………… 38
第1節　行政組織法の意義および性質　**38**
1　行政主体の種類　**38**　　2　特別行政主体　**38**　　3　行政組織法の3部門　**42**
4　行政組織法の性質　**42**
第2節　行政組織の類型と構成原理　**43**
1　行政組織の類型　**43**　　2　行政組織の構成原理　**43**　　3　憲法の定める行政組織　**45**
　裁　判　例　**46**

第2章　行　政　機　関 ……………………………………… 48
第1節　行政機関の意義および種類　**48**
1　行政機関の意義　**48**　　2　行政機関の種類　**49**
第2節　行政機関の権限　**51**
1　権限の意義・限界・効果　**51**　　2　権限の代行　**52**
第3節　行政機関相互間の関係　**55**
1　上下行政機関間の関係　**55**　　2　対等行政機関間の関係　**57**

第3章　国家行政組織法 …………………………………… 59
第1節　国家行政組織法の意義　**59**
第2節　内　　　閣　**60**
1　内閣の組織　**60**　　2　内閣の職務権限　**61**　　3　内閣の運営　**62**　　4　内閣の補助部局　**62**　　5　内閣の統轄下にある行政機関　**63**　　6　独立行政機関　**67**
　裁　判　例　**68**

第4章　地方行政組織法 …………………………………… 70
第1節　地方行政組織　**70**
1　地方自治の必要性　**70**　　2　地方自治の法的性格と地方自治の本旨　**70**　　3　地方行政に関する法源　**72**
第2節　地方公共団体の性質および種類　**73**
1　地方公共団体の性質　**73**　　2　地方公共団体の種類　**73**
第3節　地方公共団体の構成要素　**74**
1　区域　**74**　　2　住民　**75**　　3　自治権　**75**
第4節　住民の権利と義務　**75**

1　住民の権利と義務　*75*　　2　住民監査請求および住民訴訟　*77*
　第5節　地方公共団体の事務　*78*
　　　1　国と地方公共団体の役割分担の原則　*78*　　2　地方公共団体の事務　*79*　　3　地方公共団体に対する国の関与　*79*
　第6節　地方公共団体の権能　*81*
　　　1　自治立法権　*82*　　2　自治組織権　*83*　　3　自治行政権　*84*　　4　自治財政権　*84*
　第7節　地方公共団体の機関　*84*
　　　1　首長制の採用　*84*　　2　地方公共団体の議会　*85*　　3　地方公共団体の執行機関　*87*　　4　議会と長の関係　*89*　　5　委員会および委員　*90*　　6　地方公共団体相互間の関係　*91*
　第8節　大都市等に関する特例　*92*
　　　1　指定都市　*92*　　2　中核市　*93*
　第9節　特別地方公共団体の組織　*93*
　　　1　特別区　*93*　　2　地方公共団体の組合　*94*　　3　財産区　*94*
　　裁　判　例　*95*

第5章　公務員法 ……………………………………………………… 98
第1節　公務員の意義と種類　*98*
　　　1　公務員の意義　*98*　　2　公務員の種類　*99*
第2節　国家公務員の任用および分限　*100*
　　　1　任用　*100*　　2　分限　*101*　　3　懲戒　*102*　　4　不利益処分に対する救済　*103*
第3節　国家公務員の権利と義務　*104*
　　　1　公務員の権利　*104*　　2　公務員の義務　*105*　　3　公務員の責任　*107*

第6章　公　物　法 ……………………………………………………… 108
第1節　公物法の範囲　*108*
第2節　公物の意義および分類　*108*
　　　1　公物の意義　*108*　　2　公物の分類　*109*
第3節　公物の成立・消滅および公物法的特色　*110*
　　　1　公物の成立　*110*　　2　公物の消滅　*110*　　3　公物の法的特色　*111*
第4節　公物の使用関係　*112*
　　　1　一般使用　*112*　　2　許可使用　*113*　　3　特許使用　*114*

第3部　行政作用法

第1章　行政作用法総論 …… 116
第1節　行政活動の形式　116
1 多種・多様な行政活動とその分類　116　2 目的・内容による区別　116　3 行為形式による区別　118
第2節　行政活動に対する法的統制　119
1 必要性　119　2 法的統制のあり方　120　3 第3部の構成について　121

第2章　行政立法 …… 122
第1節　行政立法の意義・種類　122
1 意義　122　2 種類　123
第2節　法的統制　124
1 執行命令への統制　124　2 委任命令への統制　125　3 行政規則への統制　127
　裁　判　例　130

第3章　行政行為 …… 137
第1節　行政行為の意義・種類・附款　137
1 意義　137　2 特色　137　3 伝統的な行政行為の分類　139　4 その他の分類　142　5 附款　143
第2節　法 的 統 制　145
1 行政行為の発効　145　2 行政行為の効力　147　3 行政行為の瑕疵　149　4 取消しと撤回（行政行為の失効）　155
　裁　判　例　158

第4章　行政上の義務履行確保 …… 168
第1節　行政上の義務履行確保の必要性　168
第2節　行政上の義務履行確保の方法　169
1 行政上の強制執行　169　2 即時強制　170　3 その他の方法　171
第3節　法 的 統 制　171
1 行政上の強制執行の根拠法　171　2 代執行に対する法的統制　172　3 執行罰に対する法的統制　175　4 直接強制に対する法的統制　176　5 司法上の強制執行との関係　177　6 行政上の強制徴収に対する法的統制　178　7 即時強制に対する法的統制　178　8 公表に対する法的統制　179

裁　判　例　*179*

第5章　行　政　罰 ……………………………………………… *182*
第1節　行政罰の意義・種類　*182*
第2節　行政罰に対する法的統制　*183*
　1　法律の根拠　*183*　　2　行政刑罰に対する法的統制　*183*　　3　秩序罰に対する法的統制　*184*
　　　裁　判　例　*186*

第6章　行　政　契　約 ………………………………………… *187*
第1節　行政契約の意義・種類　*187*
　1　意義　*187*　　2　行政契約の具体例　*187*　　3　行政契約の分類　*189*
第2節　法　的　統　制　*189*
　1　法律の根拠　*189*　　2　行政契約の性質　*190*　　3　法的統制の特質　*190*　　4　行政契約に関する司法的な統制　*195*
　　　裁　判　例　*195*

第7章　行　政　指　導 ………………………………………… *200*
第1節　行政指導の意義・類型　*200*
　1　意義　*200*　　2　類型　*200*　　3　役割と問題点　*201*
第2節　法　的　統　制　*202*
　1　法律の根拠　*202*　　2　実体的・手続的な統制　*202*　　3　行政指導を争う方法　*204*
　　　裁　判　例　*205*

第8章　行　政　計　画 ………………………………………… *211*
第1節　行政計画の意義・分類　*211*
　1　意義　*211*　　2　分類　*211*　　3　具体例としての都市計画　*212*
第2節　法　的　統　制　*214*
　1　法律の根拠　*214*　　2　実体的な統制　*214*　　3　手続的な統制　*215*　　4　行政計画の争い方　*216*
　　　裁　判　例　*217*

第9章　行　政　調　査 ………………………………………… *225*
第1節　行政調査の意義・種類　*225*

1　意義 *225*　　2　種類 *225*
第2節　法的統制 *226*
　　1　行政調査に対する法的統制 *226*　　2　任意調査に対する法的統制 *227*　　3　強制調査に対する法的統制 *227*　　4　行政調査と犯罪捜査 *229*　　5　行政調査の瑕疵と行政処分の効力 *229*
　　裁　判　例 *230*

第10章　行政裁量 ……………………………………………… *235*
第1節　行政裁量の概念 *235*
　　1　行政裁量の概念 *235*　　2　行政決定における判断過程と裁量 *238*　　3　裁量の有無の判断基準 *239*
第2節　裁量行為に対する法的統制 *241*
　　1　裁判所による行政処分に対する法的統制 *241*　　2　裁量権の逸脱・濫用の審査の具体的な方法 *244*
　　裁　判　例 *250*

第11章　行政手続 ……………………………………………… *267*
第1節　行政活動に対する手続的統制の必要性 *267*
第2節　行政手続法による法的統制 *270*
　　1　行政手続法の目的・対象 *270*　　2　申請に対する処分の手続 *271*　　3　不利益処分の手続 *273*　　4　行政指導の手続 *275*　　5　処分等の求め *276*　　6　届出の手続 *277*　　7　意見公募手続 *277*
第3節　行政手続違反と処分の効力 *278*
　　裁　判　例 *279*

第12章　行政情報の管理 ……………………………………… *283*
第1節　行政情報を管理する制度 *283*
第2節　情報公開制度 *284*
　　1　目的 *284*　　2　開示請求 *284*　　3　不開示情報 *285*　　4　第三者の保護 *287*　　5　法的救済制度 *287*
第3節　個人情報保護制度 *288*
　　1　個人情報保護制度の概要 *288*　　2　行政機関個人情報保護法 *288*
第4節　公文書の管理 *290*
　　裁　判　例 *291*

主要参考文献　*297*
事項索引　*298*
判例索引　*304*

凡　　例

判例については下記のように表示する。
「最判昭和50・2・25民集29巻2号143頁」は、「最高裁判所判決昭和50年2月25日最高裁判所民事判例集29巻2号143頁」を示す。

［判例の略称］
最大判　　　最高裁判所大法廷判決
最判（決）　最高裁判所判決（決定）
高判（決）　高等裁判所判決決定
大判　　　　大審院判決

［判例集、法律雑誌の略称］
民集　　　　大審院・最高裁判所民事判例集
刑集　　　　大審院・最高裁判所刑事判例集
集　　　　　最高裁判所判例集
裁判集民事　最高裁判所裁判集民事
裁判集刑事　最高裁判所裁判集刑事
行集　　　　行政事件裁判例集
判時　　　　判例時報
判自　　　　判例地方自治

序論　行政法学の全体像

1　行政法とは何か？

(1)　言語的には、行政法＝「行政＋法」、すなわち「行政に関する法」である。しかし、「行政法」という名称を持った法律（単一法典）はない。その理由は、①行政の範囲が広く、②法律で定めなければならない事項が多いために、1つの法典では規定しきれないからである（もし日本で単一の行政法典を制定するとすれば、何万条もの膨大な法典となり、かえって使い勝手の悪いものになるであろう）。

日本には現在、約1900本の法律があるといわれるが、そのうちの少なく見積もっても3分の2以上が、「行政に関する法」である。これらの「行政に関する法」のうちから、私人間（＝国民間）の法律関係に適用されるものと共通の性質を持つ法（＝私法）を除いたもの、すなわち「行政に関する特殊固有の性質を持つ法」（＝公法）だけを「行政法」と呼んでいる。つまり、行政法＝「行政に関する法」－「私法」ということになる。

(2)　ところで、「行政に関する特殊固有の性質を持つ法」の意味は何か。具体的には、①国家が統治権の主体として優越的な立場から国民に対して命令強制する関係（たとえば、警察、租税、土地収用などの権力関係）を規律する法と、②行政が公共施設を管理したり、公共事業を実施するにあたって公益の円滑な実現のために私法とは異なる規律を設ける法（たとえば、道路や河川の管理、公営住宅の維持管理などの公益関係）を指している。

(3)　この「行政法」に共通する規則（＝行政法通則）は、①幅広い行政に共通する内容を定めたいくつかの実定法、②行政法理論（＝学説）、③争いの解決を通じて示した裁判所の判断（＝行政法判例）からなる。そして、このよ

図表1　行政法の対象領域

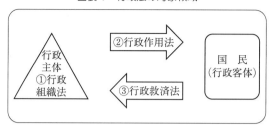

うな事項を体系化したものが「行政法学」である。この行政法学の対象領域は、行政の①組織（＝行政組織法）、②作用（＝行政作用法）、③紛争処理（＝行政救済法）の3つの分野からなる（**図表1**）。

2　日本行政法の特色

(1)　行政法の母国であるフランスとドイツ（＝大陸法）では「2つの法と2つの裁判所（two laws, two courts）」であるのに対して、英米法では「1つの法と1つの裁判所（one law, one court）」である。大陸法の国では、行政事件を審理するために、通常の司法裁判所とは異なる行政裁判所が設置され、そこでの判例によって、「行政に関する特殊固有の性質を持つ法」（＝公法）の体系としての行政法が形成された。

　これに対して、英米法の国では、国家機関も私人も、同じ法（common law）が適用され、同じ裁判所で裁かれるので、行政法（＝公法）は、英米法系の国では存在しないとされていた。

(2)　しかし、現在の日本では「2つの手続法（＝民事訴訟法と行政事件訴訟法）と1つの裁判所（＝司法裁判所のみ）」という、大陸型と英米型の折衷型を採用しているため、公法と私法の区別は相対化している。

　折衷型を採用した理由は、日本における「法の近代化」＝「西欧法の継受（移植）」の過程にある。法の継受には、判例法主義の英米よりも制定法主義の大陸法が便利である。そこで①当初はフランス法の移植を試みるが、フランスとドイツの戦争（1870～1871年）でドイツが勝利するや、②後進資本主義国で、かつ、君主国でもあるという日本との共通性を有していたドイツ法を

模範として法の近代化を進めた。しかし、その後、③第二次世界大戦に敗北して、アメリカに占領されることで、アメリカ法の影響を受けることになったためである。

（3）　もっとも、現在では、英米法系の国でも、行政手続法を中心とする行政法が成立し、特に、アメリカ行政法では、行政委員会（Administrative Commissions）などでの準司法的（quasi-judicial）な行政手続をめぐる判例が中心となっている。日本においても、今や行政手続は行政法の重要な原理の1つとなっている。

3　行政法の基本原理

（1）　行政法を貫く基本原理は、「人による行政の原理」ではなく、「法律による行政の原理」である。ドイツ行政法の父と呼ばれるオットー・マイヤー（Otto Mayer, 1846〜1924年）によれば、「法律による行政の原理」は、1) 法律の法規創造力の原則、2) 法律の優位の原則、3) 法律の留保の原則からなる。

　1)　**法律の法規創造力の原則**　　法律の法規創造力の原則とは、「法律（＝国民代表である国会の制定する法）」だけが「法規（＝国民の自由と財産に関する定め）」を「創造（＝作る）」することができるという原則である。したがって、行政機関が制定する法（＝命令）では、「法規」を作ることはできない。ただし、次のような例外がある。すなわち、①法律の委任に基づけば行政機関も法規を制定でき（＝委任命令）、また、②法規でない定め（＝国民の自由と財産とは無関係である法＝行政内部の組織規定など）であれば行政機関も制定できる。

　2)　**法律の優位の原則**　　法律の優位の原則とは、すべての行政活動は、それに関する法律の規定に違反することはできないという原則であり、これには例外はない。しかし、この原則だけでは、もし法律の規定がなければ、どのような行政でも可能なのかという問題が残ることになる。

　3)　**法律の留保の原則**　　そこで、「行政は、法律が認めた場合にしか活動できない」という、法律の留保の原則が必要となる。すなわち、この原則は、行政活動の基礎を創出できるのは法律だけであり、法律の授権（根拠）

なしには行政は活動できないというものである。

(2) もっとも、あらゆる活動に法律の根拠が必要とすれば、行政需要の拡大に迅速に対応できなくなるか、反対に、「行政は、必要なときには、必要なことを何でもできる」というような白紙委任の法律を制定することになり、法律による行政の原理を根底から否定する結果になるであろう。そこで、少なくとも重要な行政活動（たとえば、国民の権利を侵害したり義務を課すような侵害的な行政活動、具体的には課税処分、建物除却命令、土地収用の裁決など）については法律の根拠を必要とすることになる。結局、「法律による行政の原理」とは、行政は法律に基づき、法律に従って行われなければならないということを意味する（立法による統制）。これは、①国民の代表機関である国会の意思に従って行政が行われるという民主性を確保し、②国民に行政の行動を予測させることで法的安定を確保し、③行政の恣意的な行動から国民の自由と財産を確保するという3つの機能を有している。

(3) もっとも、行政活動に法律の根拠があっても、現実の行政活動は、法律に違反したり、国民の権利や自由を侵害する可能性がある。そこで、その場合には国民の権利を救済するために、①違法な行政権の行使（行政処分≒行政行為）の取消しなどを求める訴えの提起、または、②国民が被った損害の賠償を国家に対して求める国家賠償を請求することが認められる。このような司法的救済によって、「法律による行政の原理」の実効性が確保されるのである（司法による統制）。

司法の救済は、国民の側からみるとき事後的救済を意味する。しかし、「治療よりも予防が大切」である。特に、現代行政は複雑性と専門性が高まっているために、行政裁量が増大している（司法的救済の限界）。そこで、できるだけ事後の不満が生じないようにするために、行政権の行使を事前の適正ないし民主的な手続の下に置くことが重要になる（手続的統制＝行政手続の整備）。

現行の行政手続法は、①不利益な行政処分に先立って相手方にその理由や内容を知らせ（告知）、反論を述べる機会（聴聞）を与え、その理由については明確にするために処分書などに付記し（理由提示）、どのような場合にど

のような処分をするかという基準をあらかじめ定めて公にする（処分基準の設定・公表）ことによって、行政処分の公正の確保と国民の権利を守るという自由主義的な要請と、②行政立法の制定に際して利害関係者や国民の意見を提出させることによって国民を参加させるという民主主義的な要請に対応するものとなっている。

(4) 法律による行政の原理の目的は、法律によって行政活動を拘束することである。しかし、行政機関がどのような場合にどのように行動すべきかを、法律で詳細かつ一義的に定めておくことは不可能である。むしろ、法律の目的を達成するためには、具体的事情に応じて行政機関が適切な行動をすることができるように、法律の枠内で行政機関にある程度の判断の自由を与えておく必要がある。このように行政機関に判断の自由・余地を認めることを行政裁量という。

行政裁量は、法律による行政の原理の例外を認めることであり、それはまた、裁判所の法的コントロールが及ばないということを意味する。そこで、なるべく例外の範囲を狭めるために、法律の文言からは裁量を認めているように読めても、一般的な経験則によって判断が可能な場合（＝法規裁量）には裁判所は司法審査ができ、行政機関の高度な専門技術的判断・政策的判断による必要がある場合（＝自由裁量）には司法審査ができないとして区別している。

また、行政裁量が認められていても、法律が与えた権限の範囲を越えて行動したり（＝逸脱）、法律が権限を与えた本来の目的とは異なった目的のために行動した（＝濫用）場合には、司法審査が及ぶ（行政事件訴訟法30条）。量の違いが一定の範囲を超えると質の変化（不当から違法への変化）が起こると理解することもできる。

4 行政組織法

(1) 行政を考察する学問には、法律学の一分野である行政法学と、政治学の一分野である行政学とがある。行政の組織についての考察の方法も、政治学的方法と法律学的方法の2つがある。行政法は法律学の一分野であるか

ら、国や公共団体など（＝行政主体）と国民との間の権利義務関係を明らかにするという法的観点が重要である。この観点からは、行政主体の意思を国民に向かって表示する大臣や知事など（＝行政庁）が大きくクローズアップされる。これに対して、実際に誰がどのような行政（実質的決定）を行っているかという観点からの考察（たとえば官僚機関の活動など）が、行政学的方法ということができ、そこでは、選挙のたびに交代する大臣などよりも、官僚の最高位のポストであり、各省の実質的な最終決定権を有するといわれる事務次官を頂点とした巨大な官僚組織が考察の中心となる。この点が、行政組織の考察における行政法学と行政学との大きな相違点である。

(2)　国は、立法権の主体、司法権の主体、行政権の主体という3つの側面を持っている。このうち、行政権の主体として行動するときの国を、行政主体（または行政体）という。

(3)　行政主体は対外的な権利と義務を持つ法人である。法人は自然人と異なり、自ら活動することができないから、国に代わって実際に行政権を行使して、行政活動をするもの（頭脳や手足の役割）が必要となる。これが行政機関である。行政機関が行政主体を代表して活動することのできる範囲を権限という。行政機関が権限内で行った法律上の効果は行政主体に帰属する。民間の会社と取締役との関係と同じである。

(4)　行政機関は無数にあるが、法的観点からみてもっとも重要な行政機関は、行政主体のために、その意思を外部に表示する機関であり、これを行政庁という。

行政主体の意思を外部に表示する手段が行政法上の権利義務に関するものであれば行政行為となり、その手段が私法上の権利義務に関するものであるときは民法の法律行為（契約など）となる（図表2）。

たとえば、「飲食店を営もうとする者は、市長の許可を受けなければなら

図表2　民法と行政法の典型的な法律関係

民法：　人（自然人・法人）　―　法律行為（契約など）　―　人（自然人・法人）

行政法：　行政主体　―　行政行為・法律行為（契約など）　―　国民

ない」との規定があれば、「許可を与える」という意思（行政行為）を国民（＝外部）に対して表示する「市長」が行政庁である。

(5) 行政機関の地位にあり、公務に従事する人（その身分）を公務員という。公務員は行政主体に対して一定の権利と義務を持つ。

なお、地方公共団体や特別の法律に基づいて公共的事務を行うことを目的として設立された公の団体も行政主体である。日本の行政組織は、国にあっては議院内閣制度を採用し、地方公共団体にあっては首長制（または大統領制）を採用している。

5 行政作用法

(1) 国の行政作用を事項別（目的別）に分解しようとすれば、現在の省を基準に分けるのがもっとも簡単である。日本では現在、内閣府、総務省、法務省、外務省、財務省、文部科学省、厚生労働省、農林水産省、経済産業省、国土交通省、環境省、防衛省の12の府・省がある。

これらの府・省は、実は大きく5つに分けることができる。すなわち、19世紀の初頭には基本5省（古典的5省）といわれるものが存在していた。財務省、内務省、外務省、軍事省、法務省の5つである。これは、国の行政作用を次のような観点から分割したものである。すなわち、まず対外的行政と対内的行政に二分した。対外的行政のうちで平和的手段を用いるのが外務省であり、武力を用いるのが軍事省である。対内的行政は、お金を担当する財務省、法の執行を担当する法務省、それ以外の行政を担当する内務省の3つに分かれる。時代や国による違いも、実は内務省の細分化の程度の違いに過ぎないともいえる。

(2) しかし、行政の活動は各種の個別の行政法規に基づいて行われるが、これらの多数の行政法令を個々に分析しても、行政全般に妥当性を持つ共通の法理（＝行政領域を横断して共通に存在する法理）を発見することは困難である。そこで、行政法では、行政目的を達成するための手段（＝行政の行為形式）に着目して分類し、その手段（形式）ごとの特有な法的性質を分析する方法がとられている。この点が、同じく行政の活動を対象とする行政学との行政作

用の考察における大きな相違点である。このような分類方法は、それぞれの行政活動についての法的判断（適法要件、有効要件、行政手続、行政強制、訴訟の方法など）が容易になるという利点がある。

(3) 代表的な「行政の行為形式」としては、行政行為（≒行政処分）、行政立法、行政上の強制執行、即時強制、行政契約、行政指導、行政計画、行政調査の8つがある。これらを整理すれば、**図表3**のようになる。

ここで、行政計画と行政調査が他の行為形式とは別途独立して書かれているのは、まず、行政計画については、法的行為のものもあれば事実行為のものもあり、多くは抽象的なものであるが、中には具体的なものもあるからである。しかし、行政計画は、行政の方向性（場合によっては国家の方向性までも）を実質的に決定するほどの影響力を有しているために、これをどのように把握し、規律するかは、現代行政法の大きな課題の1つである。また、行政調査は、かつては即時強制の1つとして論じられていた。しかし、即時強制は、相手方に義務を課すことなく、その者の身体または財産に対して実力を行使することで行政目的の実現をはかる行為であるのに対して、行政調査による情報の収集活動には、その非協力に対する強制（権力性）の有無やその程度について多様なものが存在していることから、独立の行為類型として把握されるようになったものである。

なお、行政上の強制執行は、後に述べる「行政の実行性確保の手段」とし

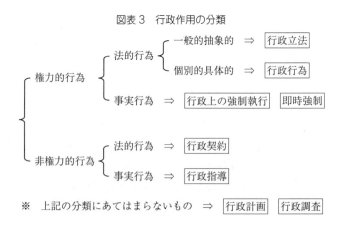

図表3　行政作用の分類

て位置づけられるものでもある。

(4) このうち「行政行為」は、元来は裁判の判決との類似性から作り出された概念である。その類似性とは、①裁判所も行政庁も国家機関であること、②判決も行政行為も法律を具体的に適用する行為であることの２つである。そこで、第１審判決がたとえ間違っていても第２審で覆されるまでは有効であるのと同様に、行政行為もたとえ違法であっても取消権限を有する機関によって取り消されない限り有効なものとして扱われるという効力を持つとした。この効力を公定力といい、行政行為のもっとも中心的な効力である。この公定力を否定するための特別な手続（その中心が取消訴訟）を学ぶことが、行政救済法の中心的な課題である。

(5) 行政過程は、原則的には①法律（＝国民の代表である議会によるルール）の制定→②行政による規範定立作用としての行政立法（＝より具体化されたルール）の制定→③行政活動の典型である行政行為（＝ルールの適用）→④行政行為を実現するための義務履行確保へと進む。たとえば、所得税法→所得税法施行規則（＝行政立法）→課税の決定（＝行政行為）→強制徴収（財産の差押えなどの滞納処分）である。

(6) 行政契約は、行政主体が私人と同等の立場で契約を締結するものである。バスなどの公営の交通手段の提供、道路や橋の建設など、国民への給付行政の展開に伴って増えている。

(7) 行政指導は、相手方私人の任意の協力を前提として、基本的には説得によって行政機関が私人をその企図する目的に沿った行動をとるように促すものである。

6 行政の実行性確保の手段

(1) 民事法では自力救済の禁止の原則がある（＝司法的執行の原則）。しかし、行政上の義務履行に関しては、法律で行政機関に自力救済を認めている場合が多い（自力執行力という）。その理由は、①司法権と同様に行政権も国家的作用であるので、行政目的の円滑な実現を保障すべきであること、②司法権の負担を軽減すべきであることがあげられる。

強制執行の種類は、1）金銭支払義務以外の義務に関するものとしては、①代執行、②執行罰、③直接強制があり、2）金銭支払義務（納税義務など）に関するものとしては、④強制徴収がある。

　(2)　かつての日本の法律（行政執行法）では、代執行や執行罰で効果がないときには直接強制を義務履行確保の一般的な最終的手段として用意していた。そこでは、国民に対する義務を命ずる権限を行政に与える法律は、その義務を行政自らが強制的に執行する権限も与えているとの論理が成り立ち、実際にもそのように理解されていた。

　しかし、法律による行政の原理を徹底するならば、命令と強制とは自由の侵害の性質が異なるのであるから、行政上の命令権を基礎づける法律の根拠とは別に、行政上の強制執行それ自体を基礎づける法律の根拠が必要であると考えるべきである。

　また、法制度上も、現在の日本では行政執行法は廃止され、一般的に認められている行政上の強制執行の手段としては、行政代執行（行政代執行法）と強制徴収（国税徴収法、地方税法など）だけとなった。行政代執行は、他人が代わってすることのできる義務（＝代替的作為義務）に対してのみ有効であり、強制徴収は金銭支払義務に対してのみ有効であるので、その他の不作為義務や代替できない義務の不履行に対して義務履行を強制するためには、直接強制や執行罰を定めた個別の法律が必要となっている。

　(3)　強制執行のように、行政主体が自らの手で義務が履行された状態を直接作り出すのではなく、義務違反に対して痛い目に遭わせる（＝制裁）という仕組みもある。これが行政罰である。行政罰はその威嚇効果によって間接的に義務履行確保につながっている。

　もっとも、刑罰は裁判所が科すために公平・慎重である反面、警察や検察の人員不足のために重大で悪質な義務違反以外は事実上放置される（＝起訴便宜主義）という問題点もある。

7　行政救済法

　違法な行政活動によって私人の権利・法的利益が侵害されている場合に、

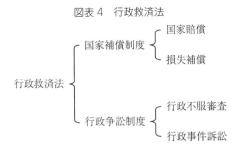

どのようにして権利救済をはかるのかというのが、行政救済法の内容である。この分野には、国家賠償法を中心とした国家補償制度と、行政不服審査法・行政事件訴訟法を中心とした行政争訟制度とがある（**図表4**）。

国家補償制度とは、国家作用に基づく損害について金銭での補償を求めるものであり、これには、違法な国家作用に起因する損害を填補する国家賠償（国家賠償法）と、適法な国家作用に起因する損失を填補する損失補償がある。これらは、いずれも結果に対する填補である。

行政争訟制度は、損害を発生させた原因となる行政作用の効力を争う制度であり、具体的には、行政行為の取消しや無効確認などの方法で権利救済をはかる方法である。これらは、いわば、行政処分（≒行政行為）の原因を取り除くことで、救済をはかるものである。これには、救済を申し立てる機関によって2つに分かれており、裁判所への申立てを行政事件訴訟といい、行政機関に対する申立てを行政不服審査という。その基本法として、前者には行政事件訴訟法が、後者には行政不服審査法がある。行政不服審査制度は、行政事件訴訟制度よりも「簡易迅速」である点で優れ、「公正性」において劣っていると、指摘される。

8　現代行政法の変化

(1)　行政法関係は、公共の安全と秩序を維持するためには行政主体が国民の意思に反しても一方的に法律関係を形成することができるという、権力性に特色がある。

この権力性のゆえに、その濫用を防止する法理が必要となり、近代行政法

学の中心的関心は、行政の権力的活動の相手方の権利利益が違法な行政活動によって侵害されることを防止することにあった。

しかし、国民の間における貧富の差の拡大や立場の固定化（生産者と消費者など）に伴い、国民に対して規制する規制行政だけでなく、個人では解決できない社会問題に対処するために、金銭（生活保護費の支給など）、サービス（上下水道の提供など）の給付を積極的に行う給付行政も重要な任務になってきた。このことは、当然に、行政需要の増大（規制行政＋給付行政＝行政需要の増大）をもたらすとともに、高度に専門的技術的能力を有する行政への依存度を高めるようになる。

(2) そこで、このような行政の変化に伴い、これまでのように国民の自由と財産を保護するという自由主義的な要請を満たすことはもちろん、これに加えて、①行政に対する民主的コントロールの制度と、②制度的弱者保護の観点を組み入れた行政法理論が必要となる。

まず、行政に対する民主的コントロールの制度としては、行政における事前手続法（＝行政手続法）、情報公開法、政策評価法などが制定されているが、それらの法制度のさらなる改正と運用の改善が望まれる。

次に、制度的弱者保護の観点を組み入れた行政法理論の構築のためには、これまでの行政法理論が、行政によって規制を受ける側の国民（たとえば、マンション建設会社など）の自由と財産（建設の自由など）を保護することに過度に力点が置かれた反面、規制により利益を受ける側の国民の自由と財産（たと

図表5　行政をめぐる法律関係

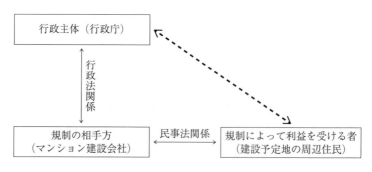

えば、マンション建設予定地の周辺住民の日照などの環境の維持）が過度に軽視されてきたことを直視する必要がある。たとえば、規制を受ける者の不利益処分（建築不許可処分など）には行政不服審査や行政訴訟による救済手段が与えられているのに対して、その規制によって利益を受ける者（周辺住民）には必ずしも十分な保護が与えられていない。しかし、そもそも規制権限（＝行政権）は公益の保護のために認められたものであるから、規制によって利益を受けている者の権利利益（**図表5**の太い破線の関係）をも視野に入れて、その権限を適切に（すなわち、場合によっては、規制権限をより積極的に）行使することが望まれるのである。

第 1 部　行政法の基本原理

第 1 章　行政法と行政

第 1 節　行政法の意義と行政法の主要な分野

1　意　　義

　近代国家が成立する前から、社会秩序の維持や治水治山のための事業などの行政の作用は存在していたが、その作用は、内容的に他の国家作用から区別して行われたものではなかった。しかし、近代国家が成立すると、権力分立を前提として、君主の統治権から立法と司法の作用が分離され、残された国家作用を行政として把握するようになった。

　そこで、戦後の日本行政法を代表する田中二郎博士は、このような権力分立制の下における行政概念を前提として、行政法とは、「行政の組織及び作用並びにその統制に関する国内公法である」（田中二郎『新版行政法　上巻』全訂第 2 版、弘文堂、1976 年、24 頁）と定義したのである。換言すれば、行政法とは、権力分立制の下における行政府（行政権）の組織、作用、および国民の救済（行政の「統制」の目的は、行政活動を統制することによって国民の権利利益を救済することであるから、「救済」と同じ意味になる）に関する法制度の全体を、統一的・体系的に考察する学問であるということができる。

2　主要な分野

　行政法は、大きく (1) 行政組織法、(2) 行政作用法、(3) 行政救済法の 3 つの分野に分けることができる。

(1) 行政組織法

　行政組織とは、行政を行う法主体である行政主体（国や地方公共団体など）をいう。行政主体は行政機関で構成されているので、行政組織法は、行政機関の権限、行政機関相互の関係など、行政機関に関する法の分野ということができる。主要な法律としては、国の行政組織については、内閣の組織・運営等につき定める内閣法、その下にある行政機関の組織の基準、行政機関の長の権限等につき定める内閣府設置法、国家行政組織法、国の一般職職員の人事・給与・服務・身分保障等について定める国家公務員法などがある。地方公共団体の行政組織については、地方自治法や地方公務員法などがある。

(2) 行政作用法

　行政作用とは、行政主体の対外的な活動をいう。したがって、行政作用法とは、行政主体と行政の相手方である国民との間の法律関係を主たる規律対象とする法分野である。行政内部の組織を扱う行政組織法に対して、行政作用法は、行政の対外的作用を扱うものである。行政は国民生活のあらゆる面で多種多様な活動として行われているために、行政の作用に関する法律には、道路の管理についての道路法、道路交通の取締りについての道路交通法、飲食衛生に関する取締りについての食品衛生法、最低生活の保障と自立の助長を目的とする各種の給付についての生活保護法など、数えきれないほど多くの個別の法律があるが、行政作用の全体を包括する通則法は存在しない。したがって、学説・判例および行政手続法や行政代執行法などの一部の実定法をもとに理論的に構築された行政法総論（行政作用法総論）が通則法的な位置を占めることになる。そこでは主に、各行政分野において用いられる作用または手段の共通性に着目して考察するのであるが、特に、行政主体が国民の自由と財産に一方的に規制を加える典型的な手段である「行政行為」を中心に論じられてきた。

(3) 行政救済法

　行政救済とは、違法または不当な行政活動によって侵害された国民の権利利益に対する救済をいい、したがって、行政救済法とは、これに関する法分野である。行政救済に関して一般的に適用される法律として、「国家賠償法」

「行政不服審査法」「行政事件訴訟法」の、行政救済三法と呼ばれる法律が存在する。

3　行政法総論・各論から行政法総論・行政救済法へ

　伝統的な行政法学においては、行政法総論に続いて、行政の作用を、その行政目的と行為形式との組み合わせによって、警察、公企業、公用負担、公物・営造物、財政などに類型化して、それぞれの類型の下での行政法規の体系化をはかろうとする行政法各論（行政作用法各論）が論じられた。しかし、従来、行政法各論に包括されていた税法、教育法、社会保障法、環境法などが、それぞれ独自の法論理を形成して独立しつつあることや、行政法各論の類型を手直ししてみたところで、もはや伝統的学説が予定していたような、行政目的と、それを達成するための手段の間に予定調和的な関係が成り立たないほどに、同一行政目的に資するための法技術が多様になってきた。そこで、1970年代ごろから、「各論としての行政作用法」への批判が起こり、現在では行政法各論の存在意義について疑問が呈されるようになった。

　その一方で、現行憲法の下では、行政事件も、民事事件や刑事事件とともに、司法裁判所で扱われるようになったために、質量ともに豊富な個別行政法に関する判例が蓄積されるようになった。さらに、行政の救済方法も、「裁判」以外に、行政不服審査制度や各種の苦情処理制度など、多様な制度が用意されるようになった。

　そこで、現在の多くの大学では、かつてのように、行政法の講義を「行政法総論」と「行政法各論」に分けて行うのではなく、講義の内容と必要時間数をも考え合わせて、「行政法総論」と「行政救済法」とに分けて行うようになってきた。また、多くの行政法の体系書も、このような講義に合わせた形で出版されるようになってきた。本書も、このような流れに沿って「行政法総論」にあたる部分のみを扱い、「行政救済法」については、引き続き執筆する予定の別著で取り扱うことにした。

第2節　行政の概念とその分類

1　行政の概念

(1)　実質的意味の行政と形式的意味の行政

　行政法でいう「行政」とは、三権分立制の下での、立法・司法と対比されるところの「行政」である。このことを憲法65条では「行政権は、内閣に属する」と規定している。ここでいう「行政権」とは、行政府が本来行うべき行政作用を意味していることは、いうまでもない。このように、内容において、立法・司法と区別された意味での行政を実質的意味の行政という。

　その一方で、内閣の権能について規定する憲法73条では、その6号で、法律の定めるところにより、一定の範囲で立法作用を行えることを規定している。また、同条2項後段では、行政機関は、終審としての裁判を行うことはできないが、一定の範囲で司法作用を行うことを認めている。これらは、実質的には立法作用および司法作用ではあるが、内閣という行政機関が現に行っている作用であるという観点から、これらを行政として観念するものであり、これを形式的意味の行政という。

(2)　積極説と消極説

　形式的意味の行政概念では、立法および司法との性質上の差異を明らかにできないのであるから、行政法学が学問として成立するための前提として考えられていた「行政」概念は、当然に、国家作用の性質上の差異を基準にした、立法・司法と区別された実質的意味の行政ということになる。しかし、今日、この実質的意味の行政の定義については、学説は大きく、消極説（控除説）と積極説に分かれている。

　1)　消　極　説　　現在の通説である消極説では、立法は法規を定立すること、司法は法的な紛争を一定の手続を経て解決することであると定義したうえで、行政については、これらのような積極的な定義をあきらめて、「行政とは、国家作用の全体から立法作用と司法作用を取り除いた残りのもの」

と定義する。

2）積極説 これに対して、積極説の代表的な論者である田中二郎博士は行政を「法の下に法の規制を受けながら、現実具体的に国家目的の積極的実現をめざして行われる全体として統一性をもった継続的な形成的国家活動」（田中二郎『新版行政法　上巻』全訂第2版、弘文堂、1976年、5頁）と定義した。

しかし、この定義に対しては、以下のような批判がなされた。①行政権も行政立法や行政計画などの具体性のない一般的な形で活動する場合もあり、国家目的の積極的実現については立法権も法律の制定により社会関係を形成するという目的で行われており、また、全体として統一性を持った活動という点では最終的に最高裁で統一される司法活動も同じである、②行政を積極的に定義することで、行政に過度に法的特殊性を認めることにつながるおそれがある、一方、消極説には、③行政の複雑で多岐にわたる内容を包含することができる、④国家権力から国民が立法権を奪い、司法権を独立させ、最後まで残ったものが行政権であるという歴史的な成立過程に合致しているなどの利点があり、そして、後にみるように、⑤今日の行政法学の対象は、その成立当初とは異なり、基本的には実質的意味の行政を中心としつつも、形式的意味の行政に関する法現象すべてに及ぶものとされているのであるから、今や行政を積極的に定義する実益は乏しい、などである。

現在では、立法権・司法権との比較の中で、行政権の基本的特色を明らかにしようとした積極説の意義を認めつつも、行政権の内容を他の概念と明確に限定するという意味での本来の「定義」を放棄して、消極的な定義で満足せざるをえないというのが、通説となっている。まさに、エルンスト・フォルストホーフ（Ernst Forsthoff, 1902～1974年）がいうように、「行政は記述できるが定義はできない」ものといえよう。

2　行政の分類

行政の定義についての消極説は、行政の内容に無関心であるわけではなく、ただ、行政活動の内容が多様であることを反映しているだけであることに留

意しなければならない。したがって、このように多様な行政は、また、さまざまな視点から分類することが可能である。

(1) **主体による分類**

国家行政と自治体行政に分けることができる。これについては、後に地方行政組織法（第2部第4章）の箇所で詳しく述べることにする。

(2) **内容による分類**

行政は、大きく、規制行政、給付行政、私経済的行政に分けることができる。規制行政とは、私人の権利を制限しまたは義務を課すことで、その目的を達成しようとする行政活動である。たとえば、交通規制、建築規制、経済規制などがそれである。これらは、社会の安全を確保し、公共の秩序を維持するという目的のための行政活動である。これに対して、給付行政とは、私人に便益（財や物）を提供（給付）する行政活動であり、たとえば、道路・公園の設置管理、生活保護費の支給などである。私経済的行政とは、直接公の目的の達成をはかるものではなく、その準備的な活動であり、たとえば、官公庁の建物の建設、国有財産の管理、物品の購入などである。

これ以外にも、税金の賦課や各種の許認可の取消しなどのように、国民の権利利益を奪い、または制限する侵害的行政と、生活保護等の給付や各種の許認可の付与などのように、国民に対して何らかの権利利益を与える授益的行政に分けることもできる。もっとも、社会生活が複雑化し利害が錯綜する現代社会では、マンション建設の建築許可のように、マンションを建てる建築会社にとっては授益的行政であるが、マンション建設によって日照被害を受ける周辺住民にとっては侵害的行政となるような行政も多々あり、これらを二重効果的行政あるいは複効的行政と呼ぶ。

(3) **法的性質による分類**

行政は、その任務を実現するために多様な法形式を用いるが、それらは大きく権力行政と非権力行政に分けることができる。権力行政とは、行政機関が、相手方である国民の同意を得ずに一方的に、義務を課したり、権利を制限したり、あるいは国民の身体や財産に強制を加える行政活動をいう。税の徴収の仕組み（課税処分や滞納処分）、各種の許認可の仕組みなどは、規制行政

に特徴的な権力行政であるが、生活保護の支給決定や受給資格喪失処分などのように、給付行政の分野においても、行政機関が一方的に国民の権利利益を変動させる権力行政の仕組みを採用している場合もある。

　非権力行政とは、行政機関が国民と対等の立場で行う行政活動である。道路や学校を作るための建設会社との間の請負契約や物品の購入のための売買契約などの契約行為が代表的なものであるが、勧告・指導・助言といった強制を伴わない方法で行われる行政指導も、典型的な非権力行政である。

第2章　行政上の法律関係と公法・私法

第1節　行政上の法律関係

　かつての行政と国民の関係は、力によって支配する関係であったが、現在は、基本的に、法律その他の規範によって定められた法的関係である。行政と国民との間の法的な関係を、行政上の法律関係という。

　行政上の法律関係には、大きく分けて3つある。すなわち、①上記の規制行政、権力行政、侵害的行政において主にみられるように、行政が国民に対して優越した立場にあり、一方的に命令・強制する法律関係である権力関係、②給付行政、授益的行政、非権力行政で主にみられるものであり、民事関係と同様に基本的には国民と対等な法的立場に立つ関係ではあるが、行政が公益の実現のために行う公的事業（交通事業、水道事業、福祉事業、道路・公園などの設置管理）であることから、特別の法規定（道路法、介護保険法など）によって規制される法律関係である管理関係、そして、③私経済的行政で主にみられるものであり、民事関係とほとんど性質の変わらない売買や請負などの契約を媒介として成立する法律関係である私経済関係である。

第2節　公法・私法と行政法

1　公法私法二元論

　ところで、先に、行政法とは、「行政の組織及び作用並びにその統制に関する国内公法である」との田中二郎博士の定義を掲げたが、ここでいう公法

とは、いうまでもなく私法に対する概念である。そして、国内公法とは、国際公法（国際法）とは異なるという意味である。この定義は、法体系の中には公法と私法という異質な2つの世界があり、それぞれに根本的に異なる原理原則が適用されるという、公法私法二元論の考え方を前提としている。そして、行政法とは、行政に関する法すべてではなく、その中の「公法」のみに限られるとするのである。すなわち、行政法の守備範囲は、行政上の法律関係のうち、民法（私法の一般法）が適用される私経済関係を除いた、権力関係と管理関係のみがその対象とされることになる。それゆえ、権力関係には公法のみが適用されることから、これを「本来的公法関係」とも称し（**裁判例 1-2-1**）、管理関係には原則として私法が適用されるものの公益保護の必要上、明文規定がなくても法律の趣旨解釈に基づいて公法的特例が認められるとして、これを「伝来的公法関係」とも称した。もっとも、民法に置かれる規定のうち、信義誠実の原則などの法の一般原則に関する規定と、期間の計算方法の規定などの法の技術的約束に関する規定などは、権力関係にも適用されるとする。

2　公法私法一元論の登場

　公法と私法の二元論は、戦前においては、私法との関係で公法の特徴を強調することで、国家権力を正当化し、これを擁護する機能を果たしてきたという負の側面がある。また、そもそも公法関係と私法関係を明確に区別することは困難であるうえ、法律関係の形式的な区別によって機械的に公法と私法の適用領域を定めようとすると、問題の性質によっては硬直的で妥当性を欠く結論を導くことにもなりかねない。たとえば、行政が結ぶ契約においては、契約の公正さを確保する必要から、契約の自由を修正するなどの民法の特則を定める法律があり（会計法、公共工事の入札及び契約の適正化の促進に関する法律など。もっとも、最高裁は、国は公務員に対し信義則上、安全配慮義務を負っていること、しかも、消滅時効期間については会計法30条の5年ではなく、民法167条1項の10年が適用されると判断した〔最判昭和50・2・25民集29巻2号143頁〕）、また、逆に、権力関係である国税滞納処分に基づく不動産の差押えについては民法の

適用を認めた最高裁の判例もある（**裁判例 1-2-2**）。

　そこで、今日では、統一的な公法体系というものは実定法上存在せず、行政活動に対する公法的特例は、実定法が個別的にそのように定めた限りで存在するだけであるとする、公法私法一元論が広く支持されている。この観点からは、行政法とは、公法と私法の区別にこだわらず、行政上の法律関係のすべてを対象にしつつも、民事法にはみられない「行政に関する固有の法」または「行政に関する特有の法」を意味することになる。

3　公法私法一元論と行政概念との関係

　かつての公法私法二元論に基づいて「行政法とは行政に関する国内公法」であると定義するときの「行政」概念が実質的意味の行政概念であったのに対して、一元論の立場から、「行政法とは行政に関する固有の法」であると定義するとき、その「行政」概念は、当然に形式的意味の行政を前提にすることになる。この意味においても、行政についての積極説は、その存在意義が小さくなったということができる。

　もっとも、公法私法一元論は、行政上の法律関係についての適用すべき法規を決定するうえで公法と私法を区別することには意味がないというのであって、法の分類として、国と国民の関係を規律する公法と国民相互の関係を規律する私法との区別をも否定するものではない。そして、この意味においては、行政法は紛れもなく公法に属するのである。

● 裁 判 例
1-2-1　**農地改革と民法 177 条**（最大判昭和 28・2・18 民集 7 巻 2 号 157 頁）
［事実］　Xは、第二次世界大戦前にAから農地を買い受け、代金支払・土地引渡しを受けて同所に居住していたが、登記簿上の土地所有者はAのままであった。第二次世界大戦後の農地改革の際、地区農地委員会は本件土地の所有者は登記簿上の名義人Aであり、かつAは不在地主であると認定して、自作農創設特別措置法3条1項1号に基づき買収計画を定めた。
　Xは、異議申立てを経て、県農地委員会（Y）に訴願したが認容されなかったため、Yの裁決の取消しを求めて出訴した。第1審・第2審ともXが勝訴し、Yが上告。
　上告棄却。

[判旨]　「自作農創設特別措置法（以下自作法と略称する）は、今次大戦の終結に伴い、我国農地制度の急速な民主化を図り、耕作者の地位の安定、農業生産力の発展を期して制定せられたものであつて、政府は、この目的達成のため、同法に基いて、公権力を以て同法所定の要件に従い、所謂不在地主や大地主等の所有農地を買収し、これを耕作者に売渡す権限を与えられているのである。即ち政府の同法に基く農地買収処分は、国家が権力的手段を以て農地の強制買上を行うものであつて、対等の関係にある私人相互の経済取引を本旨とする民法上の売買とは、その本質を異にするものである。従つて、かかる私経済上の取引の安全を保障するために設けられた民法177条の規定は、自作法による農地買収処分には、その適用を見ないものと解すべきである。されば、政府が同法に従つて、農地の買収を行うには、単に登記簿の記載に依拠して、登記簿上の農地の所有者を相手方として買収処分を行うべきものではなく、真実の農地の所有者から、これを買収すべきものであると解する」。

[ワンポイント解説]　本件では、元所有者Aを起点にしてXと買収処分を行った国とが、いわゆる二重譲渡の関係に立つことになり、民法177条が適用されると所有権移転登記を受けていないXは、国に対して所有権を主張できないことになる。本判決は、農地買収処分が権力的手段による農地の強制買上げであることを理由に、民法177条の適用を否定して、Xからの買収処分の取消しを認めたものである。

1-2-2　国税滞納処分と民法177条（最判昭和31・4・24民集10巻4号417頁）

[事実]　Xは、昭和21年、A会社から土地（以下「本件土地」という）を買い受け、代金を支払ったが、A社の都合により所有権移転登記は未了のままであった。Xは、同年、魚津税務署長に対し本件土地を自己所有とする財産税の申告・納税を行った。

その後、租税の滞納を理由に魚津税務署長がA社所有の工場内の機械器具を差し押さえた際、本件土地に対する富山市の徴税令書が送達されていたことから本件土地の所有名義がいまだにA社にあることをB（A社の事実上のオーナー）が知った。そこで、Bは魚津税務署長に対し、本件土地を差し押さえる代わりに、前記機械器具への差押えを解除して欲しいと陳情したところ魚津税務署長はこれを認めて、事務を富山市税務署長（Y₁）に引き継いだ。Y₁は、本件土地を差し押さえ、登記を経由した後、Y₂を競落人とする公売処分を執行し、Y₂は本件土地の所有権移転登記を完了した。

そこで、Xは、Y₁に対して差押えを含む公売処分の無効確認訴訟、Y₂に対する所有権移転登記の抹消登記手続を求める訴訟をそれぞれ提起した。

第1審で、Y₁は民法177条の第三者に該当するとしてXの請求を棄却したが、第2審では、Y₁は背信的悪意者であると判断してXの請求を認容した。Y₁らが上

告し、最高裁は、民法177条が適用されることを認めたうえで、「Y_1が本件土地をXの所有者として取り扱うことを強く期待する特段の事情があったか否か」につき審理を求めて、破棄差戻し。

[判旨]　「国税滞納処分においては、国は、その有する租税債権につき、自ら執行機関として、強制執行の方法により、その満足を得ようとするものであつて、滞納者の財産を差し押えた国の地位は、あたかも、民事訴訟法上の強制執行における差押債権者の地位に類するものであり、租税債権がたまたま公法上のものであることは、この関係において、国が一般私法上の債権者より不利益の取扱を受ける理由となるものではない。それ故、滞納処分による差押の関係においても、民法177条の適用があるものと解するのが相当である」。

[ワンポイント解説]　最高裁は「滞納者の財産を差し押えた国の地位は、あたかも、民事訴訟法上の強制執行における差押債権者の地位に類するもの」であるとして民法177条の適用を認めたものである。なお、破棄差戻し後の最高裁判決（最判昭和35・3・31民集14巻4号663頁）では、Y_1は登記の欠缺を主張するについて正当な利益を有する第三者には該当しないとして、Xの請求を認容した。

第3章　法律による行政の原理と行政法の法源

第1節　法律による行政の原理

　行政法の根幹となる原理は、「法律による行政」の原理であり、これを一言で表すと、行政は法律に従って行わなければならないということになる。この原理から次の3つの原則が導かれる。

1　法律の法規創造力の原則

　国民の代表機関である国会が制定する法律という形式によってのみ、国民の権利を制限しまたは義務を課す一般的・抽象的法規範（＝法規）を定めることができるとする原則である。したがって、行政機関は法律の委任によらずに、独自に国民の権利義務に関する法規範を制定してはならない。これは、民主主義の当然の帰結であり、また、憲法41条の「国会は……国の唯一の立法機関である」との規定からも導かれるものである。

2　法律の優位（優先）の原則

　あらゆる行政活動は、法律に違反して行われてはならないという原則である。この原則は、三権分立の原則および国会の最高機関性から導かれるものである。また、この原則は、行政活動を規律する法律が強行法規であることをも意味している。

3　法律の留保の原則

　行政機関が一定の行政活動を行うには、あらかじめ法律によってその活

動が授権（承認）されていなければならないという原則である。換言すれば、行政が活動するためには、その根拠となる法律が必要であり、行政の活動は法律のみが決定する（＝法律に留保されている）ということである。憲法の租税法律主義などに、この原則の一部が表れている。ところで、この原則については、(1) 根拠となりうる「法律」の意味と、(2) 適用範囲が問題（**裁判例1-3-1**）となる。

(1) 根拠となりうる「法律」の意味

　法律をはじめとする行政上の法規範は、組織規範、規制規範（手続規範）、根拠規範（作用規範・授権規範）の３つに分類される。組織規範とは、行政組織の設置とその事務の範囲を定める規範であり、各省の設置法がその典型的なものである。行政機関がした行為の法律効果が行政主体に帰属することを示す前提となる規範であるから、行政活動のすべての領域において当然に存在しなければならないものである。規制規範とは、行政機関が一定の行政活動ができることを前提として、その活動の適正をはかるための規範である。その多くは、手続的な規制・統制を内容としている。「補助金等に係る予算の執行の適正化に関する法律」や行政手続法がその例である。根拠規範とは、組織規範の定める所掌事務について、行政機関が実施するときの要件・効果を定める規範であり、行政機関がある行政作用をなしうる根拠となる規範である。法律の留保でいう法律の根拠とは、この根拠規範を指すのであり、その意味において授権規範とも称されるのである。

　最高裁は、自動車の一斉検問の適法性が争われた事案で、事実上強制の契機が伴うにもかかわらず、根拠規範としての警察官職務執行法２条１項の職務質問の要件を直ちには満たさず、しかも道路交通法にも根拠がないが、組織規範である警察法２条１項を援用して、それが相手方の任意の協力を求める形で行われ、自動車の利用者の自由を不当に制約することにならない方法、態様で行われる限り、許容されると判断した（最決昭和55・9・22刑集34巻5号272頁）。本来ならば、一斉検問を認める根拠規範の制定が必要であろう。

(2) 適用範囲

　自由主義思想に基づいた伝統的な学説は、国民の自由と財産を侵害する行

政作用についてのみ法律の根拠を必要とするという侵害留保説をとっている。行政実務も、この学説に立っている。これに対して、自由主義とともに民主主義をも基本的な原理として掲げる現行憲法の理念を重要視する立場からは、あらゆる行政活動は常に国会の意思である法律の根拠がなければならないとする、全部留保説が主張されている。たしかに、国民に対して利益を与える行政には法律の根拠が要らないとしても、補助金の交付などが法律の根拠なしに不平等に行われてよいわけではなく、そうかといって、すべての行政活動に法律の根拠を要求することは、多様かつ流動的な行政需要に対応できないために、現実的ではない。

そこで、侵害留保説と全部留保説の間に、侵害的行政作用のほかに給付行政についても法律の根拠を必要とするとの社会留保説、侵害的であると授益的であるとを問わず、権力的な行為形式（行政行為等）を用いる行政については法律の根拠を必要とするとの権力留保説、国民の基本的人権に関係する重要な行政作用については法律の根拠を必要とするとの重要事項留保説（本質留保説）などが展開されているが、いずれも通説の地位を占めるに至っていない。侵害留保説は法律の根拠を必要とする範囲が狭いことから、多くの批判を浴びているが、それでもなお実務において採用され続けている理由としては、行政側の自由な判断領域がもっとも広く確保できるだけでなく、法律の根拠が必要とされる外延が他の学説よりも比較的明確であること、現行憲法下では行政権にも一定の民主的正当性があること、行政活動が予算を通じて国会の民主的な支配を受けていることなどが考えられる。

第2節　行政法の法源

1　意　義

行政法の法源とは、行政権が行政作用をするにおいて遵守しなければならない行政法の認識根拠または存在形式をいう。もっとも、それは行政に関するすべての基準をいうのではなく、行政と私人の双方を法的に拘束し、裁判

において適用される法規範のみを指す。これには、一定の制定手続を経て定められる成文法源と不文法源との区別がある。行政法は、公権力の行使に関する定めや専門的技術的性格の定めを多く含むために、規定の内容を明確にして、国民に予測可能性を与える必要があることから、行政法の法源においては、成文法源が大きな比重を占めている。これを、成文法中心主義という。

2 成文法源

成文法源には、憲法、条約、法律、命令のほか地方公共団体の自主法（条例・規則）がある。

(1) 憲　　法

憲法の中には、内閣についての規定や地方自治についての規定があり、また、基本的人権に関する規定も、直接的であれ間接的であれ行政活動を規律する可能性があるから、行政法にとって重要な意味を有する法源といえる。

(2) 条　　約

条約とは、その名称にかかわらず、国家間または国家と国際機関の間の法的拘束力を有する合意をいう。条約は国際法上の法形式ではあるが、これらのうち国内法としての効力を認められるものは、行政法の法源にもなると解されている。

(3) 法　　律

憲法が定める手続に従って国民の代表機関である国会で制定される法律は、行政法においてもっとも主要な行政法の法源である。現在、約1900の法律があるが、その中には「行政法」という題名のついた単一の行政法典（形式的意味の行政法）は存在しない。しかし、これらの法律は、程度の差はあれ、多少とも国や地方公共団体の行政に関わる規定を含んでいる。行政法の意義をどのように理解するかにもよるが、少なく見積もっても3分の2以上の法律は、行政に関する内容が中心を占めているのであり、これらはすべて行政法の法源であるといえる。したがって、行政法は、数多くの個別で多様な法律によって成り立っているのである。内閣法、国家行政組織法、地方自治法、国家公務員法、地方公務員法、国税通則法、行政手続法、行政不服審

査法、行政事件訴訟法、国家賠償法などは、行政法の各分野における基本的な法律であるが、行政の運営や活動の実体的通則事項を定めた法典ではない。また、近時、災害対策基本法や環境基本法のように、「基本法」という名称の法律も少なからず制定されているが、これらは政策の基本理念や方向性を定めるものであり、これに基づいて具体的な内容を定める法律が制定されるのであるが、しかし、法律の効力としては通常の法律と異なるものではない。

(4) 命　　令

行政機関が定める一般的法規範を総称して、命令という。抽象的な法律の規定を具体化したり、補充したりする目的で制定される。これには、内閣が定める政令（憲法73条6号、内閣法11条）、内閣府の主任大臣としての内閣総理大臣が定める府令（内閣府設置法7条3号・4号）、各省の大臣が定める省令（国家行政組織法12条1項）、委員会や各庁の長官が定める規則（同条2項）がある。

(5) 条例・規則

地方公共団体の自主立法として、独自に制定される行政法の法源として、地方議会が定める条例と地方公共団体の長が定める規則がある。

3　不文法源

不文法も、成文法源を補完するものとして、例外的に行政法の法源として認められている。

(1) 慣　習　法

慣習法とは、永年にわたって継続的に行われてきた慣習のうち、人々の間で一般的に法的な効力を有するものとの確信を得たものをいう。法律による行政の原理が支配する行政の分野では、慣習法の成立する余地はきわめて狭い。

この慣習法には、行政機関が取り扱った先例が永年にわたって反復継続されて、法的確信を得るに至った「行政先例法」と、多年の慣習により特定範囲の人に排他独占的な権利が成立するような「地方的・民衆的慣習法」がある。前者の例としては、官報による法令の公布について「法令の公布

は従前通り、官報をもつてせられるものと解するのが相当である」(最大判昭和32・12・28刑集11巻14号3461頁)との事例があり、また、後者については、河川の慣行水利権がある(河川法87条)。

(2) 判　例　法

判例法とは、裁判所の判決の蓄積によって形成される法の解釈・運用の基準である。日本は、英米法体系のような判例の先例拘束主義をとっていないことから、判例が法源になるかについては争いがある。しかし、最高裁の判例に一定の判例統一的機能が与えられているために(裁判所法10条3号)、最高裁の判例を中心に、実質的には行政法の解釈適用に際して重要な機能を果たしていることは否定できない。

(3) 法の一般原則(条理法)

法の一般原則または条理法とは、社会通念または道理のことである。法の一般原則は、法解釈の基本原理として、また、具体的な法令の規定がないときの補充的法形式として、行政法の法源となる。このような法として、前述の法律による行政の原理のほかに、何をあげるかは、必ずしも学説上一致していないが、信頼保護の原則、権限濫用の禁止原則、比例原則、平等原則の4つについては、ほぼ異論がない。これらは行政裁量を統制するための法理としても援用されている。

　1)　**信頼保護の原則**　　民法1条2項の信義誠実の原則は、私法関係のみならず、法の一般原則を表現したものと解されており、行政法上の法律関係にも適用される。行政法においては、行政機関の言動を信頼して行動した国民の信頼を保護するという観点から議論されるために、「信頼保護の原則」と称することが多い。この意味において、この原則は、法律による行政の原理と抵触する可能性もあることに留意する必要がある。

　2)　**権限濫用の禁止原則**　　民法1条3項の権利濫用の禁止原則も、すべての法律関係に妥当する一般原則として、行政上の法律関係においても適用される。ただ、行政法においては、主として行政機関が法律によって授権されている権限を行使する場面で問題となるので、「権限濫用の禁止原則」と称することが多い。行政権が権限を行使する際には、その根拠法律の本来の

趣旨・目的に反してはならないのである。

　　3）**比例原則**　　比例原則とは、行政活動の規制目的と手段との間で均衡を求めるものであり、行政目的を達成するのに必要な範囲内でのみ行政権限を用いることが許されるという原則である。比例原則は、元来は、公共の秩序を維持するために私人の自由と財産を制限する権力である警察権の限界に関する原則（警察比例の原則）であったが、今日では、行政の権力活動一般に妥当する原則と解されている。

　　4）**平等原則**　　これは憲法14条の法の下の平等に由来する法の一般原則であり、すべての行政活動において、合理的な理由なく差別的に取り扱うことを禁止するというものである。規制行政だけでなく、給付行政においても重要な役割を果たしている。

● 裁 判 例
1-3-1　浦安漁港ヨット係留杭強制撤去事件（最判平成3・3・8民集45巻3号164頁）

［事実］　旧江戸川から分岐し浦安市街地を経て東京湾に注ぐ一級河川である境川に、長さ12mおよび長さ10mの鉄道レールが約15mの間隔で、2列の千鳥がけに約100本、全長750mに渡って打ち込まれていたため、船舶の航行可能な水路は水深の浅い左岸側だけとなり、照明設備もなく、特に夜間および干潮時に航行する船舶にとっては大変危険な状況であった。

　Y（当時の浦安町長、後に浦安市長に就任）は、境川の管理権を執行する千葉県葛南土木事務所長B（管理権は千葉県知事が有する）に対して右鉄杭を早急に撤去するように求め、併せて右鉄杭の打設者であるヨットクラブの代表者Cに対し、本件鉄杭を至急撤去するように求めたが、Cによる撤去はなされず、Bも早期撤去はできないとのことであった。なお、Cらは鉄杭打設について占用許可を受けていなかった。

　そこで、Yは、右鉄杭撤去の請負工事をD建設会社と締結して、浦安町職員6名とD建設会社の従業員によって右鉄杭を撤去し、浦安町職員6名には時間外勤務手当（合計4万8274円）、Dには右撤去工事の請負工事代金（130万円）がそれぞれ支払われた。

　浦安町にある浦安漁港は、漁港法所定の第二種漁港であり（境川河川水域は浦安漁港の水面に含まれている）、千葉県知事によって浦安町が漁港管理者に指定されていた。漁港管理者は、漁港管理規程を定めて漁港の維持・管理をすることとされていたが（漁港法26条）、浦安町では、浦安漁港についての漁港管理規程は制定されていなかった。

浦安市の住民Xは、右鉄杭の撤去は、何ら法律上の根拠に基づかない違法な行為であるとして、地方自治法242条の2第1項4号（当時）に基づき、Y個人に対し、浦安市に損害賠償（時間外勤務手当と請負代金の合計額）を支払うように請求する住民訴訟を提起した。第1審は、時間外勤務手当と請負代金の双方についてXの請求を認め、第2審は、請負代金額の請求のみを認めた。Yが上告し、Xは時間外勤務手当の請求について附帯上告した。

　一部破棄自判（請求棄却）、附帯上告棄却。

[**判旨**]「漁港管理者は、漁港法26条の規定に基づき、漁港管理規程に従い、漁港の維持、保全及び運営その他漁港の維持管理をする責めに任ずるものであり、したがって、漁港の区域内の水域の利用を著しく阻害する行為を規制する権限を有するものと解される（同法34条1項、漁港法施行令20条3号参照）ところ、右事実によれば、本件鉄杭は、右の設置場所、その規模等に照らし、浦安漁港の区域内の境川水域の利用を著しく阻害するものと認められ、同法39条1項の規定による設置許可の到底あり得ない、したがってその存置の許されないことの明白なものであるから、同条6項の規定の適用をまつまでもなく、漁港管理者の右管理権限に基づき漁港管理規程によって撤去することができるものと解すべきである。しかし、当時、浦安町においては漁港管理規程が制定されていなかったのであるから、上告人が浦安漁港の管理者たる同町の町長として本件鉄杭撤去を強行したことは、漁港法の規定に違反しており、これにつき行政代執行法に基づく代執行としての適法性を肯定する余地はない」。

「そこで、進んで、本件請負契約に基づく公金支出が違法であり、上告人が浦安市に対し右支出相当額の損害賠償責任を負うかどうかについて、検討を加える。原審の認定するところによれば、浦安漁港の区域内の境川水域においては、昭和52年ころからヨット等の不法係留により航行船舶の接触、破損等の事故が既に発生していたのであって、本件鉄杭の不法設置により、その設置水域においては、船舶の航行可能な水路は、水深の浅い左岸側だけとなり、特に夜間、干潮時に航行する船舶にとって極めて危険な状況にあった」。

「浦安町は、浦安漁港の区域内の水域における障害を除去してその利用を確保し、さらに地方公共の秩序を維持し、住民及び滞在者の安全を保持する（地方自治法2条3項1号参照）という任務を負っているところ、同町の町長として右事務を処理すべき責任を有する上告人は、右のような状況下において、船舶航行の安全を図り、住民の危難を防止するため、その存置の許されないことが明白であって、撤去の強行によってもその財産的価値がほとんど損なわれないものと解される本件鉄杭をその責任において強行的に撤去したものであり、本件鉄杭撤去が強行されなかったとすれば、千葉県知事による除却が同月9日以降になされたとしても、それまでの間に本件鉄杭による航行船舶の事故及びそれによる住民の危難が生じないとは必ずしも保障し難い状況にあったこと、その事故及び危難が生じた場合の不都合、損失を考慮すれば、むしろ上告人の本件鉄杭撤去の強行はやむを得な

い適切な措置であったと評価すべきである（原審が民法720条の規定が適用されない理由として指摘する諸般の事情は、航行船舶の安全及び住民の急迫の危難の防止のため本件鉄杭撤去がやむを得なかったものであることの認定を妨げるものとはいえない）。

　そうすると、上告人が浦安町の町長として本件鉄杭撤去を強行したことは、漁港法及び行政代執行法上適法と認めることのできないものであるが、右の緊急の事態に対処するためにとられたやむを得ない措置であり、民法720条の法意に照らしても、浦安町としては、上告人が右撤去に直接要した費用を同町の経費として支出したことを容認すべきものであって、本件請負契約に基づく公金支出については、その違法性を肯認することはできず、上告人が浦安市に対し損害賠償責任を負うものとすることはできないといわなければならない」。

［ワンポイント解説］　千葉県知事（葛南土木事務所）は自ら撤去命令（漁港法39条6項）を発令し、行政代執行として撤去を行うことが可能である。また、漁港管理者としての浦安町も、漁港管理規程を制定していれば、自ら撤去することもできたが、浦安町ではその前提となる漁港管理規程を制定していなかったため、浦安町は法的根拠なくして撤去行為を行ったとしてその違法性が問題となった。

第2部 行政組織法

第 1 章　行政組織法総論

第1節　行政組織法の意義および性質

1　行政主体の種類

　行政組織法とは、行政主体が行政目的を実現するための組織に関するすべての法をいう。したがって、行政組織法の説明には、まず行政主体の意義を明らかにしなければならない。

　そもそも行政法学が法律学の一分野である以上、行政を権利と義務の側面から考察することを主とする。そこで、行政を行う権利と義務が帰属する法人のことを行政主体または行政体という。行政主体には、大きく、①統治権を有することから当然に行政主体の性格を有している国・地方公共団体と、②特定の事業を行うために設けられた、統治団体以外の行政主体（特別行政主体ともいう）に分けることができる。

2　特別行政主体

(1)　特殊法人

　国や地方公共団体は、自ら行政活動を行うだけでなく、資本金の全部または一部を出資して国や地方公共団体から独立した法人格を有する団体を設置して、国や地方公共団体の行政機能の一部を代行させている。これらの団体は、特殊法人または営造物法人と総称され、かつては公社、公団、公庫、事業団などの多様な名称を持った多くのものが存在したが、近年、整理合理化されて、その多くは、廃止されるか、独立行政法人になるか、民営化された。

特殊法人という用語は多様な意味で用いられてきたが、現在では、「法律により直接設立された法人又は特別の法律により特別の設立行為をもって設立された法人（独立行政法人を除く）」（総務省設置法4条15号）というのが、一応の定義とされ、この意味での現存する特殊法人としては、日本私立学校振興・共済事業団、日本中央競馬会、日本放送協会、日本年金機構などがあるだけである。

(2) 独立行政法人

独立行政法人とは、近年の行政改革の一環として、行政の減量化・効率化の観点から、国の責務を政策の企画立案や監督行政に限ることにし、試験研究、文教研修、医療厚生、検査検定等の実施部門を国から切り離して、それらに独立の法人格を付与したものである。独立行政法人は、独立行政法人通則法および個別法の定めるところによって設立される（独立行政法人通則法1条1項）。独立行政法人通則法によれば、独立行政法人は、公共上の見地から確実に実施されることが必要な事務および事業であって、国が自ら主体となって実施する必要のないもののうち、民間の主体に委ねた場合には必ずしも実施されないおそれがあるもの、または、1つの主体に独占して行わせることが必要であるものを、効率的かつ効果的に行わせることを目的として、法律によって設立される法人と定義されている（同法2条1項）。

各法人の事業目的・任務、運営の基本的仕組みは個別法に規定されるが、事業の公共性から、組織、人事、業務方法、財務については国の関与を受け、当該法人を所管する主務官庁に置かれる独立行政法人評価委員会の評価を受けなければならない。

また、独立行政法人には、役員・職員が国家公務員の身分を有する公務員型の特定独立行政法人（国立公文書館、造幣局など）と、非公務員型の非特定独立行政法人とがある。

(3) 国立大学法人・地方独立行政法人

従来の国立学校設置法に代わる国立大学法人法によって根拠づけられている国立大学法人があり、これには独立行政法人通則法の一部の規定が適用されるが、学長選考や中期目標設定については、大学の特性や自主性が考慮さ

れている。また、地方独立行政法人法に基づいて、各地方公共団体の判断で設立する地方独立行政法人があり、これには、公務員型の特定地方独立行政法人と非公務員型の一般地方独立行政法人がある。

(4) 公共組合

　公共組合とは、一定の人、すなわち組合員をもって構成され、ある種の行政を行うことを存立目的とする公の社団法人である。公共組合は、特定の事業・業務（たとえば区画整理など）を遂行するために設けられるもので、その業務内容の関係から、活動範囲が一定の地域に限定されている場合が少なくないが、一定の区域を構成要素としない点において、地方公共団体とは異なる。換言すれば、都道府県や市町村の区域に制約されずに活動できるところにその特徴があるといえる。

　法律が公共組合の設立を認めるのは、公共組合の行う事業については、直接の受益者が限られるために、一般の行政と区別して関係者による費用の負担と関係者による自主的な管理に委ねるのが適当であると考えられるからである。

　また、公共組合の設立に関しては国の関与を受けるが、それには、国自らの行為による場合（水害予防組合、水害予防組合法10条～14条）、組合員たる資格を有する者が法律または行政庁の命令により設立することを義務づけられている場合（健康保険組合、健康保険法12条・14条）、そして組合員の任意に委ねられているが、その設立には認可を必要とする場合（土地改良区、土地改良法77条）の3つがある。

　公共組合が設立されると、資格者は当然にその組合員とされるか（加入強制）、または加入を命じられる（加入命令）ことに特徴がある。さらに、解散も自由ではなく、全組合員が欠乏して自然消滅せざるをえない場合を除いては、強制解散（健康保険法29条2項）、認可解散（同法26条2項）などによる。

　公共組合には、議決機関として、組合員全員からなる「組合員総会」（土地改良法22条）または組合員の中から選挙された者で構成される「総代会」（同法23条）があり、執行機関としては、原則として組合員の中から選任された「理事」たる役員を置く。

公共組合は、法律の範囲内で、組合員から組合経費を強制徴収し（同法36条・39条）、組合規律の違反者に過怠金を課し（同法37条）、受益者から分担金を徴収するなどの負担を課す（同法36条）といった公権力の行使の権能が与えられている。

　公共組合の職員は、国家賠償法との関係を除いては公務員ではなく、組合の雇用者である。

　そして、このような公共組合は、国に対して、一般的な報告の徴収・検査（土地改良法132条）のほか、役員の改選・解任命令（同法134条）、組合の決議・選挙の取消しや処分等の取消し・変更・停止（同法136条）などの方法で、特別な監督を受けている。

(5) 指定法人・指定管理者・登録法人

1) 指定法人　特別の法律に基づき、行政機関の行う特定の事務・事業を行うものとして、行政庁により指定された私法人を、指定法人という。その業務には公権力の行使を含む。平成10年の建築基準法の改正により、従来、行政が独占していた建築確認と工事完了検査の業務を、国土交通大臣または知事の指定を受けた指定確認検査機関も行えるようにしたことなどが、その代表的な例である（裁判例2-1-1）。

2) 指定管理者　指定管理者とは、地方公共団体の公の施設の管理運営を、地方公共団体が指定した民間の機関（指定管理者）に委ねるものである。これは、平成15年の地方自治法の改正（地方自治法244条の2第3項）で導入されたものであり、従来の委託契約の受託者と異なり、施設管理のみならず運営業務も行うことができ、施設の使用許可処分という公権力の行使も許されることになった。

3) 登録法人　登録法人とは、法律に基づき、行政庁の登録を受けた法人に、一定の公共性のある事務・事業を委ねる仕組みである。代表的な例としては、平成18年の道路交通法の改正によって、駐車違反の取締りに関する業務の一部（駐車違反の確認とステッカー貼付）を、公安委員会の登録を受けた民間法人に委託できるようにしたものがある。

3　行政組織法の3部門

　元来、行政主体は行政目的実現の前提として、自己の組織を形成する組織権を持つものである。

　現実に行政主体が行政目的を実現するためには、そのための媒体として、行政組織に充当され、具体的に行政活動をなす人的要素と、行政活動に供用される物的要素とを必要とする。それゆえ、行政組織法は、行政主体の行政目的実現のための組織そのものに関する法と、この組織に充当されて現実具体的に行政活動をなす人的要素（公務員）およびこの活動に供用される物的要素（公物）とに関する法を包括することになる。

　したがって、行政組織法の体系は、行政組織そのものに関する法（行政組織法という。主なものは内閣法・国家行政組織法・各省庁別の設置法等・地方自治法等）と、公務員に関する法（公務員法という。その主なものは国家公務員法・地方公務員法等）および公物に関する法（公物法という。主なものは国有財産法・物品管理法・道路法・河川法等）の3部門からなるのである。

4　行政組織法の性質

　行政組織法が法規的性質を有するや否や、換言すれば、法律で定めるべき事項であるか否かについては、近時、異論が少なくない。これは法規概念の拡張および国会の民主的統制の主張と密接な関係がある。すなわち、19世紀の外見的立憲主義では、法規を市民の自由と財産を侵害することのできる規範として理解したために、国家の内部関係に該当する行政組織に関する事項は法規の規律対象ではなく、その結果、行政権の内部的組織に関する事項は行政権が有する組織権の対象に過ぎないとみられたのである。そのため、行政組織法の法規的性質は否定されて、一種の行政規則として把握された。

　しかし、国会中心主義をとっている現行憲法の下では、行政組織にも民主的統制が及ぶべきであり、また、公務員の選任の究極の根拠も国民にあることから、少なくとも、行政組織の基本的構造および公務員制の基本的基準については、法律によって定めるべきであるとの主張が有力である。

第2節　行政組織の類型と構成原理

1　行政組織の類型

　行政組織はそれぞれの国における政治的・行政的・社会的要請に応じて決定されるが、理念的には、次のような類型に分類される。もっとも、実際には、それぞれ、その濃淡はあっても、併用されることが多い。

(1)　中央集権型と地方分権型

　中央集権型とは、行政権力を可能な限り多く中央に集中させる行政組織の形態であるのに対して、地方分権型は行政権力を地方に分散させる原則に立脚した行政組織をいう。地方分権型は、国家の下に、国家から独立した地方自治団体を設置して、それに統治権の一部としての自治権を付与する自治分権と、国家の地方行政機関に対して行政権限を分け与える権限分権に区分される。中央集権に対して地方分権というときは、自治分権を指すのが普通である。

(2)　直接民主型と間接民主型

　行政の運営を直接国民の意思に従って行うものを直接民主型といい、国家の代表者を通じて間接的に行うものを間接民主型という。

(3)　独任型と合議型

　独任型は単独の公務員に行政機関としての権限を付与してその者の責任の下で行政を行わせる行政組織であるのに対して、合議型は数人で構成される合議体に行政権限を付与してその複数の公務員の合意により行政を行わせる行政組織である。

2　行政組織の構成原理

　今日の行政組織法は、能率性の原理と民主性の原理という二大原理のほかにも、最小組織の原理、協働・調整の原理により支配されている。

(1) 能率性の原理

　現代福祉国家の行政は質・量ともに大きく拡大しているが、これに伴い多元的な事務配分が要請される一方、それが拡大されればされるほど統一的な行政目的の実現も要求されるようになる。

　そこで、この要請に応えるために行政組織は、行政のすべての方面にわたって相互間の連携・調節をはかることでもって、全体的に調和・統一された行政を迅速・適切・強力に、そして責任を持って処理することができる合目的的かつ能率的な組織であることが要請される。その結果、行政組織は、必然的に全体がある頂点を中心とするピラミッド式の階層体を構成して、国家意思の統一と行政目的の統一的実現を期するようになる。

　また、行政組織は、可能な限り集権的・統合的であることを要求し、その機関についても原則として独任制であることを要求する。行政組織法はこのような行政組織を保証することを目的とする点において、立法組織法または司法組織法と区別される特色を有する。

(2) 民主性の原理

　行政組織は、また民主的な組織であること、すなわち国民の意思がそこに十分に反映することのできる組織であることが要求され、また公正・妥当な行政の遂行を可能にする組織であることも要求される。その結果、行政組織の内部でもある程度の独立性を有する機関の設置が必要とされたり、また、機関担当者に関しても合議制・選挙制が要求されることがある。

　このような民主性の原理は、行政組織の実際の運営面においては能率性の原理に圧倒されやすいが、両者を適切に調整することが重要である。

(3) 最小組織の原理

　現代福祉国家における行政需要の増大が行政機能の量的拡大と質的専門化を不可避にもたらし、さらに利益集団化した官僚組織が促進剤の役割をして、行政機構と公務員数が膨大なものになっているが、これはどの国でもみられる一般的な現象である。しかし、行政機構と公務員数が不必要に膨大化することは、非能率と浪費をもたらし、国民の生活に何ら利益にならない。したがって、行政組織を扱うにおいては、小さな政府・費用の安い政府を志向す

ることが必要である。

(4) 協働・調整の原理

現代行政の複雑化・専門化に伴い、行政機構が中央・地方を問わず縦割り組織をなす傾向にある状況の下では、行政の総合性および統一性を確保するためには、行政機関またはその構成員の間の協働と調整が是非とも必要になる。

3 憲法の定める行政組織

憲法が定める行政権の組織・構成の基本事項は、次のようなものである。

(1) 行政組織の民主性

憲法はその65条で「行政権は、内閣に属する」として、行政権を原則的に内閣に与えたが、また66条3項では「内閣は、行政権の行使について、国会に対し連帯して責任を負ふ」と定めることで議院内閣制を採用しており、間接的ではあるが最終的に国民の意思が反映されるようにしている。

(2) 行政組織法定主義

憲法は直接には内閣（66条以下）、会計検査院（90条）、地方公共団体（92条以下）、官吏（73条4号）について法律で定めるように規定するにとどまるが、憲法全体に流れている民主性の精神よりすれば、行政府に留保された固有の行政組織権を全的に認めたと解することはできない。むしろ、行政権固有の組織権力を否定して、できるだけ行政権に対する国会の民主的な統制に服せさせようとしていると思われる。事実、国家行政組織法、地方自治法、国家公務員法、地方公務員法などをはじめとして、法律の定める領域が相当広範囲に及んでいて、原則的に行政組織法定主義をとっているといえる。

(3) 地方分権主義

憲法は「地方自治」の章を置いて、地方分権制の実施を明示している。したがって、わが国の行政組織は、憲法自体によって国家行政組織と自治行政組織の二元性が前提となっている。

(4) 職業公務員制

憲法は15条1項で「公務員を選定し、及びこれを罷免することは、国民

固有の権利である」と規定し、さらにその2項は「すべて公務員は、全体の奉仕者であつて、一部の奉仕者ではない」と定めることで、職業公務員制の基本的な要求を明示している。これは、いうまでもなく行政機能の能率的かつ公正な処理をはかるためである。

● 裁　判　例
2-1-1　指定確認検査機関による確認事務の帰属（最決平成17・6・24判時1904号69頁）

[事実]　周辺住民（Xら）が、マンションの建築確認を行った指定確認検査機関であるA社を被告として建築確認処分の取消訴訟を提起した。しかし、第1審係属中にマンションが完成し完了検査も終了した（訴えの利益が消滅）。そこでXらは、横浜市（Y）を被告とする損害賠償を求める訴えに変更することの許可を申し立てた。第1審はこれを許可したのでYが即時抗告をしたが、第2審も抗告棄却となったため、Yが許可抗告をした。
　抗告棄却。

[判旨]　「建築基準法6条1項の規定は、建築主が同項1号から3号までに掲げる建築物を建築しようとする場合においてはその計画が建築基準関係規定に適合するものであることについて建築主事の確認を受けなければならない旨定めているところ、この規定は、建築物の計画が建築基準関係規定に適合するものであることを確保することが、住民の生命、健康及び財産の保護等住民の福祉の増進を図る役割を広く担う地方公共団体の責務であることに由来するものであって、同項の規定に基づく建築主事による確認に関する事務は、地方公共団体の事務であり（同法4条、地方自治法2条8項）、同事務の帰属する行政主体は、当該建築主事が置かれた地方公共団体である。そして、建築基準法は、建築物の計画が建築基準関係規定に適合するものであることについて、指定確認検査機関の確認を受け、確認済証の交付を受けたときは、当該確認は建築主事の確認と、当該確認済証は建築主事の確認済証とみなす旨定めている（6条の2第1項）。また、同法は、指定確認検査機関が確認済証の交付をしたときはその旨を特定行政庁（建築主事を置く市町村の区域については当該市町村の長をいう。2条32号）に報告しなければならない旨定めた（6条の2第3項）上で、特定行政庁は、この報告を受けた場合において、指定確認検査機関の確認済証の交付を受けた建築物の計画が建築基準関係規定に適合しないと認めるときは、当該建築物の建築主及び当該確認済証を交付した指定確認検査機関にその旨を通知しなければならず、この場合において、当該確認済証はその効力を失う旨定めて（同条4項）、特定行政庁に対し、指定確認検査機関の確認を是正する権限を付与している。
　以上の建築基準法の定めからすると、同法は、建築物の計画が建築基準関係規定に適合するものであることについての確認に関する事務を地方公共団体の事務

とする前提に立った上で、指定確認検査機関をして、上記の確認に関する事務を特定行政庁の監督下において行わせることとしたということができる。そうすると、指定確認検査機関による確認に関する事務は、建築主事による確認に関する事務の場合と同様に、地方公共団体の事務であり、その事務の帰属する行政主体は、当該確認に係る建築物について確認をする権限を有する建築主事が置かれた地方公共団体であると解するのが相当である。

したがって、指定確認検査機関の確認に係る建築物について確認をする権限を有する建築主事が置かれた地方公共団体は、指定確認検査機関の当該確認につき行政事件訴訟法21条1項所定の『当該処分又は裁決に係る事務の帰属する国又は公共団体』に当たるというべきであって、抗告人は、本件確認に係る事務の帰属する公共団体に当たるということができる」。

[ワンポイント解説] 建築確認の権限を有する建築主事が置かれた地方公共団体（横浜市）が、指定確認検査機関による建築確認について行政事件訴訟法21条1項の「当該処分又は裁決に係る事務の帰属する国又は公共団体」にあたることを認め、横浜市に対する損害賠償請求訴訟への訴えの変更を認めた判決である。

第2章 行政機関

第1節　行政機関の意義および種類

1　行政機関の意義

(1)　作用法的機関概念（官庁理論的機関概念）

　一般に、国または地方公共団体などの行政主体が一定の目的のために行政権を発動して個々の行為をなすには、結局、人の行動に待たねばならない。このような行政主体のために、行政主体に代わって行政権を実際に行使する地位にある人を行政機関という。

　このような行政機関概念は、後述の行政庁を中心に組み立てられたものであるから、これを官庁理論的機関概念（特に国の行政庁のみを指すときは行政官庁という）ともいい、また、行政作用法との関連で行政組織をみていることから作用法的機関概念ともいわれる。

　この意味の行政機関は立法機関および司法機関と区別され、また行政機関の構成者として行政主体に対して勤務関係にある公務員の概念とも区別される。行政機関は、人格主体としての行政主体の機関であるという点にその本質があるために、その行為は国または公共団体の行為としての効力を有し、その効果は国または公共団体に帰属する。

　このような機関概念は、行政主体のためにその意思を決定し、国民に対してそれを表示する権限を持つ機関はいずれであるのかという観点から構成された概念であるために、行政上の法律関係において、行政の権限と責任の所在を明確にするために有用である。したがって、行政作用法や行政救済法の

領域では、もっぱらこの意味の行政機関概念が用いられることになる。

(2) 組織法的機関概念（事務配分的機関概念）

しかし、上のような行政機関の概念は必ずしも実定法上のものと符合するとはいえず、実定法では他の意味で使われている場合も少なくない。たとえば、国家行政組織法3条2項は「行政組織のため置かれる国の行政機関は、省、委員会及び庁とし」と規定するが、ここでは行政機関が行政事務の担い手（事務配分の単位）の意味で用いられている。これは、行政事務を合理的かつ能率的に処理するために構成された概念であり、これを組織法的機関概念（事務配分的機関概念）という。

2 行政機関の種類

行政機関は、その構成の態様により独任制の行政機関（各省大臣など）と合議制の行政機関（各種の委員会）に分けるなど、さまざまに分類することが可能であるが、もっとも一般的かつ有用な分類は、職務権限の内容による分類である。この分類は、いうまでもなく、作用法的機関概念を前提としたものであり、行政庁を中心に据えて、それ以外の機関は行政庁との関連で位置づけられることになる。

(1) 行 政 庁

行政主体の意思または判断を決定し、国民に表示する権限を有する行政機関を行政庁という。法令によって処分権限を有するとされるものが行政庁であるので、たとえば租税通則法24条によって納税額の更正処分をする権限は税務署長に付与されていることから、更正処分における行政庁は国税庁長官ではなく税務署長となるのである。

行政庁には、責任の所在の明確性や業務遂行の迅速性を確保するために、1人で構成されその意思または判断が直ちに行政庁の意思または判断となる独任制行政庁（各省大臣）を通常とするが、判断の慎重さや公正さ、民主的正統性を担保するために、2人以上の人で構成されその機関の意思または判断が全員一致または多数決によって統一された意思・判断をもって行政庁の意思とする合議制行政庁（公正取引委員会など）もある。

なお、国の行政庁を地方公共団体の行政庁と区別して、行政官庁と呼ぶことがある。

(2) 補　助　機　関

行政庁の内部部局として、それ自らは行政主体の意思を決定・表示・執行する権限はなく、ただ行政庁を補助することを任務とする行政機関をいう。各省事務次官・局長・課長・事務官・技官などがそれである。しかし、補助機関も例外的に権限の委任を受けた範囲内で行政庁の地位に立つ場合がある。

(3) 執　行　機　関

行政庁の命を受けて、実力でもってその意思を執行することを任務とする機関をいう（警察官・収税職員・消防職員）。ただし、地方自治法では、「議決機関」である議会との関係において、普通地方公共団体の長を「執行機関」として定義している（138条の4第3項）が、ここでいう執行機関とは異なる。

(4) 諮　問　機　関

行政庁の諮問により、または自ら進んで行政庁に意見を具申することを任務とする行政機関である。普通、審議会（選挙制度審議会）・協議会（中央社会保険医療協議会）・調査会（地方制度調査会）等の名称を持つ。ただし、行政庁は、諮問機関の答申・意見を尊重すべきではあるが、法的にはそれに拘束されない。

(5) 参　与　機　関

行政庁の意思決定の不可欠な前提要件として議決をなすことによって行政庁の意思決定に参与する機関である（電波監理審議会）。諮問機関とは異なり、参与機関の議決は行政庁の意思決定を法的に拘束する。

(6) 監　査　機　関

他の行政機関の事務または会計を監査して、その不正を摘発・是正することを任務とする行政機関をいう。一般に上級行政庁は、所属行政機関を監督する手段として監査するが、ここでは監査それ自体を任務とする機関をいう（会計検査院・総務省行政評価局）。

第2節　行政機関の権限

1　権限の意義・限界・効果

(1)　権限の意義

　行政機関が有効に国家の行政を行うことができる範囲を、行政機関の権限という。ときには、権能、管轄、職権、職務、職責ともいうが、同じことである。したがって、行政機関は、権限配分の単位または一定の権限の帰属者ということができる。そして、この行政機関が行った権限行使の法的効果は、法人格を有する行政主体に帰属するのである。

(2)　権限の限界

　行政機関の権限には、一定の限界がある。このような限界のうち重要なものとしては事項的限界・地域的限界・対人的限界がある。

　1)　事項的限界　　行政事務は、その目的と種類に従い、各行政機関に分掌される。そのような意味で、行政機関の権限には事項的に一定の限界がある。これを事項的限界（または実質的限界・事物管轄）という。たとえば、公衆浴場業の許可は都道府県知事が行い（公衆浴場法2条1項）、風俗営業の許可は都道府県公安委員会が行う（風俗営業等の規制及び業務の適正化等に関する法律3条1項）などである。

　したがって、行政機関は、権限の委任・代理による場合を除き、他の行政庁の権限に属する事項を処理することはできない。また、上級行政機関は下級行政機関の権限行使を指揮・監督することはできるが、法令の別段の定めがない限り、これを代行することはできない。

　2)　地域的限界　　行政機関の権限には、地域的に一定の限界がある。これを地域的限界（または土地の管轄）という。ただし、中央行政機関はその権限が全国に及び限界がない（総務大臣）ので、地域的限界は地方行政機関（関東管区行政評価局長）でのみ問題となる。地方行政機関は一定の地域（これを管轄区域・行政区域・行政区画などという）内の住民または事物に関してのみ有効

な国家行為をすることができる。

　3)　**対人的限界**　行政機関の権限が及ぶ人的範囲に特に限界があるときがある。これを対人的限界（または人の管轄）という。たとえば、地方公共団体の長などの任命権者は、当該地方公共団体の職員に対してのみ任命、免職などの権限を有する。

(3)　権限の効果

　行政機関が権限を有する効果は、行政機関が権限内で行った行為が直接に行政主体である国家の行為としての効力を発生することにある。したがって、行為の法的効力は、行政機関の構成員の交代や行政機関自体の廃止・変更によって影響を受けないことが原則である。行政機関の行為が法的行為であるときには国家の行為としての効力を発生することはもちろん、事実的行為であってもそれに結びついた法的効果は国家に帰属する。

　そして、行政主体内部の関係では、行政機関の権限は、各行政機関に対して個別的な地位を与え、行政機関相互の間における行為の限界線を引く効果を有する。

2　権限の代行

　行政機関の権限は、法令により明確に規定されている。したがって、行政機関は、その権限を自ら行うのが原則であるが、例外的に、行政組織の運営ないし行政の便宜から、ある行政機関の権限の一部または全部が、他の行政機関によって行使される場合がある。このような場合を広く権限の代行と呼び、これには、権限の委任、代理、および専決・代決の3つの場合がある。

(1)　権限の委任

　権限の委任とは、行政機関がその意思により、法令上定められた自己の権限の一部を、他の行政機関（通常は下級行政機関または自己の補助機関）に委譲して、その行政機関の権限として行わせることをいう。権限の委任をする行政機関を委任機関、権限の委任を受ける行政機関を受任機関という。権限の委任を表わす法令上の言葉は、「委任」「分掌」「取り扱わせる」「行わせる」などまちまちである。

委任は、法令に定められた権限の一部を他に移動させるものであるから、委任機関自体の権限の消滅をもたらすような権限の全部またはその主要な部分の委任は許されないし、また、対外的には関係行政機関間に権限の移動・増減が生じるので、法が明示的に認める場合に、かつ、公示を要する法形式（省令、規則、告示など）で行われなければならないと解されている（国家公務員法55条2項）。

権限の委任がなされると、その効果として、委任機関は、委任の期間中、上級行政機関としての一般的指揮監督権は有するが、委任した事項についての権限を失い、受任機関が、その権限を自己の権限として、自己の名と責任において処理することになる。なお、委任の終了については、委任行為の解除および失効によって終了するが、この場合にも公示が必要であると解されている。

(2) 権限の代理

権限の代理とは、本来の行政機関の権限の全部または一部を代理権に基づいて他の行政機関（補助機関または他の行政庁）が代わって行使し、本来の行政機関が自ら権限を行使したと同様の法効果を生じさせる地位ないし法律関係をいう。当該権限を代わって行使される行政機関（本来の行政機関）を被代理機関、当該権限を代わって行使する行政機関を代理機関という。法令上権限の代理については、「代行する」「職務代理」「職務を行う」などの用語が使用されている。権限の代理は、外部に対して、代理機関が被代理機関の代理人たることを表示してなされ（顕名主義）、また、代理機関が被代理機関に代わってなした行為は、被代理機関がなしたものとみなされ、その効果は、被代理機関に帰属する。代理関係が効力を生ずるには、その旨を公示する必要はない。

代理は、その発生原因により、授権代理と法定代理に分けられる。

1) 授権代理　授権代理とは、被代理機関の授権によって代理関係の生ずる場合をいう。たとえば、地方公共団体の長が権限の一部を職員に臨時代理させるような場合である（地方自治法153条1項）。すなわち、被代理機関の権限の一部についてのみ認められ、授権行為という行政庁の意思に基づい

てなされる。これは、通常、訓令によってなされる。授権代理では、被代理機関の権限は代理機関に移動しないから、仮に法律の明示の規定がないとしても授権代理は可能であると解されている。授権代理においては代理機関の行為は被代理機関の指揮監督の下に行われ、かつ、その責任も被代理機関が負う。なお、授権代理関係は、授権行為の解除および失効によって消滅する。

2) 法定代理 法定代理とは一定の事実の発生（行政庁が欠けたときまたは事故があったとき）に基づき法律上当然に代理関係が生ずるものをいい、代理庁が、直接法定されている場合（狭義の法定代理。たとえば、国家公務員法11条3項）と、法の規定に基づき被代理庁または他の行政機関の指定によって決定される場合（指定代理。たとえば、内閣法9条・10条）とに分かれる。法定代理の場合には、授権代理と異なり、代理関係は被代理庁の権限の全部にわたり、代理庁は自己の責任においてその権限を行使し、被代理庁はこれを指揮監督できない。なお、法定代理関係は、代理関係の発生要件である法定事実の消滅によって終了する。

(3) 専決・代決

専決・代決は、内部的な事務処理方式である。専決とは、行政事務取扱上、法律により権限を与えられた行政機関があらかじめ補助機関に対し、一定の軽微な案件を決裁できるように代理権を与えておき、補助機関がその代理権に基づいて、法律により権限を与えられた行政機関に代わって案件を決裁し、処理することをいう。これに対して、代決とは、急施を要する案件のため、不在の決済権者に代わって臨時に決裁し処理することをいう。これらは、もっぱら事務処理上の便宜のために慣行上認められているものである。

なお、専決・代決を授権代理の一種とみる説もあるが、専決・代決は、代理者の名を表示せず、法律により権限を与えられた行政機関が、内部的に、その意思や判断の決定をその補助機関に委ねるものであり、対外的には、当該行政機関の行為としての法効果を生じるものであるから、権限の代理とは区別される。

第3節　行政機関相互間の関係

　行政機関は、原則として、上下の関係と、横（対等）の関係の中に置かれて、行政主体の全体としての意思統一がはかられている。

1　上下行政機関間の関係

　上下行政機関間の関係は、権限の委任関係と権限の指揮監督関係に分けることができるが、権限の委任については、すでに権限の代行のところで述べたので、ここでは権限の指揮監督関係についてのみ説明する。

　権限の監督とは、上級行政機関が下級行政機関の権限行使を指揮し、その適法性と合目的性を保障して国家意思の統一的実現をはかるために行う統制的作用をいい、このような統制を加えることのできる法律上の力を指揮監督権という。したがって、上級行政機関が下級行政機関に対して有する指揮監督権は行政主体の意思統一をはかるために不可欠の権限であるので、それに関する個別的な法令の根拠は要しないと解されている。また、指揮監督権は下級行政機関の権限行使の適法性・合目的性を担保するものであるから、下級行政機関の自由裁量に属する権限行使についても上級行政機関による指揮監督が行われる。

　権限の監督は、大きく予防監督（事前監督）と矯正監督（事後監督）に大別され、一般的に認められる指揮監督権としては、次の通りである。

(1)　監　視　権

　上級行政機関が下級行政機関の事務処理状況を把握するために、報告を徴収し、書類帳簿を閲覧し、実地を視察するなどの権限である。この監視権は、以下にあげる諸手段の前提として必要なものである。

(2)　許認可権（同意承認権）

　ここでいう許認可とは、下級行政機関が一定の権限行使をするにおいて、あらかじめ上級行政機関の承認を受けることをいい、この承認を与える上級行政機関の権限を許認可権（同意承認権）という。許認可権は、下級行政機関

の権限行使の適法・妥当性を保障するための予防的監督手段である。この許認可は、行政組織の内部における行為であって、下級行政機関が許認可を受けて行うべき行為を、それを受けないで行った場合でも、法令に別段の定め（河川法 79 条）のない限り、その行為は当然には国民との関係において違法となるものではない。したがって、ここでいう許認可は、行政争訟上の処分性を持たず、不服申立てや抗告訴訟の対象とはならない。

(3) 訓令権（指揮権）

訓令とは上級行政機関が下級行政機関の権限行使を指揮するためにあらかじめ発する命令をいい、この訓令を発することのできる権限を訓令権または指揮権という。訓令のうち書面で行われるものを、特に通達と呼んでいる。訓令は上級行政機関の下級行政機関に対する機関命令である点で、上司が部下の公務員に対し広くその職務に関して発する「職務命令」と区別される。

訓令は、行政主体の内部関係において下級行政機関に対して発する命令に過ぎず、法規たる性質を有しない。換言すれば、訓令は下級行政機関を拘束するにすぎず、国民に対する拘束力はない。したがって、訓令違反は下級行政機関を構成する公務員の職務上の義務違反にとどまり、当該公務員の懲戒事由にはなるが、当該行為が違法となるのではなく、訓令違反の行為の効力には影響がない。また、上級行政機関といえども、法令に別段の定めがある場合のほかは、下級行政機関の行った処分についての代執行権までは持たない。訓令権は、法令に別段の定めがある場合のほかは代執行権を含まない。訓令の形式は一定せず、口頭または書面の方法によってなされ、その内容も一般的抽象的な場合もあれば個別具体的な場合もある。

(4) 取消・停止権

上級行政機関は下級行政機関の行為を違法または不当であるとして、その行為を取消しまたは停止することができる。ここで取消しとは当該行為の効力を原則的に行為当時に遡及して消滅させることをいい、停止とはその行為の効果を一時的に消滅させることをいう。この取消・停止権は職権または不服申立てによって行使される。これは上級行政機関による代表的な事後監督手段である。

ところで、この取消・停止権が法の明示的な根拠なしに、当然の権限として指揮監督権の中に含まれるかどうかについては見解が分かれている。従来の通説では取消・停止権は、いわゆる積極的な代執行権とは異なり、下級行政機関が一度法律上与えられた権限を行使しているのであるから、上下行政機関間の国家行政意思の統一を確保する必要上これを肯定すべきであるとしている。これに対して、取消・停止権は代執行権の場合と同様、法律上の権限配分を破ることになり、法律による行政の原理に反し、また内部的には訓令権の行使により下級行政機関に対して処分の取消し・停止を要求することができるので行政監督に別段の支障はないことを理由に、明文の規定（内閣法8条）がある場合を除き、取消・停止権は認められないとの見解も有力に主張されている。

(5) 権限争議の決定権

これは上級行政機関が所管する下級行政機関相互間に権限についての争いがある場合に、それを決定する権限をいう。争議中である双方の下級行政機関に共通する直接上級行政機関がある場合にはその上級行政機関が決定権を有するが、共通の上級行政機関が存しない場合には双方の上級行政機関間の協議により決定する。ただし、後者の場合において協議が整わなかったときには、国にあっては内閣総理大臣が閣議にかけて最終的に決定し（内閣法7条）、地方公共団体にあっては当該地方公共団体の長が調整する（地方自治法138条の3第3項）。

2　対等行政機関間の関係

対等の関係にある行政機関相互間にあっては、上下行政機関間の場合と異なって、相互にその権限を尊重し、権限の行使においては協力する関係にある。具体的には、協議と事務の嘱託の方式がとられる。

(1) 協　　　議

1つの事項について複数の行政庁の権限が関連する場合には、その対等行政機関間の協議によって決定・処理される。これには、複数の行政機関が共同で意思決定する場合と、1つの行政機関の権限に属する事項が他の行政機

関の権限に属する事項と関連する場合がある。前者の場合は、複数の行政機関間の意思の合致が必要である。後者の場合には、関係行政機関間で協議を行うことを要するが、意思の合致まで必要であるかどうかについては、個別法の仕組みによって判断される。

(2) 事務の嘱託

対等の行政機関間において1つの行政機関の職務上必要な事務が他の行政機関の管轄に属する場合に、その行政機関に事務処理を嘱託することをいう(たとえば、国税滞納処分に際して、不動産・船舶・航空機の差押えの登記・登録を関係行政機関に嘱託する場合にみられる)。

第3章　国家行政組織法

第1節　国家行政組織法の意義

　国家行政組織法とは、その実質的な意味においては国家行政を担当する国家の固有な行政機関の組織の設置・廃止・名称・構成・権限等に関する定めをいい、これには、内閣法・国家行政組織法・内閣府設置法・各省設置法などのように国家行政組織のみを定めるものと、人事院を設置する国家公務員法、公正取引委員会について定める「私的独占の禁止及び公正取引の確保に関する法律」などのように、実体法と併せて国家行政組織を定めるものとがある。これに対して、形式的な意味においては、「国家行政組織法」(昭和23年、法律第120号) を指す。

　ところで、憲法は「行政権は、内閣に属する」(65条) と規定して、内閣を国の行政組織における最高の機関として位置づけ、さらに「内閣は、行政権の行使について、国会に対し連帯して責任を負ふ」(66条3項) と明記して、内閣が国家行政の全般にわたり国会を通じて終極的に国民に対して責任を負う議院内閣制を定めている。したがって、これらの規定から、憲法自ら規定する会計検査院 (90条2項) とその職務上の特質から特例とされた人事院のような例外を除き、内閣から完全に独立した行政機関を設置することは許されない。

　以下では、内閣、内閣の統轄下に「系統的に構成され」た (国家行政組織法2条) 各種の行政機関、および国家行政組織法の枠外にある独立機関について、順次説明することにする。

第2節　内　　閣

1　内閣の組織

　内閣とは、内閣総理大臣およびその他の国務大臣で組織される合議体の行政機関をいう。内閣の地位・組織・権限等に関する根本原則を定めた憲法の規定を受けて、その細則については内閣法が定めている。

　内閣は、首長たる内閣総理大臣および14人以内（ただし特に必要がある場合は、その数を増やすことができる）の国務大臣をもって組織されるが（憲法66条1項、内閣法2条1項・2項）、内閣総理大臣以外の国務大臣の過半数は国会議員の中から選ばれなければならない（憲法68条1項）。内閣総理大臣および国務大臣は、別に法律の定めるところにより、主任の大臣として行政事務を分担管理するが（内閣法3条1項、分担管理原則という）、特定の行政事務を分担管理しない大臣（無任所大臣）も認められる（同条2項）。

(1)　内閣総理大臣

　内閣総理大臣は、国務大臣の1人としての資格のほかに、首長としての地位において内閣の一体性を確保するために、憲法および内閣法で各種の権限が与えられている。まず、憲法上では、①国務大臣の任免権（68条）、②内閣の代表権（72条）、③行政各部の指揮監督権（72条）、④法律・政令の連署権（74条）、⑤国務大臣訴追の同意権（75条）などの権限が認められていて、これらの規定の趣旨を受けて、内閣法では、①閣議の主宰権（4条2項前段）、②閣議における基本方針・政策の発議権（同項後段）、③内閣の代表権（5条）、④行政各部の指揮監督権（6条）、⑤権限疑義の裁定権（7条）、⑥行政各部の処分または命令の中止権（8条）、⑦主任の国務大臣が欠けるかまたは事故のあるときの職務の代理または代理者の指定権（10条）などの権限が規定されている（裁判例2-3-1）。また、内閣総理大臣が欠けたときは、内閣は総辞職しなければならない（70条）。

(2) 国務大臣

　国務大臣とは、通常、内閣総理大臣を除く内閣の構成員をいう。国務大臣の権限としては、①明文の規定はないが当然の前提として、内閣の一員として閣議に参加すること、②議案について発言するために国会の両議院に出席すること（憲法63条）、③主任の大臣として法律・政令に署名すること（憲法74条）、④主任の大臣として行政事務を分担管理し（内閣法3条1項）、内閣総理大臣に閣議を求めること（同法4条3項）、⑤省令の制定権（国家行政組織法13条）などがある。

2　内閣の職務権限

　内閣は、憲法73条をはじめとする憲法に定める権限のほかに内閣法およびその他の法律に定める権限を行うが、その行政権の行使については、国会に対して連帯して責任を負わなければならない（憲法66条3項、内閣法2条2項）。

(1) 憲法73条に規定されている権限

　①法律を誠実に執行し、国務を総理すること（同条1号）、②外交関係を処理すること（同条2号）、③条約を締結すること（同条3号）、④法律の定める基準に従い官吏に関する事務を掌理すること（同条4号）、⑤予算を作成して国会に提出すること（同条5号・86条）、⑥憲法および法律の規定を実施するために政令を制定すること（同条6号）、⑦大赦、特赦、減刑、刑の執行の免除および復権を決定すること（同条7号）がある。

(2) 憲法73条以外の憲法に規定されている権限

　①天皇に対する助言と承認の機関（7条）としての権限のほか、②国会の臨時会の召集を決定すること（53条）、③参議院の緊急集会を求めること（54条2項但書）、④最高裁判所の長たる裁判官を指名し、その他の裁判官および下級裁判所の裁判官を任命すること（6条2項・79条1項・80条1項）、⑤自己の責任で予備費を支出し事後に国会の承諾を求めること（87条）、⑥国の収入支出の決算を会計検査院の検査報告書とともに国会に提出すること（90条）、⑦国会および国民に対して、定期的に少なくとも毎年1回、国の財政

状況について報告すること（91条）が権限とされている。

　(3)　内閣法に規定されている権限

　①主任の大臣の間における権限についての疑義の裁定（7条）、②行政各部の統一の保持（6条・8条）、③重要事項の決定（4条3項）が定められている。

　(4)　その他の法律で定められている権限

　①行政機関の統轄（国家行政組織法2条1項）、副大臣・大臣政務官・大臣補佐官の任免（同法16条・17条・17条の2）、②人事院の所轄（国家公務員法3条1項）、③人事官、検査官等の特定の公務員の任命（同法5条、会計検査院法4条など）、④各種の行政計画の作成（国土利用計画法5条2項、道路整備緊急措置法2条1項）などが内閣の職務権限とされている。

3　内閣の運営

　内閣がその職務を遂行するにあたっては、閣議（閣僚会議）によらなければならない（内閣法4条1項）。閣議の主宰者は内閣総理大臣である（同条2項）。各大臣は、案件のいかんを問わず、内閣総理大臣に提出して閣議を求めることができる（同条3項）。

　なお、閣議における決議の方法については、明文の規定はないが、通説は、行政権の行使について、国会に対して連帯して責任を負うべきものとされ、さらに内閣総理大臣の国務大臣罷免権や行政各部の指揮監督権などが内閣の一体性を保障しているところから、内閣の意思決定は全員一致によって決すべきと解しており、また慣例的にも全員一致による運営がなされている。

4　内閣の補助部局

　内閣の補助部局として、内閣官房が置かれ、①閣議事項の整理、②内閣の重要政策に関する基本方針の企画・立案・総合調整、③行政各部の施策の統一をはかるための企画・立案・総合調整、④内閣の重要施策に関する情報の収集調査に関する事務などをつかさどる（内閣法12条2項）。内閣官房長官には、国務大臣があてられる（同法13条2項）。

　このほか、内閣法12条4項に基づいて、別に法律で定めるところにより

設置された内閣の補助機関として、法令関係の審査・意見申述等を所掌する部局である内閣法制局（内閣法制局設置法）、国防に関する重要事項を審議する機関である国家安全保障会議（国家安全保障会議設置法）、国家公務員の中立性保障のための機関である人事院（国家公務員法3条1項）などが設置されているが、このうち人事院は高度の独立性を有するために他の補助部局とはかなり性格を異にする。

5　内閣の統轄下にある行政機関

行政権は内閣に帰属し終極的には内閣の責任において行使される。しかし、現実にすべての行政事務を内閣が担当・処理するわけではなく、多数の行政機関が直接・間接に内閣の指揮監督を受けながら所管の行政事務を分担管理している。

このために、「内閣の統轄の下における行政機関で内閣府以外のものの組織の基準を定め、もつて国の行政事務の能率的な遂行のために必要な国家行政組織を整えることを目的」とした国家行政組織法が制定された（1条）。これによると、「国家行政組織は、内閣の統轄の下に、内閣府の組織とともに、任務及びこれを達成するため必要となる明確な範囲の所掌事務を有する行政機関の全体によつて、系統的に構成されなければならない」（2条1項）と同時に、「国の行政機関は、内閣の統轄の下に、その政策について、自ら評価し、企画及び立案を行い、並びに国の行政機関相互の調整を図るとともに、その相互の連絡を図り、すべて、一体として、行政機能を発揮するようにしなければならない」（同条2項）としている。前者は分配と結合の原理を、後者は調整の原理を、それぞれ規定するものである。

国家行政組織法は、このような内閣の統轄下にある行政組織として、省、委員会および庁を特に「国の行政機関」と呼んでいる。

以下、内閣の統轄下にある行政機関として、内閣府、省、委員会・庁の順で説明する。

(1)　内　閣　府

平成11年に、内閣機能を強化することを目的として、内閣総理大臣を長

とする内閣府が設置された。内閣府の長は、内閣総理大臣である（内閣法6条1項）。

内閣府は、内閣の行政各部に対する統轄を助けるとの趣旨から、国家行政組織法から外れて、一般の行政機関とは異なる組織法上の位置を与えられている。

内閣府は、内閣の統轄下に置かれる行政機関であるとともに（国家行政組織法1条）、一方で内閣に置かれて（内閣府設置法2条）、「内閣の重要政策に関する内閣の事務を助けることを任務」とし、また、「内閣総理大臣が政府全体の見地から管理することがふさわしい行政事務の円滑な遂行を図ることを任務」（同法3条）とすると定められている。したがって、内閣府は、内閣の統轄下で分担管理事務を行う「国の行政機関」であるとともに、内閣に置かれて内閣の補助事務を行う「内閣補助部局」でもあるという二重の法的性格を有する。

内閣府には、内閣の重要政策に関して行政各部の施策の実施の統一をはかるために特に必要がある場合に、内閣総理大臣が任命する国務大臣が置かれる（特命担当大臣、同法9条1項）。沖縄及び北方対策担当、金融担当、消費者及び食品安全担当の3つは必置とされている（同法10条・11条・11条の2）。特命担当大臣には、関係行政機関の長に対する資料提出・説明要求権、当該長に対する勧告権、勧告に基づいてとった措置についての報告要求権、行政各部に対する指揮監督権を発動するように内閣総理大臣に求める意見具申権が認められている（同法12条）。また、内閣総理大臣または官房長官が議長となる重要政策に関する会議として、経済財政諮問会議、総合科学技術・イノベーション会議、中央防災会議、男女共同参画会議が設置されている（同法18条1項）。

(2) 省

省は、内閣の統轄下にある国の行政事務分掌のもっとも大きな単位である。現在、11省が設置されている。各省の長は、各省大臣であり、内閣総理大臣が国務大臣の中から任命するが、内閣総理大臣が自らこれにあたることを妨げない（国家行政組織法5条）。

各省大臣には、①その機関の事務を統括し、職員の服務を統督すること（同法10条）、②法律・政令の制定・改廃の立案のための閣議を請求すること（同法11条）、③省令を制定すること（同法12条）、④所掌事務に関して告示・訓令・通達を発布すること（同法14条）、⑤関係行政機関の長に対して政策調整のために必要な資料の提出・説明を求め、意見を述べること（同法15条）などの権限が、国家行政組織法で認められている。

各省には、政治主導を強化し、政治と行政の調整を行うために、省の政策全般について大臣の政治的な政策判断を補佐する「副大臣」と特定の政策判断を補佐する「大臣政務官」が置かれる（同法16条・17条）。

省には、その所掌事務を遂行するために、内部部局として、官房および局が置かれ、特に必要がある場合には官房・局の中に部が置かれる（同法7条1項・2項）。そして、官房・局・部の中には、通常の行政事務の基礎的単位である課およびこれに準ずる室を置くことができる（同条5項）。内部部局としてどのような部局を置くかについては、各省設置法で規定されているが、現在は、官房、局の設置とその事務は法律で、課の設置とその事務は政令で定められている。

(3) 外局―委員会・庁

委員会および庁は、省または内閣府の外局として設置され（国家行政組織法3条3項、内閣府設置法49条1項）、それ自身の所掌事務と権限を有する行政機関である（国家行政組織法3条に定められているので、しばしば3条機関と称される）。したがって、先に述べた内部部局とは異なる独立性を有しているため、外局と呼ばれる。しかし、委員会と庁とは、それぞれその設置理由を異にする。

すなわち、委員会は、その事務の性質上、政治的中立性が必要とされる場合（国家公安委員会）、専門的技術的知識が必要な場合（原子力規制委員会）、私権保護と公益との調整をはかる必要がある場合（公正取引委員会）、利害調整のために利害代表の参加が要請される場合（中央労働委員会）などに設置される。これに対して、庁は、一団の事務の量が膨大で、府・省の内部部局で処理させることが不適当であると考えられる場合（国税庁）、担当事務が特殊なものである場合（宮内庁）などに設置される。

したがって、委員会の設置は所掌事務の質的な理由に、庁の設置は所掌事務の量的な理由に、それぞれおおむね基づいているといえよう。

　このような設置理由の相異により、委員会と庁はその構成と権限において異なっている。すなわち、委員会は、長たる委員長（国家行政組織法6条）と委員で構成される合議制の機関であり、一定の行政権限を有するほか、規則を制定する準立法的権限および審決や裁決をする準司法的権限をも有するいわゆる行政委員会の性質を持ち、その権限の行使について独立性が保障され、所轄大臣の指揮監督を受けない。また、委員会の委員の選任については、委員会構成の民主化をはかる見地から、しばしばその資格を法律で定め（私的独占の禁止及び公正取引の確保に関する法律29条2項）、あるいは利害関係者の推薦を要することとし（労働組合法19条7項）、またその任命について国会の両院または一院の同意を必要とする場合が多い（警察法7条1項）。

　これに対して、庁は、長たる長官の下に（国家行政組織法6条）、府・省の場合とほぼ同じ組織構成をとり、委員会に比べて独立性が弱いということができる。

　外局の長の権限として、国家行政組織法では、①その事務を統轄し、職員の服務を統督すること（10条）、②府令・省令の発布を請求すること（12条2項・3項）、③規則その他の特別の命令を発布すること（13条）、④所掌事務に関して告示・訓令・通達を発すること（14条1項・2項）などが、定められている。

　また、外局の内部部局として、庁では官房・部（または局）・課およびこれに準ずる室を置き、委員会では事務局を置く（7条）。

(4)　付属機関および地方支分部局

　各府省および外局には、所掌事務の範囲内において、法律または政令の定めるところにより、付属機関を置くことができる（これは、国家行政組織法8条に定められているので、しばしば8条機関と称される）。これには、①審議会等（国家行政組織法8条、内閣府設置法54条）、②施設等機関（国家行政組織法8条の2、内閣府設置法55条）、そして、法律の定めるところにより設置される③特別の機関（検察庁、警察庁、日本学術会議など。国家行政組織法8条の3、内閣府設置法56条）

がある。また、その事務を分掌させる必要がある場合には、法律の定めるところにより、④地方支分部局（財務局、地方整備局などがそれで、しばしば地方出先機関といわれる。国家行政組織法9条、内閣府設置法57条）を置くことができる。

6 独立行政機関

　国の行政機関は、憲法65条の規定からして、原則として直接または間接に内閣の指揮監督に服するものとされるが、しかし、行政機関のうちのある種のものは、その職務権限の特殊性により、職権行使について内閣からの独立性を認められるものがある。前述した国家行政組織法3条の委員会や会計検査院・人事院などがこれに属する。独立行政機関とは、広義においてはこれら職権行使の独立性を認められる合議機関すべてを指すが、狭義においては、府・省の所轄の下にあるものを除いたもの、すなわち、会計検査院および人事院のみを指す。

　ここでは、会計検査院と人事院について簡単に説明する。

(1) 会計検査院

　会計検査院は、国の会計を監視し、検査する機関として設けられた憲法上の機関であり（憲法90条）、「内閣に対し独立の地位を有する」（会計検査院法1条）。会計検査院の組織および権限については会計検査院法の定めがあり、国家行政組織法は適用されない。

　1) 組　　織　会計検査院は、検査官会議（3人の検査官で構成される）と事務総局とにより組織される（会計検査院法2条）。検査官は両議院の同意を得て内閣が任命し（同法4条1項）、そのうちから互選により院長を選出して内閣がこれを任命する（同法3条）。検査官は、裁判官に準ずる強い身分保障がある（同法5条・6条・7条・8条）。

　2) 権　　限　会計検査院の権限は、憲法に定める国の収入支出の決算の検査（憲法90条1項）のほか、常時、会計検査を行い、会計経理を監督し（会計検査院法20条1項・2項）、国の収入支出の決算を確認する（同法21条）。

　また会計検査院は、検査に関連して、懲戒処分の要求、犯罪の通告、違法不当な事項の処理などの行政的権限のほか、会計取扱いの審査判定のような

準司法的権限および会計検査に関し必要な規則を制定することのできる準立法的権限をも有する（同法31条～38条）。

(2) 人事院

人事行政は、民主的かつ公正・中立でなければならない。このような観点から国家公務員法は、中央人事行政機関として、人事院を設置した（3条1項）。人事院は、内閣の所轄に属するが、職務上、きわめて高度の独立性を有する。また、「国家行政組織法は、人事院には適用されない」（4条4項）。

1) **組　　織**　人事院は、3人の人事官によって組織され（4条1項）、そのうち1人が総裁として内閣によって命ぜられる（同条2項）。人事官は、両議院の同意を経て内閣がこれを任命する（5条1項）。人事行政の公正・中立を確保するために人事官の資格については厳しい制限がある（5条・8条3項）とともに、また、人事官の身分については強力な保障がある（8条1項・2項・9条）。

2) **権　　限**　人事院は、給与その他の勤務条件の改善など広範な人事行政に関する権限をつかさどる（3条2項）ほか、「その所掌事務について、法律を実施するため、又は法律の委任に基づいて、人事院規則を制定し、人事院指令を発し、及び手続を定める」（16条1項）ことのできる準立法的権限および職員の意に反する不利益な処分に関する審査（89条～92条の2）などの準司法的権限を持つ。

なお、人事院の権限に属する重要な事項は、人事院会議の議決を経て行われる（12条6項）。

● **裁　判　例**

2-3-1　内閣総理大臣・各省大臣の職務権限（最大判平成7・2・22刑集49巻2号1号）

[事実] 昭和47年8月に、アメリカのロッキード社の販売代理店である丸紅の社長Aが、ロッキード社社長Bと共謀のうえで、当時の内閣総理大臣Cに対し、ロッキード社製L1011型機（トライスター）の全日空への売り込みについて協力を依頼し、成功報酬として現金5億円の供与を約束した。昭和47年10月、全日空が同型機の購入を決定した後、報酬の授受が行われたとして、収賄罪で起訴された。

第1審・第2審のいずれも、内閣総理大臣が運輸大臣に対し全日空に特定機種の選定購入を勧奨するように働きかける行為は、内閣総理大臣の職務権限に属するとしてCに有罪判決を下した。A・Cは上告をしたが、死去したCについては公訴が棄却された。
　上告棄却。
[判旨]　「内閣総理大臣の職務権限について検討する。内閣総理大臣は、憲法上、行政権を行使する内閣の首長として（66条）、国務大臣の任免権（68条）、内閣を代表して行政各部を指揮監督する職務権限（72条）を有するなど、内閣を統率し、行政各部を統轄調整する地位にあるものである。そして、内閣法は、閣議は内閣総理大臣が主宰するものと定め（4条）、内閣総理大臣は、閣議にかけて決定した方針に基づいて行政各部を指揮監督し（6条）、行政各部の処分又は命令を中止させることができるものとしている（8条）。このように、内閣総理大臣が行政各部に対し指揮監督権を行使するためには、閣議にかけて決定した方針が存在することを要するが、閣議にかけて決定した方針が存在しない場合においても、内閣総理大臣の右のような地位及び権限に照らすと、流動的で多様な行政需要に遅滞なく対応するため、内閣総理大臣は、少なくとも、内閣の明示の意思に反しない限り、行政各部に対し、随時、その所掌事務について一定の方向で処理するよう指導、助言等の指示を与える権限を有するものと解するのが相当である。したがって、内閣総理大臣の運輸大臣に対する前記働き掛けは、一般的には、内閣総理大臣の指示として、その職務権限に属することは否定できない」のであり、したがって、「内閣総理大臣が運輸大臣に対し右勧奨行為をするよう働き掛ける行為は、内閣総理大臣の運輸大臣に対する指示という職務権限に属する行為ということができるから、Cが内閣総理大臣として運輸大臣に前記働き掛けをすることが、賄賂罪における職務行為に当たるとした原判決は、結論において正当として是認することができるというべきである」。
[ワンポイント解説]　収賄罪（刑法197条）は、公務員が、その職務に関し、賄賂を収受等することが必要であるが、内閣総理大臣が運輸大臣に対し全日空に特定機種の選定購入を勧奨するように働きかける行為は、内閣総理大臣の職務権限に属すると判断した判決である。

第 4 章 地方行政組織法

第 1 節 地方行政組織

1 地方自治の必要性

　地方自治とは、地方の政治・行政を自らの意思により、自らの責任と負担において行うことである。今日の民主主義国家では、ほとんど例外なく、地方自治制度を採用しているが、それは、何よりも、ジェームズ・ブライス（James Bryce, 1838～1922 年）がいうように、「地方自治は、民主主義の最良の学校」だからである。すなわち、身近な問題を住民の参加の下に解決するという地方自治のプロセスを経ることで、民主政治に対する理解が深まり、民主政治の担い手として必要な能力を形成できるのである。

2 地方自治の法的性格と地方自治の本旨

(1) 地方自治の法的性格

　憲法は地方自治を保障しているが、その地方自治がいかなる法的性格を有するのかについては、固有権説、承認説、制度的保障説の対立がある。

　その法的性格は、憲法 92 条「地方公共団体の組織及び運営に関する事項は、地方自治の本旨に基いて、法律でこれを定める」との規定を考察することから導かれる。本条は地方自治そのもののあり方に関する一般的基本原則を明示したものであり、具体的には、第一に地方公共団体の組織および運営に関する事項は法律で定めねばならないこと、第二にその法律は地方自治の本旨に基づいて定めねばならないことの 2 点を明らかにしている。第一の点

から、地方公共団体は国から完全に独立した存在ではなく、その自治権は国に由来するとみる承認説または制度的保障説の妥当性が導かれ、固有の権利として自治権を有するとみる固有権説は否定されることになり、第二の点から、地方自治の本旨にもとる法律は制定できないことになり、承認説は否定され、かくて制度的保障説が通説の地位を占めることになる。

この制度的保障説は、かのカール・シュミット（Carl Schmitt, 1888～1985年）によって提唱されたものである。彼によれば、地方自治のような一定の制度が憲法に規定されると、それに関する憲法規定は、その制度に対して特別な保護を加える意味を有するものとして、通常の立法手続では、その制度の廃止や本質的内容の侵害をすることができない。したがって、地方自治制のような歴史的伝統的に形成された一定の制度の本質的内容を破壊する法律は、憲法違反になるという。

(2) 地方自治の本旨

憲法にいう「地方自治の本旨」とは、一定の地域の行政は、中央政府の手で行わず、その地域の住民自らの手で行うべきであるという「住民自治」の原則と、そして、一定の地域を基礎とする地方住民の団体に独立の団体としての資格を認め、これが国から独立して、自らの機関により、自らの責任において、自らの事務を処理すべきであるという「団体自治」の原則との2つの要素からなると理解されている。換言すれば、民主主義の要請と地方分権主義の要請の2つを満足させなければならないということである。憲法は、その93条・95条で住民自治を、94条で団体自治を、それぞれ具体化している。

ところで、「地方公共団体」という言葉は憲法で用いられているが（92条・95条）、具体的に何を指すかは明示されていない。したがって、それは立法政策の問題であるとも解されるが、しかし、地方自治が住民の地域的共同体意識の上に初めて成り立つことのできるものである限り、国の恣意的な改変は許されない。むしろ、国は、社会的に存在する地域共同体、すなわち都道府県および市町村の存在を前提として、その自治を保障することを意図したものと解すべきであり、これらが憲法上の地方公共団体に該当するとい

える。

3 地方行政に関する法源

　地方行政に関する法源としては、憲法、法律、命令など、種々の形式が存在している。

(1) 憲　　法

　地方行政に関する法源のうちもっとも重要なものは、憲法上の地方自治に関する規定である。憲法は、明治憲法が地方自治について何らの規定も持たなかったのと反対に、1章を設け、第8章92条から95条において、「地方自治」についての憲法保障を試みている。その根本精神は、地方自治は民主主義の礎石であり、地方自治の完成なくして、完全な民主主義を期待することはできないとの観点から出発している。

(2) 法　　律

　地方行政一般に関する法律としては、地方自治法をはじめ、警察・消防・教育に関するものとしては警察法・消防組織法・地方教育行政の組織と運営に関する法律等が、財政に関するものとしては地方財政法・地方交付税法等が、税制に関するものとしては地方税法等が、地方公共団体の機関の選任および設置等に関するものとしては公職選挙法・地方公務員法等が、それぞれある。

　特に地方自治法は、これら幾多の地方行政関係法の基本法としての地位を有する。その内容は補則を除くと3編からなり、第1編の総則は、地方公共団体を普通地方公共団体と特別地方公共団体とに分け、すべての地方公共団体に共通の事項を定め、第2編は普通地方公共団体について、その構成・組織・権限ならびに地方公共団体相互間の関係および国と地方公共団体との関係等に関する基本的制度を定めており、本法の中心をなしている。第3編は特別地方公共団体について規定している。本法は、制定以来、しばしば改正されたが、その基本理念は一貫しており、地方自治行政に関する総合的な基本法典である。

(3) 命　　令

地方行政に関する命令としては、地方自治法施行令、地方自治法施行規則をはじめ、多くのものがある。

第2節　地方公共団体の性質および種類

1　地方公共団体の性質

地方公共団体は、国家内において一定の地域を基礎として存する公共団体であり、その法律上の性質からいうと、法人である（地方自治法2条1項）。

2　地方公共団体の種類

地方自治法は、これを普通地方公共団体と特別地方公共団体の2つに分け、都道府県・市町村は前者に属し、後者に属するものとして特別区・地方公共団体の組合・財産区をあげている（1条の3）。

都道府県と市町村は、前者が「市町村を包括する広域の地方公共団体」（地方自治法2条5項）であり、後者が「基礎的な地方公共団体」（同条3項）であることから、都道府県は、広域にわたるもの、連絡調整に関するもの、その規模・性質において市町村が処理することが適当でないと認められるものを処理するとされている（同条5項）。しかし、これは事務の相違に応じた役割分担であって、法律上、両者の間は対等な関係である。

特別地方公共団体は、政策的観点から一定の範囲の事務を処理するために普通地方公共団体から派生的に設けられたものである。その組織権能のうえで特別の性格を有する地方公共団体として特例が定められているが、その他の点では、普通地方公共団体に関する規定が適用または準用される（同法283条・292条）。したがって、まずは、標準的な自治体である普通地方公共団体についてみていくことにする。

第3節　地方公共団体の構成要素

　普通地方公共団体は、地域的団体である点に特色があり、その構成要素は①区域（場所的構成要素）、②住民（人的構成要素）、③自治権（自治行政を行う権能）の３つである。

1　区　　　域

　地方自治法は「普通地方公共団体の区域は、従来の区域による」（5条1項）と規定している。したがって、特に変更のない限り、地方自治法施行当時の区域が、そのまま現在の区域になっている。区域とは、地方公共団体の管轄権が及ぶ範囲をいい、これには地表のみならず、河川・湖沼などの水面とその地域に接続する海域、さらには地下および上空も含むといわれる。このような区域には、統治的区域概念と行政的区域概念の２つがあるが、いうまでもなく前者の概念こそが、地方自治団体構成の３要素のうちの区域の概念である。ただ、都道府県・市町村にあっては、この両概念は実際上一致しているし、また地方自治法も区域は従来によると規定しているために、現在の地方公共団体の区域は、統治的区域であるとともに行政的区域でもあるという二元的な概念を有するのである。統治的区域は、消極的には、その地方公共団体の権能を地域的に限定する効果を有し、積極的には、その区域内に住所を有する者をもって当然に団体の構成員とし、その団体の権能に服従させる効果をもたらす。

　市町村の境界に関しての争いは、自治紛争処理委員の調停または都道府県知事の裁定により解決し、境界が明白でない場合は都道府県知事が決定する。裁定や決定に不服のある市町村は出訴することができる（地方自治法9条・9条の2）。

　地方公共団体の区域の変更には、廃置分合、境界変更がある。廃置分合とは、地方公共団体の新設・廃止を伴う区域の変更であり、境界変更とは、地方公共団体の新設・廃止を伴わない、したがって法人格の変更をきたさない

単なる区域の変更をいう。いずれの場合も、区域の変更は、団体存立の基礎に関する事項であるとともに、国の行政区画の変更でもあるから、地方公共団体の任意に任せることなく、処分権限を国（総務大臣）に留保している（同法6条・7条）。なお、未所属地や公有水面の埋立てについても、これに準ずる扱いをする（同法7条の2・9条の3）。

2 住 民

　住民とは、地方公共団体の区域に住所を有する者をいい（地方自治法10条1項）、自然人であると法人であるとを問わず、また、自然人については、人種・国籍・性別・年齢はもちろん行為能力の有無も問わない。住所とは、自然人については生活の本拠（民法2条）を、法人については主たる事務所または本店の所在地（民法50条、会社法4条）を指す。

3 自 治 権

　地方公共団体の自治権は、国家や他の地方団体に対する絶対的な自治権ではなく、むしろ国家主権の許容する範囲内での相対的な自主権であるに過ぎない。

第4節　住民の権利と義務

1 住民の権利と義務

　住民は、住民自治の理念に基づき、法律・条例の定めるところにより、その属する地方公共団体に対して各種の権利と義務を有する。
　第一に、住民は、「役務の提供をひとしく受ける権利を有」（地方自治法10条2項前段）する。役務の提供とは、地方公共団体およびその機関によって行われる一切の利便・サービスの提供を意味する。
　第二に、住民は「負担を分任する義務を負う」（同項後段）。これは、地方公共団体がその行政を行うのに必要な経費にあてるために、税金や分担金、

使用料、手数料、受益者負担などの負担を平等に請け負う義務である。

第三に、日本国民たる住民の地方公共団体への参加の権利、すなわち参政権である。これには、間接民主制に立つ選挙権・被選挙権と直接民主制を前提とする直接請求権がある。以下、これについて詳述する。

(1) 選挙権・被選挙権

日本国民たる年齢満18年以上の者で引き続き3ヵ月以上、同一市町村の区域内に住所を有する者は、その属する地方公共団体の議会の議員および長の選挙権を有する（地方自治法11条・18条、公職選挙法9条・11条）。

被選挙権については、対象によって、年齢要件・居住要件が異なる。まず年齢要件については、議会の議員および市町村長の場合は満25年以上であるのに対して、知事は満30年以上である。次に居住要件は、長については不要とされ、議員の場合においては、選挙権の場合と同じである（地方自治法19条、公職選挙法10条）。

(2) 直接請求権

これは、住民が連署をもって地方公共団体の政治に関する一定の問題について請求をなすことであり、代議政治の欠陥を補完するものである。憲法は、地方特別法についての住民投票を規定しているが（憲法95条）、これも同様の精神から認められたものである（地方自治法261条）。

地方自治法が定める直接請求には、1）条例の制定改廃の請求（12条1項・74条～74条の4）、2）事務の監査の請求（12条2項・75条1項）、3）議会の解散の請求（13条1項・76条～79条）、および4）議員・長・主要公務員の解職の請求（13条2項・3項・80条～88条）がある。

以下これらについて、便宜のために、①請求の範囲、②請求の要件、③請求先、④請求の効果、の順に説明することにする。

1） 条例の制定改廃の請求は、①地方税の賦課徴収や分担金、使用料・手数料の徴収についての条例を除き、条例に関するすべてに対して、②選挙権者総数の50分の1以上の連署でもって、③地方公共団体の長に対して請求したときは、④長は20日以内に議会を招集してこれを議会の審議に付さなければならない。

2) 事務の監査の請求は、①地方公共団体の事務のすべてについて、②選挙権者総数の 50 分の 1 以上の連署をもって、③地方公共団体の監査委員に対して請求したときは、④監査委員は監査してその結果を公表しなければならない。

3) 議会の解散の請求は、①地方公共団体の議会は、②選挙権者総数の原則として 3 分の 1 以上の連署をもって（平成 24 年の法改正で署名数の緩和がはかられている）、③請求が地方公共団体の選挙管理委員会になされたときは、④住民投票に付され、過半数の同意があれば解散される。

4) 解職請求は、①地方公共団体の長・議会の議員と主要公務員（副知事・副市町村長、指定都市の総合区長、選挙管理委員・監査委員・公安委員会の委員）は、②選挙権者（議員の場合は選挙区の選挙権者）総数の原則として 3 分の 1 以上の連署をもって（平成 24 年の法改正で署名数の緩和がはかられている）、③長と議員の場合は選挙管理委員会に対して、主要公務員の場合は地方公共団体の長に対して解職請求がなされたときは、④前者にあっては住民投票で過半数の同意があれば失職し、後者にあっては議会において議員の 3 分の 2 以上の者が出席しその 4 分の 3 以上の多数が同意したとき失職する。

2 住民監査請求および住民訴訟

納税義務者としての住民に損害をもたらすような違法・不当な財政行為について、その予防・是正を求める権利が認められているが、これがまさに住民監査請求と住民訴訟である。

(1) 住民監査請求

地方公共団体の住民は、その長・委員会・委員・職員について、違法もしくは不当な公金の支出、財産の取得・管理・処分、契約の締結・履行、または、違法・不当に公金の賦課等を怠る事実があると認めるときは、監査委員に対して監査を求め、当該行為の防止・是正その他必要な措置を講ずべきことを請求することができる。監査委員において請求に理由があると認めるときには、議会、長その他の執行機関などに対して期間を定めて必要な措置を講ずべきことを勧告するとともに、その内容を請求人に通知し、かつ、公表

しなければならない（地方自治法242条）。これを住民監査請求といい、前述の事務の監査の請求と異なり、住民が1人でも請求できるところに特色がある。

(2) 住民訴訟

住民監査請求に対して監査委員が必要な措置を講じないとき、またはその措置に不服があるときは、請求人は訴訟をもって、違法・不当な財務会計上の行為（=作為）または怠る事実（=不作為）について、①当該行為の全部または一部の差止め、②行政処分たる当該行為の取消しまたは無効確認、③当該怠る事実の違法確認、④損害賠償または不当利得の返還の請求をするよう地方公共団体に求めること、を請求することができる（同法242条の2第1項1号～4号）。

なお、最高裁は、住民訴訟の対象となっている損害賠償請求権、不当利得返還請求権について、個々の事案を総合判断したうえで、議会の議決により放棄することができると判示した（**裁判例2-4-2**）。

第5節　地方公共団体の事務

1　国と地方公共団体の役割分担の原則

地方自治法は、地方公共団体は、「住民の福祉の増進をはかることを基本として、地域における行政を自主的かつ総合的に実施する役割を広く担うものとする」（1条の2第1項）と規定するとともに、国の事務としては、①国際社会における国家としての存立に関わる事務（国防、外交、通貨など）、②全国的に統一して定めることが望ましい国民の諸活動および地方自治に関する基本的な準則に関する事務（生活保護基準、労働基準など）、③全国的な規模または全国的な視点に立って行わなければならない施策および事業の実施（公的年金、宇宙開発など）などのような、国が本来果たすべき役割を重点的に担うものとし、さらに、住民に身近な行政はできる限り地方公共団体に委ねることを基本として、国と地方公共団体との間での適切な役割分担と、地方公共

団体の自主性および自立性の十分な発揮に留意した制度の策定・実施について明記している（同条第2項）。

2　地方公共団体の事務

このような基本原則の下、地方自治法では、地方公共団体の事務を、自治事務と法定受託事務に区分して、自治事務とは「法定受託事務以外のものをいう」（2条8項）としている。「地域における事務」は原則として自治事務であり、法定受託事務は例外という位置づけである。そして、この自治事務については、「法律又はこれに基づく政令により地方公共団体が処理することとされている事務が自治事務である場合においては、国は、地方公共団体が地域の特性に応じて当該事務を処理することができるよう特に配慮しなければならない」（同条13項）としている。

法定受託事務には、2種類のものがあり、1つは「法律又はこれに基づく政令により都道府県、市町村又は特別区が処理することとされる事務のうち、国が本来果たすべき役割に係るものであつて、国においてその適正な処理を特に確保する必要があるもの」（同条9項1号）で、1号法定受託事務と呼ばれる。もう1つは、「法律又はこれに基づく政令により市町村又は特別区が処理することとされる事務のうち、都道府県が本来果たすべき役割に係るものであつて、都道府県においてその適正な処理を特に確保する必要があるもの」（同項2号）で、2号法定受託事務と呼ばれる。法定受託事務とは、要するに、本来は国（または都道府県）が処理すべき事務であるが、住民にとっての利便性や効率性の観点から、地方公共団体が担当した方がよいと考えて、法律または政令に定められた事務ということができる。具体的には、戸籍事務や旅券交付事務などがある。そして、現行法における自治事務と法定受託事務の違いは、次に述べる国等の関与の違いに現れるのである。

3　地方公共団体に対する国の関与

(1)　関与の原則

国と地方公共団体は対等・協力の関係にあるので、国は地方公共団体に

対して一般的包括的な指揮監督権は有さない。地方自治法は、国の関与は、法律または政令によらなければならないとの、関与法定主義を定めている（245条の2）。また、関与においては、その目的を達成するために必要な最小限のものとするとともに、地方公共団体の自主性および自立性に配慮すべきとの基本原則を定めている（245条の3）。

(2) 関与の種類

地方自治法が定める国の関与の種類は、①助言・勧告、②資料の提出の要求、③協議、④是正の要求、⑤同意の拒否、⑥許可・認可・承認の拒否、⑦指示、⑧代執行の8種類である（245条。その他、一定の行政目的を実現するために具体的個別的に関わる行為〔同条3号〕という包括条項がある）。このうち、自治事務に関しては、①②③④が原則である。①から③は非権力的なものであるが、④の是正の要求を受けた地方公共団体は、是正措置を講じる義務を負う。地方公共団体が是正の要求に応じた措置を講じず、かつ、国地方係争処理委員会への審査の申出もしないときには、国等は違法確認訴訟を提起することができる（251条の7）。

これに対して、法定受託事務に関しては、④を除くすべての種類（2号法定受託事務の場合は④も可能）、すなわち、権力的な性質を有する⑤⑥⑦⑧（④も）という強い関与も可能となる。このうち、⑧の代執行は、国が直接執行するという意味でもっとも強い関与の種類である。すなわち、地方公共団体の長による法定受託事務の管理・執行等が違法である場合、各大臣（市町村長に対する場合は都道府県知事）は、まず勧告、指示を行い、それでもなお違法が是正されないときには、各大臣は、高裁に職務執行命令を請求する訴えを提起することができる。そして、当該命令が出されても違法が是正されないときは、各大臣は、自ら代執行することができるのである（245条の8）。

(3) 関与の手続

国と地方公共団体の間が対等な当事者と把握されることから、関与に関しては、行政手続法の公正で透明な手続の理念が及ぶことになった。具体的には、書面の交付、許可・認可についての審査基準や標準処理期間の設定・公表、不利益取扱いの禁止、届出の到達主義が規定された（地方自治法246条〜

250条の5)。

(4) 国と地方の係争処理

地方公共団体の長その他の執行機関は、国の関与のうち公権力の行使にあたるもの、すなわち、前述の④是正の要求、⑤同意の拒否、⑥許可・認可・承認の拒否、⑦指示（地方自治法250条の13第1項）のほかに、不作為（同条2項）や協議が整わないこと（同条3項）などに不服があるときは、国地方係争処理委員会に審査の申出をすることができる。

この国地方係争処理委員会は、総務省に置かれ、両議院の同意を得て総務大臣によって任命された5人の委員で組織される（同法250条の7〜250条の12）。

国地方係争処理委員会は、申出が要件を満たしているときは、国の関与の適法性・妥当性（法定受託事務に関する国の関与については適法性のみ）を審査し、国の関与が違法・不当であると認めるときには、国の行政庁に対して必要な措置を講ずるように勧告する（同法250条の14）。勧告を受けた行政庁は、必要な措置を講ずるとともに、その旨を委員会に通知しなければならない（同法250条の18）。委員会は、職権で調停手続をとることもできる（同法250条の19）。

地方公共団体の長その他の執行機関は、国地方係争処理委員会の審査の結果または勧告に不服のあるとき、あるいは勧告を受けた行政庁の措置に不服があるとき等は、国の行政庁を被告として高裁に訴訟を提起し、違法な国の関与の取消しまたは不作為の違法確認を求めることができる（同法251条の5）。

なお、都道府県と市町村との間において、都道府県の関与について争いが生じたときは、自治紛争処理委員の制度が設けられている（同法251条）。

第6節　地方公共団体の権能

地方公共団体は、その事務を地方自治の本旨に基づいて処理するために必要な権能が与えられている。憲法は、「地方公共団体は、その財産を管理し、事務を処理し、及び行政を執行する権能を有し、法律の範囲内で条例を制定

することができる」(94条) と規定し、地方公共団体に、司法権を除く統治的権能（自治権）を付与した。この憲法の規定は、その内容からみると、自治立法権、自治組織権、自治行政権、自治財政権に分類できる。

1 自治立法権

自治立法権とは、地方公共団体が、その自治行政に関して必要な法規を定めることのできる権能をいう。地方自治法は、自治法規として条例と規則を認めている。条例は、地方公共団体の事務に関して議会の議決によって制定される自主法であり、規則は、地方公共団体の長がその権限に属する事務に関して制定する自主法である。いずれも国の法令に違反することは許されない（地方自治法14条1項・15条1項）。条例には、その実効性を担保するために、2年以下の懲役もしくは禁錮、100万円以下の罰金、拘留、科料、没収の刑または5万円以下の過料を科する旨の規定を設けることができる（同法14条3項）。規則には、5万円以下の過料を科する旨の規定を設けることができる（同法15条2項）。

条例の制定手続は、通常の場合、①地方公共団体の長または議員が条例案を議会に提案し、②議会の議決によって成立し、③長によって公布される。ただし、住民による条例の制定改廃請求（同法12条1項・74条1項）や、長の専決処分（同法179条1項）による例外もある。

ところで、もっとも問題になるのは、条例制定権の範囲とその効力である。まず、法令が当該事項に関して空白である部分について条例で定めることは、自由である。また、法令がすでにある場合でも、法令と異なる目的で規定するか、同一目的であっても法令の規制対象外の事項について規定すること（横出し条例）は可能である。もっとも、最高裁は、いわゆる高知市普通河川管理条例事件において、普通河川については河川法上の規制はないから、普通河川を規律する条例（横出し条例）を制定すること自体は許されるものの、当該条例の規制が河川法との均衡を失して必要以上に強力な規制を定めていることは違法であると判示した（最判昭和53・12・21民集32巻9号1723頁）。

同一目的・同一事項について法令よりも厳格な規制基準を設ける場合（上

乗せ条例）については、かつては、両者の関係を形式的に解して、法律による規制が存在する以上、それと同じ目的でもって条例がより厳格な規制をすることは、法律の先占領域を侵すので、違法であるとされていた（法律の先占論）。しかし、最高裁は、法律が全国一律の均一的な規制をする趣旨ではなく、地方の実情に応じて別段の規制をすることを容認する趣旨であると解されるときは、地方公共団体が地域の特性を踏まえて、条例による規制を強化しても、法律と条例との間の抵触はないとして、上乗せ条例の合法性を認めた（裁判例 2-4-1）。

また地方自治法 14 条 3 項（現在は 5 項）による罰則の条例への一般的授権が、憲法 31 条の罪刑法定主義に違反しないのかが問われた、いわゆる大阪市売春取締条例事件では、最高裁は、「条例は、法律以下の法令といつても、上述のように、公選の議員をもつて組織する地方公共団体の議会の議決を経て制定される自治立法であつて、行政府の制定する命令等とは性質を異にし、むしろ国民の公選した議員をもつて組織する国会の議決を経て制定される法律に類するものであるから、条例によつて刑罰を定める場合には、法律の授権が相当な程度に具体的であり、限定されておればたりると解するのが正当である」と判示した（最大判昭和 37・5・30 刑集 16 巻 5 号 577 頁）。

また条例は、地方公共団体の事務に関して制定される法であるので、かつて存在していた、国の機関としての地方公共団体の長が処理する事務、いわゆる機関委任事務については、条例で規定することはできなかったが、現在の法定受託事務は、地方公共団体の事務であり、法令に反しない限り、条例を制定することができる。

なお、規則と国の法令との関係は、条例について述べたところがおおむねあてはまるが、条例に反する規則は無効と解されている。

2 自治組織権

これは、地方公共団体が自己の組織を規定する権利である。地方自治法は、「地方自治の本旨に基いて、地方公共団体の区分並びに地方公共団体の組織及び運営に関する事項の大綱を定め」（1条）ているのであって、各地方公共

団体が具体的実情に即して組織を定めることができる余地を認めている（3条15項・4条・90条・91条・158条など）。自治組織権は、条例の形式で行われるのが通例であるが、執行機関の組織に関しては規則で定める場合もある。

3　自治行政権

　地方公共団体は、その設立目的を達成するために必要な事務を、自己の判断と責任において自ら定め、自ら処理することができる。事業の経営・公の施設の管理のような非権力的事務はもちろん、警察・規制権、公用負担権などの権力的事務についても行政権の行使が認められている。もっとも、「義務を課し、又は権利を制限するには、法令に特別の定めがある場合を除くほか、条例によらなければならない」（地方自治法14条2項）から、義務を課し権利を制限する行政については、議会の意思としての条例が必要である。これは、侵害留保の原則を明文化したものといえる。

4　自治財政権

　地方自治法は、地方公共団体が当該地方公共団体の事務を処理するために必要な経費等を支弁するものとし（232条）、この経費の支弁にあてるために、地方税法の定めるところにより地方税を賦課徴収する（223条）ことができるほか、分担金・使用料・手数料の徴収およびこれら徴収を免れた者に過料を課し（224条〜229条）、さらに基金を設け（241条）、地方債を起こし（230条）、一時借入金の借入れ（235条の3）をすることができるなどの、広範な自治財政権を認めている。しかし、現在の地方公共団体の財政は、地方交付税や国庫補助金への依存度が高く財政的に自立しているとはいえない実情である。

第7節　地方公共団体の機関

1　首長制の採用

　地方公共団体が地方行政を自主的に運営するには、まず団体の意思を決定

する機関と、これを執行する機関がなければならない。憲法は、議決機関として議会を置き、執行機関として団体の長を設けること、およびそれらを直接に住民が選挙することを規定している（93条）。このことより、日本の地方自治制においては、議院内閣制をとっている国の制度と異なり、いわゆる首長制（大統領制）を採用し、それぞれ住民の直接公選によって選任された議会と長を分立させつつ、相互の自主性と協力によって、地方行政の円滑な運営を期し、最終的には住民の直接請求によって、両者の調整をはかろうとしていることが分かる。

　さらに、執行機関については、長のほかに各種の行政委員会ないし委員を設けて、長から独立して特定の執行事務を行わせる、いわゆる執行機関の多元主義をとることで、長への権限の集中を排除して、公正中立な行政運営を確保しようとしている。

　したがって、地方公共団体の機関は、大別して、議決機関たる議会、執行機関たる長ならびに各種行政委員会ないし委員の3つということができる。

2　地方公共団体の議会

(1)　議会の組織

　地方公共団体には、議会を設けることが原則であるが（地方自治法89条）、町村では、条例で議会に代えて選挙権を有する者の総会を設けることができる（同法94条）。

　議員の定数は、人口に比例した法定の上限の範囲内において条例で定める（同法90条・91条）。議員は、国会議員、地方議会の議員および常勤の職員と兼職し、または当該地方公共団体との間で請負関係に立つことを禁止されている（同法92条・92条の2）。議員の任期は、選挙の日から起算して4年である（同法93条）。議会には、議長および副議長1人が置かれ、議員から選出される（同法103条）。

(2)　議会の地位

　議会は、地方公共団体の最高意思決定機関であり（憲法93条）、執行機関たる長と独立対等の関係にある。しかし、議会の議決は、地方公共団体の内

部的意思決定であるので、執行機関たる長が外部に表示することによって、地方公共団体の意思としての対外的効力を持つことになる。

(3) 議会の権限

議会のもっとも重要な権限は、地方公共団体の意思を決定する議決権である。その範囲は、条例の制定改廃、予算の議決、決算の認定など、地方公共団体の重要な事務のほとんどにわたっている（地方自治法96条1項）。しかも、これら法定されている議決事項のほかに、法定受託事務を除き、条例によって議会の議決事項を追加することができる（同条2項）。議決すべき事件の議案の発案権は、予算の発案権が長の権限に属するほかは、長のみならず議員もこれを有する（同法112条・149条）。

以上の権限のほかに、①地方公共団体の事務に関する検査権（同法98条）、②調査権（同法100条）、③意見提出権（同法99条）を有し、また、④議会の役員や選挙管理委員を選出する選挙権（同法97条・103条・106条・182条）、⑤議長・議員の辞職、副知事・副市長等の退職・選任に対する同意権（同法108条・126条・145条・162条・165条・168条7項・196条）、⑥議会で行う選挙の投票の効力に関する異議の決定権、議員の被選挙権の有無の決定権（同法118条・127条）、⑦議員の懲罰権（同法134条）があげられ、さらに、住民との関係において、⑧請願受理の権限（同法124条・125条）、長との関係において、⑨長に対する不信任議決権（同法178条）がある。

(4) 議会の運営

議会の活動は、定例会（毎年の開催回数は条例で定める）および臨時会においてなされる（地方自治法102条）。長が議会を招集するが、臨時会は、議員定数の4分の1以上による請求があれば、長は招集しなければならない（同法101条1項・3項）。なお、20日以内に長が招集しないときは、議長が招集する（同条5項・6項）。会期およびその延長・開閉に関する事項は議会が定める（同法102条7項）。ただし、条例によって、通年の会期とすることもできる（同法102条の2）。

会議は、原則として議員定数の半数以上の議員の出席がなければ開くことはできない（同法113条）。会議は原則として公開され（同法115条）、議事は特

別の場合を除いて出席議員の過半数で決し、可否同数のときは議長の決するところによる (同法116条)。

3　地方公共団体の執行機関

　地方公共団体には、その最高の執行機関として、地方公共団体の長を置く。都道府県では知事、市町村では市町村長という (地方自治法139条)。このほかに、各種の委員会および委員が執行機関として置かれている。執行機関とは、その担任する行政事務に関し、自ら決定権を持ち、有効に意思表示ができる機関をいう。したがって、地方自治法でいう執行機関とは、すでに述べた作用法的 (行政官庁理論的) な機関概念でいう、行政庁のことである。

　地方自治法は、執行機関の組織の原則として、長の所轄の下に、それぞれ明確な範囲の所掌事務と権限を持つ執行機関によって、系統的に構成され、長の所轄の下で相互の連絡をはかり、すべてが一体として行政機能を発揮するようにしなければならないことを定めている (同法138条の3)。

(1)　長の地位

　長は、地方公共団体の事務を所掌する中心的な執行機関である。長は、住民の直接公選によって選ばれ (憲法93条2項)、その資格要件において、当該地方公共団体の住民である必要はないが、年齢上、知事の場合が30年以上、市長村長の場合は25年以上とされ (地方自治法19条)、任期は原則として選挙の日から起算して4年の特別職の地方公務員である (同法140条、地方公務員法3条3項1号)。

　そのほか地方自治法は、職務執行の公正を保障するために、長は、国会議員、地方議会の議員および常勤の職員や、当該地方公共団体に対し請負的性質を有する事業の責任者を兼ねることができないこと (141条・142条)、また、長の失職については、被選挙権を失ったとき (143条) や自発的な退職 (145条) のほか、議会の不信任 (178条)、住民による解職請求 (81条) が成立したときに、その職を失うことを定めている。

(2)　長の権限

　長は、その地方公共団体を統轄・代表し (地方自治法147条)、地方公共団

体の事務を管理・執行する（同法148条）。地方自治法は、議会の議決を経べき事件についてその議案を提出すること、予算を調整しこれを執行すること、財産を取得・管理・処分すること、公の施設を設置・管理・廃止することなど、長が一般に担任する事務を概括的に列挙しているが（同法149条）、議会の議決を要する事項（同法96条）および他の執行機関（たとえば、選挙管理委員会等）の権限に属するとされているものを除き、長は、その地方公共団体の一切の事務を、自らの判断と責任で誠実に管理・執行する義務を負う（同法138条の2）。

長は、その権限に属する事務に関し規則を制定することができ（同法15条）、事務の管理・執行にあたり補助機関たる職員を指揮監督する（同法154条）。また、その権限に属する事務を分掌させるため、条例で、必要な地に、都道府県にあっては支庁および地方事務所、市町村にあっては支所または出張所を設けることができる（同法155条）。

また、その権限に属する事務を分掌させるために、必要な内部組織を設けることができるが、長の直近下位の内部組織の設置およびその分掌事務については条例で定めることとしている（同法158条）。

(3) 長の補助機関

長の補助機関として、副知事、副市町村長、職員、専門委員がある。職員の身分に関しては、地方公務員法がこれを規定している。長の最高の補助機関は、副知事および副市町村長であり、長を補佐し、長の命を受け政策および企画をつかさどり、その補助機関である職員の担任する事務を監督し、長の職務を代理する（地方自治法167条1項）。その選任については、長が議会の同意を得て選任する（同法162条）。任期は、4年である（同法163条）。

なお、地方公共団体は、執行機関の付属機関として、自治紛争処理委員、審査会、審議会、調査会その他の調停、審査、諮問または調査のための機関を置くことができる（同法138条の4）。これらの付属機関は、自ら行政を担当するのではなく、執行機関の要請によって、執行の前提として必要な事務を担当する機関である。付属機関の構成員の身分は非常勤である（同法202条の3第2項）。

4　議会と長の関係

　地方自治法は、長と議会をともに直接住民の公選によって構成し、かつその権限において相互に分立対等の関係を認める首長制を採用した。そして、この首長制を制度的に保障するために、長と地方議会議員との兼職禁止（141条2項）、議会への長の出席制限（121条）、長の議会への予算や事務の説明書の提出義務（122条）、長による議会の招集（101条）などが定められている。しかし、長と議会がともに住民の直接選挙によって選ばれるだけに、もっとも重要な問題は、両者の意見が食い違った場合に、これを調整する制度を用意することである。

　このための制度として、地方自治法では、(1) 長の再議権（拒否権）、(2) 議会の長に対する不信任議決権と長の解散権、(3) 長の専決処分を認めている。

(1)　長の再議権（拒否権）

　長の再議権とは、長の拒否権ともいわれ、議会がした判断に対し、長が異議をとなえ、長の請求により同一問題について、再び議会に判断させる制度である。これに、一般的再議権と、特別再議権の2つがある。

　一般的再議権とは、議会の議決について異議があるときはその議決の日（条例の制定もしくは改廃または予算に関する議決については、その送付を受けた日）から10日以内に理由を示してこれを議会の再議に付すことができるが（地方自治法176条1項）、再議の結果、同じ議決であるときは、その議決は確定する（同条2項）。ただし、条例の制定・改廃または予算に関する議決については、出席議員の3分の2以上の多数で再び同じ議決が行われた場合に、その議決は確定する（同条2項・3項）。すなわち、議会の議決が違法または不当でなくとも、長において異議がある場合になされる再議権である。

　これに対して、特別再議権とは、何らかの違法・不当な議会の議決を追及するものであり、その行使が義務づけられていて、その最終的な解決方法が定められている再議権である。地方自治法は、この特別再議権を行使すべき場合として、議会が違法の議決または選挙を行った場合（同法176条4項）お

よび財政に関して不当な議決を行った場合（同法 177 条）を定めている。たとえば、議会が違法の議決または選挙を行った場合は、長は理由を示して再議・再選挙を求め、再議・再選挙の結果がなお法令等に違反すると認めるときは、知事は総務大臣に、市町村長は知事に、当該議決があった日から 21 日以内に審査を申し立てることができ、さらに審査の裁定に不服のある議会または長は、裁定のあった日から 60 日以内に裁判所に出訴できる（同法 176 条 5 項・6 項・7 項）。

(2) 議会の長に対する不信任議決権と長の解散権

議会が長の不信任議決をした場合は、長はその通知を受けた日から 10 日以内に議会を解散することができる（地方自治法 178 条 1 項）。この期間内に解散をしないとき、または、解散後初めて招集された議会において再び不信任の議決があったときは、長は失職する（同条 2 項）。長の不信任の理由には何ら制限はないが、その議決には定足数の特例（議員数の 3 分の 2 以上の者の出席）および特別多数（出席議員の 4 分の 3。解散後の不信任の場合は過半数）が必要である（同条 3 項）。

(3) 長の専決処分

専決処分は、本来、議会の議決に属する事項を、特定の場合に長が議会に代わって行うことを認める制度である。これには、議会が不成立であるとか特に緊急を要するために招集する時間的余裕がないなどの法定の事由が発生した場合（地方自治法 179 条）と、軽易な事項についての議会の委任による場合（同法 180 条）とがある。議会と長との間の調整手段として認められるものは、前者である。前者においては、次の会議において議会の承認を求めなければならないが、後者にあっては議会に対する事後報告をもって足りる（同法 179 条 3 項・180 条 2 項）。

5 委員会および委員

地方公共団体の事務に関する権限は、基本的に長に集中させているが、長のほかにも執行機関として委員会および委員（監査委員のみ）を置いて、執行権を分散させている（執行機関の多元主義）。すなわち、委員会および委員は、

地方公共団体の事務のうち、独立公正にまたは専門技術的に処理する必要のあるものを執行させるために、議会および長からある程度、分離・独立して、自らの責任で行政の一部を担当し、実施する権限を持たせた行政機関である。

委員会は、いわゆる行政委員会の性質を持つ合議制機関であるが、委員は、合議体を構成するのではなく、原則として各委員が単独で職務を行う。また、各委員会および委員によって、その権限、組織は異なるが、政党政派の影響を受けないように委員の選任資格が厳しく定められ、委員の選任も議会の同意・選挙などの方法をとっている（地方自治法182条）。委員会および委員は、長の所轄の下にあるが、原則として長から独立して権限を行使し、長の指揮監督を受けない。委員会には通常、行政的権限のほかに、準立法的権限（同法138条の4第2項）、準司法的権限（同法202条の2）が与えられている。

すべての地方公共団体に共通に設置すべき委員会および委員は、教育委員会・選挙管理委員会・人事委員会または公平委員会・監査委員であり、このほか都道府県には、公安委員会・地方労働委員会・収用委員会・海区漁業調整委員会・内水面漁場管理委員会を、市町村には、農業委員会・固定資産評価審査委員会を設置しなければならない（同法180条の5）。これらの詳細は、選挙管理委員会・監査委員については地方自治法、教育委員会については「地方教育行政の組織及び運営に関する法律」、人事委員会・公平委員会については地方公務員法、公安委員会については警察法、地方労働委員会については労働組合法、収用委員会については土地収用法、海区漁業調整委員会・内水面漁場管理委員会については漁業法、農業委員会については「農業委員会等に関する法律」、固定資産評価審査委員会については地方税法に規定されている。

6　地方公共団体相互間の関係

地方公共団体相互間の協力による事務処理のために、普通地方公共団体は、他の普通地方公共団体との協議により、連携して事務を処理するにあたっての基本的な方針および役割分担を定める連携協約を締結することができる（地方自治法252条の2）。これにより、別組織（組合、協議会等）を作らず、簡素

で効率的な相互協力を行うことが可能となる。また、地方公共団体の組合の設置（同法284条）、公の施設の区域外設置および他の地方公共団体の公の施設の利用（同法244条の3）などのほか、事務の共同管理・執行またはその連絡・調整のための協議会の設置（同法252条の2～252条の6の2）、委員会・委員・付属機関・職員などの共同設置（同法252条の7～252条の13）、事務の委託（同法252条の14～252条の16）、事務の代替執行（252条の16の2）および職員の派遣（同法252条の17）がある。

第8節　大都市等に関する特例

1　指定都市

　大都市は、その行財政能力が他の市町村と比較して著しく高く、それに従い事務も質量ともに他の市町村とは異なる特殊性を持つようになった。ここに、地方自治法は、政令で指定する人口50万人以上の市を、指定都市（しばしば政令指定都市と称される）と称して、本来は県が担当する事務のほとんどを、指定都市が自らその事務を処理できるように特例を認めている（252条の19）。

　具体的には、まず、行政組織の特例としては、市長の権限に属する事務を分掌させるために、条例で、その区域を分けて区を設け、区の事務所、または必要があると認めるときはその出張所を置くものとされる。事務配分の特例としては、指定都市またはその長もしくはその他の機関は、児童福祉に関する事務その他法定されている事務のうち、法律またはそれに基づく政令で都道府県またはその長もしくはその他の機関が処理・管理・執行することとされているものの全部または一部を、政令の定めるところにより処理・管理・執行することができる。さらに、事務の執行についても、指定都市またはその機関がその事務を処理・管理・執行するにあたっては、法律またはそれに基づく政令で知事等の許可・認可等の処分を要するとされるものについても、政令の定めるところにより、これらの許可・認可等の処分を要せず、

または知事等の許可・認可等の処分に代えて、主務大臣のそれを受けるものとしている（252条の19～252条の22）。

なお、指定都市の都市内分権を進めるため、その行政の円滑な運営を確保するため必要があると認めるときは、指定都市は、条例で、区に代えて総合区を設け、市長の権限に属する事務のうち主として総合区の区域内に関するものを市長が議会の同意を得て選任する総合区長に執行させることができる（252条の20の2）。また、道府県と政令市が同じ事業を行う「二重行政」を解消するため、双方が協議する「調整会議」を設けることができる（251条の21の2）。

2　中　核　市

指定都市以外にも、それに類するものとして、中核市が規定されている。中核市とは、政令で指定された人口20万人以上の市であり、一部の事務を除き、指定都市と同じ事務を処理できる（地方自治法252条の22第1項）。なお、平成26年の地方自治法の改正で特例市は廃止された。

第9節　特別地方公共団体の組織

1　特　別　区

特別区は、都の区として設置されるもの、すなわち、東京都の23区のことである（地方自治法281条1項）。人口が高度に集中する大都市地域における行政の一体性および統一性の確保の観点から、特別区に対する都の調整権が認められているが、その一方では、「基礎的な地方公共団体」として位置づけられており、例外的な事項を除いて地方自治法の市の規定が適用されている（同法281条の2～283条）。したがって、特別区には議会と区長も置かれ、いずれも任期4年で住民が直接選挙する（同法283条）。特別区が憲法のいう地方公共団体に含まれるか否かについて、かつて最高裁は、特別区は東京都という市の性格をも併有した独立地方公共団体の一部を形成しているに過

ぎないとして、これを否定した（最大判昭和38・3・27刑集17巻2号121頁）が、学説では異論が多い。

2 地方公共団体の組合

　組合には、一部事務組合と広域連合とがある（地方自治法284条1項）。一部事務組合とは、普通地方公共団体がその事務の一部を共同して処理するために、協議により規約を定め、構成団体の議会の議決を経て、都道府県が加入するものにあっては総務大臣、その他のものにあっては都道府県知事の許可を得て設立されるものである（同条2項）。一部事務組合が成立すると、共同処理するとされた事務は、関係地方公共団体の権能から除外され、一部事務組合に引き継がれる（同法286条〜291条）。

　広域連合とは、地方公共団体が広域にわたり処理することが適当な事務に関し、総合的かつ計画的に処理するために、協議により規約を定め、構成団体の議会の議決を経て、都道府県が加入するものにあっては総務大臣、その他のものにあっては都道府県知事の許可を得て設立されるものである（同法284条3項）。同一の事務を持ち寄って共同処理する一部事務組合と異なって、広域連合は多角的な事務処理を通じて広域的な行政目的を達成することが可能であるとともに、国、都道府県等から直接に権限等の移譲を受けることができることや、広域連合の長と議員は、直接または間接の選挙により選出され、また、直接請求も認められているなどの違いがある。広域連合が成立すると、共同処理するとされた事務は、関係地方公共団体の権能から除外され、広域連合に引き継がれる（同法291条の2〜291条の13）。

3　財　産　区

　財産区は、市町村などの一部が財産または公の施設を持ち、その管理・処分を行うことを認められた団体である。財産区は特別地方公共団体であり市と同じく法人格を有するが、市町村のように広範な事務を処理する権能を有するものでなく、財産の管理または処分もしくは公の施設の廃止についてのみ行為能力を有する特殊法人である。原則として当該財産区の存する市町村

の長および議会が財産の管理・処分にあたるが、必要な場合には財産区の議会または総会を置き、あるいは財産区管理会を置くことができる。財産区には地方自治法の施行以前からあるものと、施行後に市町村が合併するときに話し合いで置かれたものとがある（地方自治法294条〜297条）。

● 裁　判　例
2-4-1　徳島市公安条例事件（最大判昭和50・9・10刑集29巻8号489頁）
［事実］　Ｘは、徳島市内でデモ行進に参加したが、先頭集団が蛇行進をした際、自らも蛇行進を行い、また先頭の列外で笛を吹くなどして集団行進者が交通秩序の維持に反する行為をするようにせん動したとして、道路交通法77条3項、119条1項13号違反および徳島市公安条例3条3号・5号に違反するとして起訴された。
　第1審・第2審は、道路交通法違反の点は有罪としたが、徳島市公安条例は憲法31条に違反するとして条例違反については無罪としたため、検察側が上告。
　破棄自判。
［判旨］　「地方自治法14条1項は、普通地方公共団体は法令に違反しない限りにおいて同法2条2項の事務に関し条例を制定することができる、と規定しているから、普通地方公共団体の制定する条例が国の法令に違反する場合には効力を有しないことは明らかであるが、条例が国の法令に違反するかどうかは、両者の対象事項と規定文言を対比するのみでなく、それぞれの趣旨、目的、内容及び効果を比較し、両者の間に矛盾牴触があるかどうかによってこれを決しなければならない。例えば、ある事項について国の法令中にこれを規律する明文の規定がない場合でも、当該法令全体からみて、右規定の欠如が特に当該事項についていかなる規制をも施すことなく放置すべきものとする趣旨であると解されるときは、これについて規律を設ける条例の規定は国の法令に違反することとなりうるし、逆に、特定事項についてこれを規律する国の法令と条例とが併存する場合でも、後者が前者とは別の目的に基づく規律を意図するものであり、その適用によって前者の規定の意図する目的と効果をなんら阻害することがないときや、両者が同一の目的に出たものであっても、国の法令が必ずしもその規定によって全国的に一律に同一内容の規制を施す趣旨ではなく、それぞれの普通地方公共団体において、その地方の実情に応じて、別段の規制を施すことを容認する趣旨であると解されるときは、国の法令と条例との間にはなんらの矛盾牴触はなく、条例が国の法令に違反する問題は生じえないのである」。
［ワンポイント解説］　法律（国の法令）と条例とが抵触するか否かの判断基準について示した判例である。
　「両者の対象事項と規定文言を対比するのみでなく、それぞれの趣旨、目的、内容及び効果を比較し、両者の間に矛盾牴触があるかどうかによってこれを決しな

ければならない」との原則を示したうえで、具体的な検討をする場合の切り口を示している。

2-4-2 議会による請求権放棄議決（最判平成24・4・20民集66巻6号2583頁）

[事実] 神戸市の住民Xらが、同市がその職員を派遣していた外郭団体に対して、これら派遣職員らの給与相当額の補助金・委託料の支出をしていたことが、派遣職員の給与の支給方法等を定める派遣法を潜脱するもので違法、無効であるとして、地方自治法242条の2第1項4号に基づき、市の執行機関である神戸市長（Y）を相手に、平成17年度および同18年度の補助金等の支出当時の市長であったAに対して上記補助金等のうち派遣職員等の給与相当額およびその遅延損害金につき損害賠償請求をすることを求めるとともに、上記外郭団体に対して、上記派遣職員等の給与相当額およびその遅延利息につき不当利得返還請求をすることの、それぞれ義務づけを求める住民訴訟を提起した。

第1審は、Xらの請求を一部認容したため、Yが控訴したが、第2審の口頭弁論終結後、神戸市議会が、本件各請求権を放棄する旨の条例を制定・公布した。Yは口頭弁論の再開を申し立て、議会による権利放棄によって本件各請求権が消滅したことを主張したが、第2審はこの請求権の放棄の議決は違法・無効であるとして、Xの請求を認容したため、Yが上告。

破棄自判。

[判旨] 「地方自治法においては、普通地方公共団体がその債権の放棄をするに当たって、その議会の議決及び長の執行行為（条例による場合は、その公布）という手続的要件を満たしている限り、その適否の実体的判断については、住民による直接の選挙を通じて選出された議員により構成される普通地方公共団体の議決機関である議会の裁量権に基本的に委ねられているものというべきである。もっとも、同法において、普通地方公共団体の執行機関又は職員による公金の支出等の財務会計行為又は怠る事実に係る違法事由の有無及びその是正の要否等につき住民の関与する裁判手続による審査等を目的として住民訴訟制度が設けられているところ、住民訴訟の対象とされている損害賠償請求権又は不当利得返還請求権を放棄する旨の議決がされた場合についてみると、このような請求権が認められる場合は様々であり、個々の事案ごとに、当該請求権の発生原因である財務会計行為等の性質、内容、原因、経緯及び影響、当該議決の趣旨及び経緯、当該請求権の放棄又は行使の影響、住民訴訟の係属の有無及び経緯、事後の状況その他の諸般の事情を総合考慮して、これを放棄することが普通地方公共団体の民主的かつ実効的な行政運営の確保を旨とする同法の趣旨等に照らして不合理であって上記の裁量権の範囲の逸脱又はその濫用に当たると認められるときは、その議決は違法となり、当該放棄は無効となるものと解するのが相当である。そして、当該公金の支出等の財務会計行為等の性質、内容等については、その違法事由の性格や当該

職員又は当該支出等を受けた者の帰責性等が考慮の対象とされるべきものと解される」。
［ワンポイント解説］　地方公共団体の議会において、住民訴訟の対象とされている損害賠償請求権または不当利得返還請求権を放棄する旨の議決がされた場合に、放棄の議決が違法・無効になるのはどのような場合なのか、その判断枠組みを示した判決である。

第5章 公務員法

第1節 公務員の意義と種類

1 公務員の意義

　国または地方公共団体の公務担当者を、国または地方公共団体の機関としての立場を離れて、国または地方公共団体に対する勤務者としてみるとき、これを公務員という。したがって、公務員は、行政機関とは異なり、国や地方公共団体に対して独立の人格を持ち、国や地方公共団体に対して権利義務関係に立つ。

　憲法は、公務員という語を、国や地方公共団体の公務に従事するものの総称として用いているが（15条）、国家公務員法および地方公務員法でいう公務員は、行政の事務（管理・運営・執行）に従事する者のみを指すので、憲法でいう公務員概念から国会議員や地方議会議員のような意思決定機関の構成員を除いた者をいうことになる。なお、独立行政法人の職員（各独立行政法人の設置法）、国立大学の職員（国立大学法人法19条）などの役員や職員は、刑法その他の罰則の適用について、「法令により公務に従事する職員」とみなされるときに、刑事責任を問う場合に限って公務員として扱われるのであって（しばしば、みなし公務員と称される）、ここでいう公務員ではない。

　ところで、過去の家産国家・絶対君主国家では、公務員は、国家それ自体を象徴する君主の家産または臣僕とみなされていた。しかし、現代民主国家での公務員は、政治的には主権者である国民の受任者として、国民全体に奉仕し国民に責任を負うことを本質とし、法的には国民の法的組織体である国

家の機関の構成者であり、国家組織の人的要素・法的単位として特別な法的地位（権利・義務・責任）が認められている。

2　公務員の種類

公務員は、これをみる基準によって、さまざまに分類することができる。まず第一に、任命主体と担当事務を基準（あるいは公務員が勤労義務を負う行政主体と経費負担主体を基準）として、国家公務員と地方公務員に区別される。すなわち、国家公務員は、国によって任命され国の事務を執行する公務員であり、地方公務員は、地方公共団体によって任命され地方公共団体の事務を執行する公務員である。この区別に従って、国家公務員法と地方公務員法が制定されている。

次に、現行の公務員法は、公務員を一般職と特別職に分けている。特別職公務員とは、国家公務員法2条3項各号および地方公務員法3条3項に列挙する公務員（大臣や知事など）であり、一般職公務員とは、特別職公務員以外の一切の職である。国家公務員法が「この法律の規定は、一般職に属するすべての職に、これを適用する」（2条4項、同旨地方公務員法3条3項）と定めているように、一般職公務員のみを適用対象としている。これに対して、特別職公務員は、特別法（たとえば、特別職の職員の給与に関する法律、裁判所法、国会職員法など）によって規律され、原則として国家公務員法や地方公務員法の適用を受けない。両者には、おおむね一般職公務員は成績主義（merit system）の適用と定年までの身分保障があるのに対して、特別職は、選挙等によって選考され、任期つきである場合が多いという特徴がある。

これらの分類以外にも、一般職に属しながらも、その職務と責任の特殊性から国家公務員法と地方公務員法に対する特則が定められている「特例公務員」（国家公務員法附則13条、地方公務員法附則57条）と呼ばれる教育公務員、外務公務員、検察官などがあり、また同じく一般職に属しながらも「国営企業及び特定独立行政法人の労働関係に関する法律」や地方公営企業法が適用される現業公務員とそれ以外の非現業公務員の別などがある。

国家公務員制度と地方公務員制度は、その基本構想や基本的制度において

軌を一にしていて、ただ地方自治制からくる特殊性のために若干の相違があるに過ぎない。したがってここでは、一般職の国家公務員について述べ、地方公務員については国家公務員と異なる点のみを簡単に指摘するにとどめる。

第2節　国家公務員の任用および分限

1　任　　用

　特定人に公務員の身分（地位）を与える行為を任用または任命（国家公務員関係の設定）という。これは、私法上の雇用が契約として構成されるのに対して、行政行為と解されている。国家公務員法は、官職に欠員が生じた場合に、採用・昇任・降任・転任のいずれか1つの方法により職員が任命されると規定している（国家公務員法35条）。

　任用に際しては、平等取扱の原則（同法27条）と情勢適応の原則（同法28条）を前提として、その基準は、受験成績、勤務成績、その他の能力の実証に基づいて行われる（同法33条1項）。これを成績本位の原則（能力本位の原則）ともいい、情実や政治的関係による人事を排している。

　国家公務員に任用されるための要件として、能力要件と資格要件がある。能力要件としては、一定の欠格条項に該当するものは、官職につくことができないことが定められている（同法38条）。また外国人の任用については、実務上、外国人の任用されえない職（公権力の行使を伴う職）と任用されうる職（教育・調査の職）とを分けて扱っている。

　資格要件としては、成績本位の原則に基づき、原則として競争試験によるが、一定の場合には、競争試験以外の能力の実証に基づく試験（これを選考という）の方法によることを妨げない（同法36条）。また、試験の方法においては、公開・平等であることが要求されている（同法46条）。なお、能力要件を欠く任用は無効であり、資格要件を欠く任用は取り消すことのできる行為となる点で、この区別の実益がある。

　任命権者は、法律に別段の定めのない限り、内閣・各大臣・会計検査院

長・人事院総裁・外局の長であるが、これらのものは、その任命権を部内の上級職員に限り委任することができる（同法55条）。

任用（採用・昇任）手続としては、その候補者名簿の中から、面接を行い、その結果を考慮して行う（同法56条~58条）。そして、この場合、一般職の任用（採用・昇任）はすべて条件つきであり、6月を下らない期間を勤務し、良好な成績で遂行したときに、正式任用となる（同法59条）。

2 分　　限

公務員は、その身分が保障されていて、法律または人事院規則に定める事由による場合のほかは、その意に反する不利益処分を受けることはない。しかし、公務員関係はその官職との関係で変動があり、固定的なものではありえない。この公務員の身分上の変化、すなわち身分の喪失および身分の変動を分限（公務員関係の変更・消滅）という。分限には、公務員の身分を保持しながらその職に変更を生ずる場合として、昇任・降任・転任・休職があり、公務員としての身分関係が消滅する場合として、失職・免職（両者を合わせて離職という）がある。分限は、主として行政上の必要や、職員の身分保障の観点から規定されているものであり、したがって、このうち特に問題となるのは、公務員関係の不利益処分たる降任・休職・失職・免職の4つである。

(1) 降　　任

降任とは、現に就いている官職と同一職種に属する下の等級の官職に任命することをいう。職員は法律または人事院規則に定める事由による場合でなければ、その意に反して降任されることはない（国家公務員法78条）。その事由としては、勤務成績の不良、心身の故障による職務不遂行、官職に必要な適確性の欠如、官制・定員・予算による廃職・過員があげられている。

(2) 休　　職

休職とは、公務員たる身分を留保し、一時的にその職務の担当を免ずることをいう。職員は、法律または人事院規則に定める事由による場合でなければ、その意に反して休職されることはない（同法75条・79条）。その事由としては、心身の故障のための長期休養（その期間は人事院規則でこれを定める）、刑

事事件に関しての起訴（その期間はその事件が裁判所に係属する間）があげられる（同法80条1項・2項）。休職者は休職の事由が消滅したときは復職し、休職期間中の給与は、給与に関する法律で別段の定めをしない限り、不給である（同条3項・4号）。

(3) 失　　　職

失職とは、一定の事由の発生により、法律上、当然に公務員関係の消滅する場合をいう。職員が法律の定める欠格条項（同法38条）の1つに該当するに至った場合がこれである（同法76条）。

(4) 免　　　職

免職とは、政府の行為によって、公務員関係を解除し、公務員としての身分を失わせることをいう。これには、公務員自身の辞任に基づく場合（依願免職、辞職）と、政府の一方的意思による場合（一方的免職、分限免職、罷免）の2つがある。

公務員は、いつでも自らの辞任をなすことができ、任命権者は、職員から書面をもって辞職の申出があったときは、特に支障がない限り承認するものとされている。ただし、辞令書の交付の形式による免職行為がなされるまでは、公務員関係は存続する。また、辞令書の交付以前においては、辞職の申出の撤回は原則として自由である（最判昭和34・6・26民集13巻6号846頁）。これに対して分限免職は、法律または人事院規則に定める事由による場合にのみ許される。その事由として国家公務員法があげているところは、先に述べた降任の場合と同じである（78条）。

3　懲　　　戒

懲戒とは、公務員関係における規律ないし秩序を維持するために、職員の一定の義務違反に対して科す制裁をいう。懲戒には、免職（制裁として公務員の身分を剥奪すること）・停職（公務員の身分を保持させながら、その職務に従事させないこと）・減給（一定期間給与を減ずること）・戒告（公務員としての責任を確認し、その将来を戒めること）がある（国家公務員法82条）。

懲戒処分と分限処分は、ともに職員にとっては不利益な処分であるが、懲

戒処分が職員の義務違反の責任の追及を通じて組織の紀律維持をはかるものであるのに対して、分限処分は職員がその職責を十分に果たせないときに、公務の適正な運営の確保または公務能率の維持を目的としてなされるものであるという点で、その本質を異にする。また、懲戒処分の対象が同時に刑罰の対象になることもあるが、この場合に懲戒罰と刑罰とを重複して科しても、憲法の定める二重処罰の禁止に触れない（国家公務員法85条）。さらに、懲戒免職処分を受けた者は、当該処分の日から2年間は官職につく能力を有せず（同法38条3号）、また、退職手当の全部または一部の不支給の処分を受けることもあるが（国家公務員退職手当法12条1項1号）、分限免職にされた者はこのような取扱いは受けない。

なお、職員の分限および懲戒については公正でなければならない。すなわち、任命権者は、職員の休職・免職および懲戒等を行う権限を有するが（国家公務員法61条・84条）、この権限を行使する場合は、法律の定める範囲内で裁量により行う。しかし、その裁量権には一定の限界があり、社会通念上著しく妥当性を欠いたり、裁量権の限界を逸脱したりすることは許されない（最判昭和32・5・10民集11巻5号699頁）。実体面および手続面において公正でない処分は、単に不当であるにとどまらず、違法となる。

4　不利益処分に対する救済

公務員は一般に法律上身分の保障が認められているので、分限処分および懲戒処分などの不利益処分に対しては、特別の救済措置が用意されている。まず、公務員に対して不利益処分を行おうとする者は、その職員に対し、処分の際に、処分の事由を記載した説明書を交付しなければならない（国家公務員法89条1項）。この処分を受けた職員は、処分説明書を受理した日の翌日から起算して3月以内に、人事院（地方公務員の場合は人事委員会または公平委員会）に対してのみ審査請求をすることができる（同法90条・90条の2）。

そして、人事院に対して審査請求をすることのできる処分の取消しの訴えは、人事院の裁決を経た後でなければ提起することはできない（審査請求前置主義という。同法92条の2）。

第3節　国家公務員の権利と義務

1　公務員の権利

　国家公務員は、分限・懲戒処分およびそれに対する救済制度以外にも、その職務の特殊性からくる各種の権利を有し、義務を負っている。
　(1)　職務遂行の権利
　職務遂行の権利とは、公務員が職務上の義務を遂行するにあたり、その官職を恣意的に奪われないことをいう。すでに分限のところで述べたものであるが、さらに、職務執行を妨害されない権利として、刑法に定める、公務執行妨害罪（95条）、封印等破棄罪（96条）などもある。
　(2)　財産上の権利
　これは、公務員が職務遂行のために労務を提供し、その対価として給与をはじめとする給付を受ける権利をいう。給与請求権（国家公務員法62条～70条）、退職年金請求権（同法107条）、公務災害補償請求権（同法93条～95条）などがある。特に給与については、官職の職務と責任に応じ（同法62条）、かつ、民間の賃金との均衡を考慮して、法律で定める給与準則（俸給表）に基づいて決定される（同法64条）。なお、給与の性質に関しては、公務員としての地位相当の生活を保障するとの考え方（生活資金説）がかつての通説であったが、今日では、その職務と責任に対する対価たる性格を持つとする見解（反対給付説）が有力である。
　(3)　行政措置要求権
　行政措置要求権とは、公務員が、給与・勤務時間その他あらゆる勤務条件に関し苦情がある場合に、人事院（地方公務員の場合は人事委員会または公平委員会）に対して、当局により適当な行政上の措置が行われることを要求する権利である（同法86条）。
　(4)　労働基本権
　公務員も憲法上の勤労者である以上、労働基本権は保障されるのである

が、全体の奉仕者としての特殊性から、大幅に制限されている。まず団結権については、公務員は、その勤務条件の維持改善をはかることを目的として組織する団体またはその連合体である「職員団体」（民間企業の場合の労働組合に相当する）を結成して、それに加入することができる（同法108条の2～108条の3）。もっとも、警察・消防職員には団結権は認められていない。

団体交渉権については、勤務条件およびその付帯活動に関して、職員団体は当局と交渉する権利が認められているが（同法108条の5～108条の7）、しかし、団体協約の締結権は認められない（同法108条の5第2項）。

そして、争議権については、「同盟罷業、怠業その他の争議行為をなし、又は政府の活動能率を低下させる怠業的行為をしてはならない。又、何人も、このような違法な行為を企て、又はその遂行を共謀し、そそのかし、若しくはあおつてはならない」（同法98条2項）として、全面的に禁止しているだけでなく、このような争議行為の「遂行を共謀し、そそのかし、若しくはあおり、又はこれらの行為を企てた者」を3年以下の懲役または100万円以下の罰金に処するとしている（同法110条1項17号）。

2　公務員の義務

国家公務員法は、「すべて職員は、国民全体の奉仕者として、公共の利益のために勤務し、且つ、職務の遂行に当つては、全力を挙げてこれに専念しなければならない」（96条1項）と定めて、服務の基本原則を示している。そして、この基本原則を実現するために、国家公務員法は各種の義務を公務員に課しているが、これらの義務は、その性質から、職務上の義務と身分上（職務外）の義務に分けることができる。

(1)　職務上の義務

1）　職務専念義務　　公務員は、法律または命令に特別の定めのある場合を除いて、その勤務時間および職務上の注意力のすべてをその職務遂行のために用いなければならない（国家公務員法101条）。それゆえ、公務員は、営利企業などに従事することが制限される。

2）　法令および職務上の命令に従う義務　　公務員は、その職務を遂行す

るについて、法令に従い、かつ、上司の職務上の命令に忠実に従わなければならない（同法98条1項）。この場合に、職員の服従義務の限界が問題となる。かつての通説は、職務命令は行政行為であるので公定力を有し、したがって、職務命令に重大かつ明白な瑕疵があって無効となる場合のほかは、職員は、自らの判断で職務命令への服従を拒否することはできないと解していた。しかし、近時は、訓令的職務命令と非訓令的職務命令を区別して、職員自身がもっぱら名宛人となり、当該職員の後任者を拘束するものではない非訓令的職務命令については、当該職務命令違反を理由とした懲戒処分などの不利益処分において違法の抗弁を認めるべきとの考えが有力になっているが、最高裁は、「地方公共団体の職員は、……上司の職務命令に重大かつ明白な瑕疵がない限り、これに従う義務を負うものと解される」（最判平成15・1・17民集57巻1号1頁）として、依然として重大明白説に立っていると思われる。

3) **政治的行為の制限・争議行為等の禁止**　行政の公正な運営の確保と公務員個人の正当な利益の保護とを目的として、国家公務員法102条は、公務員の政治的行為の制限を規定している。この点において、国家公務員と地方公務員とで、若干の相違がある。すなわち、①国の場合には政治的行為の詳細を人事院規則14-7で定めているのに対し、地方の場合には条例に委ねていること、②地方の場合には一定の政治的行為に関して、当該職員の属する区域の外であれば行いうること、③政治的行為制限の違反があった場合、国家公務員法では罰則規定の適用もありうるが、地方公務員法では懲戒の対象になりうるのみで、罰則規定の適用はないこと、などである。特に、国家公務員の場合に、任命権者による懲戒処分のほかに刑罰を科することができる点は問題視されている。争議行為の禁止については、公務員の権利の中で、すでに説明した。

(2) **身分上の義務**

1) **信用失墜行為の禁止**　公務員は、その職の信用を傷つけ、または職全体の不名誉となるような行為をしてはならない（国家公務員法99条）。職務内外において、高度に倫理的な生活態度や公正な行為が要求される。違反が

あった場合には懲戒処分もありうる。

2) **守秘義務**　公務員は、国民のプライバシーに関する情報や公共の利益の確保のために秘密にされるべき情報を知りうる立場にいる。したがって、公務員は、在職中も退職後も、職務上知ることのできた秘密を漏らしてはならないのである（同法100条1項）。証人や鑑定人などになって職務上の秘密に属する事項を公表する場合には、所轄庁の長の許可を必要とする（同条2項）。

3) **営利企業等への従事の制限**　公務員は、営利企業等の役員になったり、自ら営利企業を営んだり、報酬を得て事業や事務に従事することを、原則として禁じられている（同法103条1項）。これらの制限が免除されるのは、人事院規則の定めるところにより、所轄庁の長の申出により人事院の承認を得た場合のみである（同条2項）。

3　公務員の責任

　公務員が公務員としての義務に違反するとき、法律上、一定の不利益を与えられることを、公務員の責任という。これには、前述した懲戒処分（懲戒罰）を受ける懲戒責任（国家公務員法82条）以外に、職員の義務違反による公務員法その他の行政法令が保障する法益侵害に対して、公権力の主体としての国によって制裁を受ける行政罰責任（同法109条〜111条）、職員の義務違反による刑事法上の法益侵害について国より刑事制裁を受ける刑事罰責任（刑法193条の公務員職権濫用罪・収賄、刑法17条の受託収賄および事前収賄罪など）、および、義務違反により国に損害を与えた場合において、公務員が故意または重過失によって他人に損害を与えたときは、国は当該公務員に対して求償権を持つことによる国に対する賠償責任（国家賠償法1条2項）がある。

第6章 公物法

第1節 公物法の範囲

　国・公共団体等の行政主体が直接に公の目的を遂行するための人的手段が公務員であるのに対して、行政主体が直接公の目的を遂行するための物的手段を公物という。両者が一体として観念されると、営造物あるいは公企業という観念を生じる。営造物とは、組織の観点から静的にみた観念であり、公企業とは作用の観点から動的にみた観念である。もっとも、国家賠償法上の営造物概念は、このような学問上の概念とは異なり、学問上の公物と同じ概念である。

　また、公物に類似する概念として、「行政財産」の概念があるが、これは実定法上の概念であって（国有財産法3条2項）、財産管理的側面に主眼を置いたものである。

　行政組織法の一環である行政の物的手段そのものの考察としては、さしあたって公物に関する法、すなわち公物法のみをその対象とすることにする。

第2節 公物の意義および分類

1 公物の意義

　公物とは、河川、公園、道路、役所の庁舎等のように、国または公共団体等の行政主体によって、直接に、公の目的に供用される個々の有体物をいう。したがって、このことより公物の基本的な特色は、次のようになる。

まず第一に、行政主体によって供用されることから、たとえば、私人が私有地を道路や公園などに提供して事実上一般人の自由使用に供しても、その私有地が公物となるのではない。第二に、直接に供用されるものであるから、間接的に行政目的に供されるに過ぎない金銭、有価証券、国有または公有の未開墾地などは公物に入らない。第三に、公の目的に供されるというのは、道路などのように一般公衆の使用に供される場合のみならず、庁舎のように行政主体自身の公用に供される場合をも含むので、これらはともに公物に含まれることになる。第四に、公物は個々の有体物をいうのであるから、特定の行政目的遂行のために供用される人的・物的施設の総合体としての営造物とは異なり、また無体財産とも区別される。

2 公物の分類

公物は種々の観点からの分類が可能であるが、主として次のような分類がなされる。

(1) 公共用物と公用物

公物は、その供用の目的に従って、公共用物（公共用公物）と公用物（公用公物）に分かれる。公共用物とは、道路・公園などのように直接に一般公衆の利用に供される公物をいい、公用物とは、庁舎・公用車などのように行政主体自身の使用に供されるものをいう。公共用物については、個別法（道路法、都市公園法、河川法など）による規律の対象となるが、庁舎のような公用物についての公物管理法は制定されていない。

(2) 自然公物と人工公物

公物としての実態をそなえるに至る過程の差異によって、自然公物と人工公物（人為公物）に分かれる。自然公物とは、自然の河川や海浜のように自然状態のままで公の目的に供しうる実体をそなえる公物をいい、人工公物とは、道路・国公立の学校・病院のように人為的加工により公の目的に供しうる実体をそなえる公物をいう。したがって、前者は何らの法的手続をとることなく当然に公物とされるのに対し、後者は行政主体が公の用に供する旨の意思表示（公用開始行為）によって初めて公物とされる。

(3) 国有公物・公有公物・私有公物

　公物の所有権の帰属主体の差異によって、国有公物・公有公物・私有公物に分かれる。すなわち国有公物とは所有権が国にある公物を、公有公物とは所有権が公共団体にある公物を、そして私有公物とは、私有地上の道路や私有の重要文化財のようにその公物の所有権は一般の個人にあるが、行政主体により公の目的に供用されている公物を、それぞれいう。

(4) 自有公物と他有公物

　公物の管理権の主体と所有権の主体とが同一であるか否かによって、自有公物と他有公物に分かれる。自有公物とは、国有の国宝や市有地にある市立公園などのように管理権の主体と所有権の主体が一致する公物をいい、他有公物とは、市が私有地を道路として管理する場合のように所有権の主体が管理権の主体以外である公物をいう。

第3節　公物の成立・消滅および公物法的特色

1　公物の成立

　ある物が公物としての性質を取得することを、公物の成立という。公物が成立するための要件は、公用物と公共用物とで異なる。公用物の場合は、行政主体が事実上その使用を開始することによって成立するが、公共用物の場合は、自然公物は別として、行政主体が、一般公衆の使用に供すべき設備をそなえる（実体的要素）と同時に、公衆の利用に供する旨の意思表示（公用開始行為）をなすことが必要である。

2　公物の消滅

　ある物が公物としての性質を喪失することを、公物の消滅という。公用物の場合は、事実上その使用を廃止することによって公物としての性質を失うが、公共用物の場合は、実体的要素の滅失または公用廃止の意思表示により消滅する。

3 公物の法的特色

　公物は、直接に行政目的に供されることから、公物に対する私権を制限・禁止し、その限りで私法の適用が排除されることがある。

(1) 不融通性

　公物は、これを否認する明文の規定がない限り（たとえば、河川の流れは私権の目的とならない。河川法2条2項）、所有権の対象になり、したがって、その所有権の移転、抵当権の設定・移転は認められる。なぜなら、これらは当然、公物の目的の達成を阻害するものではないからである。しかし、行政財産については私権の設定が禁止されている（国有財産法18条、地方自治法238条の4）が、これなどは公物の不融通性を示す一例である。

(2) 強制執行の制限

　国有公物に対する強制執行は国に対する強制執行となるから不可能であるが、その他の公物に対しては民事上の強制執行は可能である。特に道路のように抵当権の設定が認められている場合には、強制執行も当然認められる。ただし、強制執行によって道路の所有権を取得しても、公物としての制限は受ける。すなわち、公物は、強制執行等の結果、新たに公物の所有権を取得した者も、その物が公物であることに由来する私権行使の制限を受けるのである。

(3) 取得時効の不適用

　公物は、公共のために存するものであり、私人がこれを占有しているという事実のみではその地位を否定できず、取得時効に関する民法の規定は排除される。従来の判例・学説は、公物については、明示の公用廃止行為のない限り、取得時効の対象とならないとしていたが、最高裁は、長期間、公の目的に供用されることがなく、すでに公物としての機能をまったく喪失し、そのうえに他人の平穏かつ公然の占有が継続しているにもかかわらず、水路として表示されている国有地について、すでに公物廃止の黙示の意思表示があったものと解して、取得時効を可能とした（最判昭和51・12・24民集30巻11号1104頁）。

(4) 収用の制限

公物はすでに公用ないし公共用に供されているために、公物のままで収用の対象とされることは原則としてありえない。しかし、土地収用法4条は、「特別の必要」のある場合には、公用廃止なしに公物を収用する可能性を示している。

(5) 相隣関係

公物には、相隣関係につき一般に民法の規定を準用すべきであるが、法律で公物の管理者たる行政庁が一方的に境界を決定できるとしているものもある。たとえば、道路の区域の決定は、道路管理者たる行政庁の権限である（道路法18条）。

第4節 公物の使用関係

公物の使用関係は、公共用物と公用物によって異なる。公用物は、行政主体自身の用に供することを目的とするから、一般公衆との間でその使用関係が前提となっておらず、ただ本来の目的を妨げない限度でもって使用関係が問題となるに過ぎない（たとえば、庁舎内における食堂や売店の設置・経営であり、これを公物の目的外使用という。国有財産法18条参照。最高裁は、行政財産の目的外使用許可の撤回について、行政財産本来の用途または目的上の必要が生じたときには原則として消滅すべきであるという制約が内在しているので、当該財産の使用権そのものの損失補償を原則として不要とした〔最判昭和49・2・5民集28巻1号1頁〕）。これに対して、公共用物は、本来、一般公衆に解放されるものであるからその使用関係が問題となる。

したがって、以下では、公共用物の使用関係についてのみ説明することにする。公共用物の一般公衆による使用の法的形態は、一般使用（自由使用）、許可使用、特許使用の3つに分類される。

1 一般使用

道路の通行、公園の散策、河川での水泳などのように、一般公衆が他人の

共同使用を妨げない限度において、何らの許可をも要せず、自由に使用することをいい、その範囲は、法令に別段の定めのあるほかは、一般的社会通念や地方的慣習等によって決定される（河川における舟筏の通航など）。ところで、通説は、公衆が公共用物を自由に使用することができるのは、公共用物の成立による反射的効果であり、したがって公衆の一般使用関係は反射的利益であると解している。

もっとも、最高裁は、村道（公道）の通行に関して、村民は他の村民が村道に対して有する利益ないし自由を侵害しない程度において、自己の生活上必須の行動を自由に行うことのできる使用の自由権（通行の自由権）を有しており、この通行の自由権が妨害されたときは、民法上の不法行為の問題が生じること、さらに妨害の継続に対してはその排除を求める私法上の権利があることを認めている（最判昭和 39・1・16 民集 18 巻 1 号 1 頁）。なお、自由使用は、必ずしも使用の対価徴収と矛盾するものではないので、有料の場合に対価を支払わないときは使用を拒否される。

2 許可使用

公物の使用が公共の安全と秩序に障害を及ぼすのを防止し、または公衆一般の使用関係を調整するために、一般に自由な使用を制限し、特定の場合に申請に基づいてその制限を解除するものであり、道路での露店の開設やデモ行進などがそれである（道路交通法 77 条）。この使用形態は、原則として、公物管理者の法規裁量行為と考えられる。最高裁も、労働組合の皇居外苑の使用許可申請に対する旧厚生大臣の不許可処分の取消訴訟において、公園の利用の許否は「公の用に供せられる目的に副うものである限り、管理権者の単なる自由裁量に属するものではなく、管理権者は、当該公共福祉用財産の種類に応じ、また、その規模、施設を勘案し、その公共福祉用財産としての使命を十分達成せしめるよう適正にその管理権を行使すべき」であると判示した（最大判昭和 28・12・23 民集 7 巻 13 号 1561 頁）。

3 特許使用

　道路に電柱を立てたり、河川にダムを建設したりするように、特定の者のために、その出願に基づいて一般人には認められない独占的・排他的な公物使用権を設定することを公物使用権の特許（法令では、しばしば「占用の許可」と呼ばれる。道路法32条、河川法23条など）といい、その使用関係を特許使用という。この特許は、原則として、自由裁量行為と考えられている。

第3部 行政作用法

第1章　行政作用法総論

第1節　行政活動の形式

1　多種・多様な行政活動とその分類

　行政が担当する分野あるいは扱う領域を、国家行政組織法が定める省別に分類すると、総務省、法務省、外務省、財務省、文部科学省、厚生労働省、農林水産省、経済産業省、国土交通省、環境省、防衛省の11分野に分けることができ、これに内閣府設置法による内閣府を加えると12分野となる。各省が扱う行政分野はそれぞれに細分化されているだけでなく、これに地方公共団体が扱う分野も加わる（もちろん重複する分野もある）から、行政全体が扱う分野はきわめて多種・多様である。

　これらの広汎な行政活動をあまねく分類することは事実上不可能であるが、一定の視点で分類・整理することは、その活動の特色を知るうえでも有益である。この行政活動すなわち行政作用の区別・分類については、目的や内容による区別と、国民への働きかけの仕方（これを行政形式と呼んでいる）による区別に分けることができる。

2　目的・内容による区別

(1)　2つの行政作用

　行政作用の目的や内容によって区別すると、公の秩序維持を目的とする作用と、主として国民への給付を目的とする作用（以下、給付作用という）に分けることができる。後者の給付作用は、給付する内容が国民の日常生活に直

接関わるものである場合と、良好な国民生活を維持するためのさまざまな環境の形成・調整整備などに関わるものに分類できる。しかし、公の秩序維持の代表例である警察作用も、国民に安全を提供するサービスであるという捉え方もできるように、この分類も相対的な分類に過ぎない。

(2) 公の秩序維持を目的とする作用

この代表例は、防衛作用、警察作用、財政作用などである。

1) 防衛作用 「我が国の平和と独立を守り、国の安全を保つため、直接侵略及び間接侵略に対し我が国を防衛すること」を主たる任務（自衛隊法3条1項）とする作用である。

2) 警察作用 日常的に使われる意味での警察、すなわち「犯罪の予防、鎮圧及び捜査、被疑者の逮捕、交通の取締」（警察法2条1項）だけではなく、広く社会公共の安全と秩序を維持するために、国の一般的統治権に基づき、国民に命令、強制してその自由を制限する作用を含むものである。そのため、消防、水防、衛生、交通、産業などの分野でも警察作用を観念することができる。明治憲法下では、当初は内務省がこれらの事項をすべて包括する形で運営してきたが、その後、分野ごとに警察権が分散していき、現在では、消防は総務省が、衛生は厚生労働省が、産業は経済産業省が担う形となっている。

3) 財政作用 国や地方公共団体が、その目的を達成するために財貨を収入し、支出し、および管理する連続的で総合的な活動の全体を意味する概念である。財政作用は、国や地方公共団体内部での財政を管理する作用だけでなく、財貨の収入も含むものであるから、租税の徴収などの権力的作用も含むものである。

(3) 国民への給付を目的とする作用

1) 国民の日常生活に直接関わるもの これには道路・橋梁・河川・海岸・公園などの公共用物や、病院・学校などの公の施設などを国民に供給することを目的とするもの（供給行政）、生活保護関係、社会保険関係、健康保険関係などの社会保障給付を目的とするもの（社会保障行政）、補助金、資金等の貸付などの経済的な助成を目的とするもの（資金助成行政）、教育の充実

整備を目的とする行政（教育行政）などがある。

2) 良好な国民生活を維持するためのさまざまな環境の形成・調整整備に関わるもの　公害防止など国民の健康や生活環境の保全や形成、自然環境の保全や形成を目的とするもの（環境行政）、営業の許認可、価格調整、産業の育成など国民の経済生活の維持・調整や発展を目的とするもの（経済行政）、土地や国土開発、公用収用などに関する行政（開発行政）などがある。

3　行為形式による区別

(1)　行為形式の種類

行政活動は、国民への働きかけの仕方、すなわち行為形式によって区別され、その行為形式ごとの法的性質を明らかにして、その活動に対する法的統制のあり方を分析検討する方法がとられている。

代表的な「行政の行為形式」としては、行政立法（第2章）、行政行為（第3章）、行政上の義務履行確保（第4章）、行政罰（第5章）、行政契約（第6章）、行政指導（第7章）、行政計画（第8章）、行政調査（第9章）の8つをあげることができる。

(2)　典型的な行為形式

典型的な行政過程は、①法律の制定（国民の代表である議会によるルールの制定）→　②法律を具体化する行政立法の制定（行政機関により具体化されたルールの制定）→　③具体的事案ごとに法の執行としてなされる行政行為（＝ルールの適用）→　④行政行為を実現するための義務履行確保（強制執行・行政罰）と進んでいく。たとえば、所得税法→所得税法施行規則→課税の決定→強制徴収（財産の差押えなどの滞納処分）、制裁（行政罰）である。その意味で、典型的な行政の行為形式は、行政立法、行政行為、行政上の義務履行確保、行政罰の4つである。

(3)　それ以外の行為形式

これに対して、行政契約、行政指導、行政計画、行政調査は、非典型的な行為形式として分類されている（図表6）。行政契約は、直接国民の権利義務の形成またはその範囲を確定する行為であるが非権力的である点で行政行為

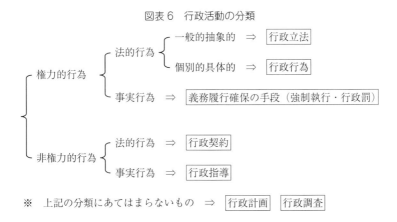

図表6　行政活動の分類

とは異なり、行政指導は行政契約と同じく非権力的な行為であるが事実行為にとどまり、具体的な法的効果を発生させない。また、行政計画は、行政立法と同様に一般的抽象的な法的効果を持つものもあれば、行政指導と同じく事実行為のものもあり、また多くは一般的抽象的なものであるが、中には具体的なものまで多様な内実を持つものである。しかも、行政計画は、行政の方向性を実質的に決定するほどの影響力を有しているために、これをどのように把握し、規律するかは、現代行政法の大きな課題の1つである。行政調査も、すべての行政活動にわたって、任意または直接・間接の強制の下に行われるもので、行政活動の前提となる行政情報の収集に関する活動であって、いずれも典型的な行為形式とは、その特質が異なっている。

第2節　行政活動に対する法的統制

1　必要性

　法律による行政の原理によれば、国民の権利・自由を守るために、行政活動は法律に基づき、法律に従って行われなければならない。法律による行政の原理が、行政法の基本原理であると宣言してみても、それを実際に担保する仕組みがなければ、その実現は困難である。その意味で、行政活動に対す

る法的統制の仕組みを分析・検討することが行政法の学習でもっとも重要なポイントである。

2　法的統制のあり方

　行政活動に対する統制には、事前の統制と事後の統制、あるいは実体的な統制と手続的な統制などに分けることができる。事前の統制の中心となるのは、行政活動を行う場合の手続が明確に定められており、その手続が適法に履践されていることである。たとえば、許認可の申請では審査基準を、不利益処分には処分基準をそれぞれ設定・公表しておくこと、申請拒否処分や不利益処分には理由を提示すること、告知聴聞の機会を付与することなどである（第11章行政手続を参照）。この手続面での事前の統制があることによって、行政庁の判断の慎重と公正・妥当を担保して恣意を抑制することが可能となり、事後的な救済の必要性を抑制することも可能となる。また、行政に対する実体的な側面からの統制とは、どのような要件の下に、どのような行政活動ができるのかを、あらかじめ法令で、できる限り具体的かつ明確に規定しておくことによって、行政活動を拘束することである（実体法による立法的統制）。これに対して、どのような行政活動ができるのかを、あらかじめ法令において具体的・明確に規定していない場合には、行政側の裁量的判断の幅が広がるため、事後的な統制の役割が重要となる（第10章行政裁量を参照）。

　事後的な統制としては、行政内部による統制としての行政不服申立制度と、裁判所による司法統制がある。前者の一般法として行政不服審査法が、後者については行政事件訴訟法をあげることができる。また、違法な公権力の行使によって損害を被った場合や、公の営造物の設置・管理に瑕疵があったことによって損害を被った場合には、国家賠償請求を行うことができるが（国家賠償法1条・2条）、この審理における違法性の判断や、設置・管理の瑕疵の判断を通じて、行政活動に対する法的な統制が行われる。なお、適法な行政活動であっても、私人の財産に対して「特別の犠牲」を課す場合には損失補償がなされるが、これは間接的ではあるが行政活動への統制の役割を果たしている。これら事後的な統制に関わる部分は、いわゆる行政救済法で扱うも

のである。

　行政活動に対する実体的統制であれ、手続的統制であれ、当該行政活動を根拠づけ、あるいは統制する個別行政法の仕組みを理解することが不可欠である。しかし、たとえば行政行為の根拠法令は専門的で複雑であるため分かりにくいものが多い。営業の許認可を申請する場合でも、いったい何が許可基準なのかは法律をみただけでは一義的に明らかでないものが多く、法律の委任を受けて作られた政令や省令の規定、さらには行政規則として定められた審査基準等をみて初めて全体像が分かることも珍しくない。その意味で、行政活動に対する法的統制といっても、個別行政法と関係する命令・行政規則等をいかに正確に読み解くことができるかが重要であり、行政法の学習のポイントもここにあるといってよい。

3　第3部の構成について

　本書第3部は、「行政作用法」を扱っているが、前述の「行政の行為形式」の分類に従って、行政立法（第2章）から行政調査（第9章）までを順次扱い、それぞれ各行為形式の特質とその法的統制について論じている。そのうえで、第10章では主として行政処分に対する実体的統制としての「行政裁量」を、第11章では手続的統制として「行政手続」を、それぞれ論じている。最後の第12章では、すべての行政活動の前提をなす「行政情報の管理」について論じている。

第 2 章 行 政 立 法

第1節　行政立法の意義・種類

1　意　　義

　行政立法とは、行政機関によって定立される法規範をいう。行政立法には、国民の権利義務に関わる規範としての法規命令と、行政内部において用いられる規範であって国民の権利義務に関わらない規範である行政規則がある。
　近代の立憲主義的憲法では、国民の人権を保障するために、国民の権利を制限し、義務を課す法規範（法規）は、国民の代表機関である国会が「法律」という形で定立しなければならないのが原則である（憲法41条）。しかし、20世紀の複雑化した現代社会では社会国家・福祉国家化が進行し、行政府が物価、賃金、労働条件、住宅、社会保障など多岐にわたる分野において国民生活に深く関わりを持つことになった。しかも、これらの行政上の諸問題の解決には、専門的・技術的な知識が不可欠であるが、国会は基本的政策の審議には適切であっても、専門的・技術的な事項まで立法化する知識はなく、社会経済上の情勢の変化に迅速に対応することも困難であった。また、法律は全国一律の適用を前提とするものであるため地域的な特質に対応することは難しいという問題があった。
　そこで、膨大かつ複雑化した行政上の諸問題に適切・迅速に対応するために、国会は一般的抽象的な内容の法規範を「法律」として定立し、具体的・実質的な内容については、行政機関が行政立法という形で定立することが常態化し、行政立法の増大は不可避の状況となっている。このように、重要な

ことはすべて行政機関が定めるという実態をふまえて、憲法の国会中心立法の原則の観点から、行政立法の定立について、どのような法的統制をすべきかが問題となっている。

2 種　　類

(1) 法 規 命 令

　法規命令を、法律の授権関係から分類すると、法律または上級の命令を執行するために定立される執行命令と、個々の法律または命令の個別的委任に基づいて定立される委任命令に分けることができる。なお、明治憲法下では、独立命令が認められていたが（大日本帝国憲法8条・9条）、日本国憲法では国会が唯一の立法機関とされているから（41条）、このような独立命令は認められない。

　また、法規命令の制定権者の関係（法形式の観点）から分類すると、内閣が制定する政令（憲法73条6号・74条、内閣法11条、国家行政組織法11条）、内閣府の長である内閣総理大臣が制定する内閣府令（内閣府設置法7条、国家行政組織法12条）、各省大臣が制定する省令（国家行政組織法12条）、外局である委員会（国家公安委員会、公正取引委員会、公害等調整委員会、中央労働委員会）および各庁の長官が制定する外局規則（同法13条）、会計検査院や人事院などの内閣から独立した行政機関の制定する規則（会計検査院法38条、国家公務員法16条1項）に分類できる。

　すべての法令にいえることではないが、1つの目安としては、○○法施行令とあるときは政令であり、○○法施行規則とあるときは内閣府令または省令であることが多い。たとえば、道路交通法は「法律」であり、道路交通法施行令は「政令」であり、道路交通法施行規則は「内閣府令」となっている。

(2) 行 政 規 則

　行政規則を、内容的に分類すると、①行政機関内部の事務分掌規程や執務規程など行政組織上の規則、②上級行政機関から下級行政機関に対して発せられる事務の執行や法規の適用などに関する訓令・通達や、上級職員から下級職員に対して発せられる行政執務上の規則、③営造物の組織や使用に関す

る営造物規則に分けることができる。

　なお、②上級行政機関から下級行政機関に対して発せられる事務の執行や法規の適用などに関するものとしては、解釈基準（法律の解釈を示す基準）、裁量基準（行政裁量の行使に関する基準）、給付基準（補助金や融資の基準など）、行政指導指針（行政指導の基準）などがあり、これらは必ずしも訓令や通達の形式をとっているわけではないことに注意が必要である。また、行政手続法にいう審査基準（5条）や処分基準（12条）は、その内容に応じて解釈基準や裁量基準となっている。

　行政規則を、法形式の観点から分類すると、告示、訓令、通達（国家行政組織法14条）に分けることができる。

　告示は、不特定多数の者に対する通知行為の意味（公告や公示）で使われる場合と、不特定多数の者に法的効果を及ぼすところの法規範を定める行政機関の意思表示の形式を意味する場合がある。後者の意味では一般処分または立法（法規）の性質を有するものもある。厚生労働大臣が定める生活保護基準（生活保護法8条1項）は、官報において告示されているが、これは法規命令の実質を持つものとして省令事項とすべきではないかとの主張がなされている。また、伝習館高校事件（最判平成2・1・18民集44巻1号1頁）では、文部科学大臣が告示の形式で定めている学習指導要領については法規の性質を持つと判断されている。

　訓令は、上級行政機関がその指揮命令権に基づいて下級行政機関に発する命令であり、書面をもって送付された訓令が通達である。なお、訓令・通達は、上級行政機関が下級行政機関に発する命令であって、公務員の職務に関して公務員個人に対して発せられる職務命令とは別のものである。

第2節　法的統制

1　執行命令への統制

　執行命令は、憲法、法律その他上級の命令の実施に必要な具体的な細目や

手続（たとえば申請書の書式や記載事項など）を定める命令であり、行政権の当然の権能とされているために、法律による個別具体的な委任は不要と解されている。もっとも、委任命令として定められるべき内容が執行命令の形で定められる場合もあるので、命令の内容を丁寧に吟味する必要がある。

2 委任命令への統制

(1) 委任する法律に関する問題

委任命令は、本来ならば法律によって定めるべき内容の法規範を定立するものであるから、法律によって命令に立法権限を委任することは、できる限り限定的でなければならない。

そのため、国会は、立法権限の本質的な部分まで行政機関に委任することはできず、国会が何らの基準を示すことなく行政機関に立法権限を委任する白紙委任の法律は、憲法41条に適合しない違憲なものとなる。したがって、法律には何を命令に委任するかについて個別・具体的な基準が示されている必要がある。

たとえば、パチンコ店の営業許可については、営業所の構造または設備について、風俗営業の種別に応じて国家公安委員会規則で定める技術上の基準に適合していることを、営業許可の許可基準として定めている（風俗営業等の規制及び業務の適正化等に関する法律4条2項1号）。ここでは、法律で「営業所の構造と設備」に関する「技術的基準」を、「風俗営業の種別」に応じて定めるとしており、国家公安委員会規則（命令）で定めることができる委任事項を、個別・具体的に明らかにしている。

この個別・具体的な委任があるかが問題とされたのが、公務員について禁止される政治的行為の内容を人事院規則に委任した国家公務員法102条の合憲性について争われた事件（最判昭和33・5・1刑集12巻7号1272頁、および**裁判例3-2-1**）である。いずれの事件でも、最高裁は、白紙委任ではなく合憲であると判断しているが、学説からは包括的な白紙委任であるとの批判がなされている。

(2) 委任される命令に関する問題

1) 実体面での統制　法律による個別・具体的な委任があるとしても、委任を受けた行政機関は、法律の趣旨に従って命令を制定しなければならない。つまり、委任の内容は法律の範囲を超えてはならず、これを超えた委任命令は法律に違反する無効なものとなる。

判例は、行政機関が委任を受けた範囲内で、どのような内容の命令を制定するかについては、行政機関に一定の裁量があり、制定した命令が法律の委任の趣旨を逸脱・濫用しているときに違法となるとしている。

サーベル登録許否事件（**裁判例3-2-2**）では、銃砲刀剣類所持取締法の委任により制定された銃砲刀剣類登録規則（文部省令）について、委任命令を定める行政機関の専門技術的裁量を肯定したうえで、法律の委任の範囲内にあると判断した。

しかし、幼年者の接見拒否事件（最判平成3・7・9民集45巻6号1049頁）では、幼年者の接見禁止を定める監獄法施行規則（法務省令）について、監獄法の委任の範囲を超えた違法なものと判断し、児童扶養手当事件（最判平成14・1・31民集56巻1号246頁）では、父に認知された婚姻外懐胎児童を児童扶養手当支給の対象から除外する児童扶養手当法施行令（政令）1条の2第3号括弧書きの部分を、児童扶養手当法の委任の範囲を超えた違法なものと判断した。また、町議会議員リコール署名無効事件（最判平成21・11・18民集63巻9号2033頁）では、地方自治法施行令のうち公職選挙法89条1項の準用により公務員が地方議員の解職請求代表者となることを禁止している部分が、地方自治法85条1項による委任の範囲を超えて、その資格制限が請求手続（地方自治法80条1項）にまで及ぼされる限りで無効であると判断している。医薬品のネット販売禁止省令事件（最判平成25・1・11民集67巻1号1頁）では、第三類医薬品についてのみ郵便等販売を認め、第一類・第二類医薬品について有資格者による対面販売・情報提供等を義務づけて郵便等販売（インターネット販売）の一律禁止を定めた薬事法施行規則（厚生労働省令）が、薬事法の委任の範囲を逸脱した違法・無効なものと判断されている。

委任の範囲を超えて違法であると判断された委任命令については、判決後

にそれぞれ廃止・改正等がなされている。

2) **手続面での統制**　平成17年の行政手続法改正によって、命令等の制定について意見公募手続（パブリック・コメント手続）が制定された。これは、命令等を定める行政機関（命令等制定機関）が、命令等を定めようとする場合には、当該命令等の案およびこれに関連する資料をあらかじめ公示し、意見の提出先と意見提出期間を定めて広く一般の意見を求めなければならないとする手続である。

意見公募手続の対象となる「命令等」とは、内閣または行政機関が定めるもので、法令に基づく命令（処分の要件を定める告示を含む）または規則だけでなく、審査基準・処分基準・行政指導指針も含むものである（行政手続法2条1項8号）。

行政手続法は、命令等を定める一般原則として、①根拠となる法令の趣旨に適合するものとなるようにしなければならず（同法38条1項）、②命令等を定めた後においても、当該命令等の規定の実施状況、社会経済的情勢の変化等を勘案し、必要に応じ、当該命令等の内容について検討を加え、その適正を確保するように努めなければならない（同条2項）と定めている。

意見公募手続の基本的な流れは、①命令等の案と関連資料の公示（同法38条）、②一般意見の公募（同法39条）、③提出された意見の考慮（同法42条）、④結果の公示（同法43条）というものである。なお、公益上緊急の必要性があるときなどは除外されている（同法39条4項各号）。

3　行政規則への統制

(1)　実体面での統制

行政規則は、行政内部において用いられる規範であって国民の権利義務に関わらない規範であるから、いわゆる外部効果を持たない。したがって、国民はもとより、裁判所も行政規則に拘束されることはない。また、行政機関が通達・訓令に反する行為をしたとしても、その行為が法令の規定や目的に反しない限り直ちに違法となるわけでもないから、行政自身に対する自己拘束力も原則として否定されていると考えられている。

以上のように外部効果を持たず、また、原則として行政への自己拘束力も否定されるため、行政規則に対する統制ということが直接問題になりにくいが、少なくとも、以下の点を指摘することはできよう。
　第一に、行政規則は、行政組織上の規則、行政執務上の規則、営造物の規則などを主な内容とするのであるから、その内容が、当該行政機関の所掌事務に関するものであることが必要であるのは当然のことである。もっとも、法令未整備の分野について要綱などの行政指導指針を制定するときには、その分野がどの行政機関の所掌事務に属するのかについては判断が困難な場合も考えられる。
　第二に、行政規則の内容は、法律・命令の規定文言、趣旨・目的に適合するものであることが必要である。また、平等原則、比例原則等の行政上の一般原則に反しないなど、その内容が合理的であり社会的相当性を持つことは他の行為形式と同様に必要と解される。
　行政規則そのものの違法性が争われた事件としては、原爆被爆者援護法に基づく健康管理手当の支給を求めた事件（最判平成19・2・6民集61巻1号22頁）がある。これは、ブラジルに移住した被爆者が、日本に一時帰国した際、原爆被爆者援護法に基づく支給認定を受けて5年ほど健康管理手当を受給した後、ブラジルに帰国したが、当時の旧厚生省通達（昭和49年衛発第402号通達）が支給認定を受けた被爆者が国外に出国すると受給資格を失うという運用方針を定めており、この定めによって支給が打ち切られたために、その支払を求めた事件である。最高裁は、402号通達は法令上の根拠のない違法な通達であるとしたうえで、この通達に従って支給を打ち切った地方公共団体側の消滅時効の主張を退けて、手当の支給を命じた。

(2) 手続面での統制

　行政規則に対しては、行政手続法による統制がなされている。
　1) **意見公募手続**　　前述のように、平成17年の行政手続法改正によって、命令に加えて審査基準・処分基準・行政指導指針などの行政規則の制定についても意見公募手続を経ることが定められた。
　2) **審査基準・処分基準の設定・公表の義務づけ**　　申請に対する処分

については、その審査基準の設定と公表が義務づけられている（行政手続法5条）ほか、不利益処分についても、処分基準の設定が努力義務とされ、設定した場合には公表が義務づけられている（同法12条）。審査基準、処分基準は、行政機関内部における裁量基準または解釈基準と考えられるが、これが設定・公表されることで外部化されることになるとともに、行政機関は、これらの基準に従った行政運用を求められることになり、特段の事情がない限り、行政機関もこれらの基準に拘束される結果となる（行政の自己拘束論とも呼ばれる）。

3) 行政指導指針の設定・公表の義務づけ　同一の行政目的を実現するために一定の条件に該当する複数の者に対して行政指導をするときは、あらかじめ、事案に応じ、行政指導指針を定め、行政上特別の支障がない限り、これを公表しなければならない（同法36条）。

たとえば、補助金交付や融資については、法律や条例等の根拠のない中、要綱などによって給付基準を定めて補助金等を支給することが行われているが、このような行政指導指針の設定・公表を義務づけるものである。

(3) 裁判所による統制

行政規則は、行政内部において用いられる規範であって国民の権利義務に関わらない規範であるから、抗告訴訟の対象には原則としてならない。

墓地埋葬法に関する通達事件（**裁判例3-2-3**）では、墓地埋葬法13条の「正当な理由」に関する解釈運用に関する通達の取消訴訟が提起されたが、最高裁は、行政組織内部における通達の処分性を否定し、併せて裁判所の法令解釈における拘束力も否定する判断をした。

また、パチンコ球遊器事件（最判昭和33・3・28民集12巻4号624頁）では、およそ10年間にわたり課税対象とされてこなかったパチンコ球遊器について、通達によって新たに課税対象とすることが発せられ、通達によって課税がなされることの違法が主張されたが、最高裁は、旧物品税法1条1項の「遊戯具」には、そもそもパチンコ球遊器が含まれるとの法律解釈を行うことで課税処分に違法はないとの判断をした。この判断については、形式論理的には判決のいう通りであるとしても、10年間も非課税であった実務の取

図表7　行政立法に関する問題と判例

法規命令
- 法律の作り方の問題　⇒　宇治橋事件（**裁判例3-2-1**）
- 命令の作り方の問題　⇒　サーベル登録拒否事件（**裁判例3-2-2**）ほか
（幼年者の接見拒否事件、児童扶養手当事件、町議会議員リコール事件、医薬品のネット販売禁止省令事件）

行政規則
- 告示に関する問題　⇒　伝習館高校事件ほか
- 通達に関する問題　⇒　墓地埋葬法に関する通達事件（**裁判例3-2-3**）ほか
（パチンコ球遊器事件）

扱いが、通達によって課税されるに至ったことについては問題があったのではないかとの批判がされている。

　行政立法に関する問題の所在と、その問題に対応する判例は**図表7**のように整理することができる。

● 裁　判　例
3-2-1　**宇治橋事件**（委任法律の合憲性、最判平成24・12・7刑集66巻12号1722頁）

[**事実**]　Xは、厚生労働省大臣官房統計情報部社会統計課長補佐として勤務する国家公務員（厚生労働事務官）であったが、日本共産党を支持する目的で、平成17年9月10日午後0時5分ごろ、東京都世田谷区所在の警視庁職員住宅の集合郵便受け合計32ヵ所に、同党の機関紙である『しんぶん赤旗2005年9月号外』合計32枚を投函して配布したとして、国家公務員法110条1項19号（平成19年改正前のもの）、102条1項、人事院規則14-7（政治的行為）6項7号にあたるとして起訴された。

　なお、厚生労働省大臣官房統計情報部社会統計課長補佐は、庶務係、企画指導係および技術開発係担当として部下である各係職員を直接指揮するとともに、同課に存する8名の課長補佐の筆頭課長補佐（総括課長補佐）として他の課長補佐等からの業務の相談に対応するなど課内の総合調整等を行う立場であり、Xは、国家公務員法108条の2第3項ただし書所定の管理職員等にあたり、一般の職員と同一の職員団体の構成員となることのない職員であった。第1審は、Xを罰金10万円に処し、第2審も控訴を棄却したため、Xは上告。

　上告棄却。
[**判旨**]　「本法102条1項の文言、趣旨、目的や規制される政治活動の自由の重要性に加え、同項の規定が刑罰法規の構成要件となることを考慮すると、同項に

いう『政治的行為』とは、公務員の職務の遂行の政治的中立性を損なうおそれが、観念的なものにとどまらず、現実的に起こり得るものとして実質的に認められるものを指し、同項はそのような行為の類型の具体的な定めを人事院規則に委任したものと解するのが相当である。そして、その委任に基づいて定められた本規則も、このような同項の委任の範囲内において、公務員の職務の遂行の政治的中立性を損なうおそれが実質的に認められる行為の類型を規定したものと解すべきである。上記のような本法の委任の趣旨及び本規則の性格に照らすと、本件罰則規定に係る本規則6項7号については、同号が定める行為類型に文言上該当する行為であって、公務員の職務の遂行の政治的中立性を損なうおそれが実質的に認められるものを同号の禁止の対象となる政治的行為と規定したものと解するのが相当である。このような行為は、それが一公務員のものであっても、行政の組織的な運営の性質等に鑑みると、当該公務員の職務権限の行使ないし指揮命令や指導監督等を通じてその属する行政組織の職務の遂行や組織の運営に影響が及び、行政の中立的運営に影響を及ぼすものというべきであり、また、こうした影響は、勤務外の行為であっても、事情によってはその政治的傾向が職務内容に現れる蓋然性が高まることなどによって生じ得るものというべきである。

　そして、上記のような規制の目的やその対象となる政治的行為の内容等に鑑みると、公務員の職務の遂行の政治的中立性を損なうおそれが実質的に認められるかどうかは、当該公務員の地位、その職務の内容や権限等、当該公務員がした行為の性質、態様、目的、内容等の諸般の事情を総合して判断するのが相当である。具体的には、当該公務員につき、指揮命令や指導監督等を通じて他の職員の職務の遂行に一定の影響を及ぼし得る地位（管理職的地位）の有無、職務の内容や権限における裁量の有無、当該行為につき、勤務時間の内外、国ないし職場の施設の利用の有無、公務員の地位の利用の有無、公務員により組織される団体の活動としての性格の有無、公務員による行為と直接認識され得る態様の有無、行政の中立的運営と直接相反する目的や内容の有無等が考慮の対象となるものと解される」。

「そこで、進んで本件罰則規定が憲法21条1項、15条、19条、31条、41条、73条6号に違反するかを検討する。この点については、本件罰則規定による政治的行為に対する規制が必要かつ合理的なものとして是認されるかどうかによることになるが、これは、本件罰則規定の目的のために規制が必要とされる程度と、規制される自由の内容及び性質、具体的な規制の態様及び程度等を較量して決せられるべきものである（最高裁昭和52年（オ）第927号同58年6月22日大法廷判決・民集37巻5号793頁等）。そこで、まず、本件罰則規定の目的は、前記のとおり、公務員の職務の遂行の政治的中立性を保持することによって行政の中立的運営を確保し、これに対する国民の信頼を維持することにあるところ、これは、議会制民主主義に基づく統治機構の仕組みを定める憲法の要請にかなう国民全体の重要な利益というべきであり、公務員の職務の遂行の政治的中立性を損なうおそれが実質的に認められる政治的行為を禁止することは、国民全体の上記利益の保

護のためであって、その規制の目的は合理的であり正当なものといえる。他方、本件罰則規定により禁止されるのは、民主主義社会において重要な意義を有する表現の自由としての政治活動の自由ではあるものの、前記アのとおり、禁止の対象とされるものは、公務員の職務の遂行の政治的中立性を損なうおそれが実質的に認められる政治的行為に限られ、このようなおそれが認められない政治的行為や本規則が規定する行為類型以外の政治的行為が禁止されるものではないから、その制限は必要やむを得ない限度にとどまり、前記の目的を達成するために必要かつ合理的な範囲のものというべきである。そして、上記の解釈の下における本件罰則規定は、不明確なものとも、過度に広汎な規制であるともいえないと解される。また、すでにみたとおり、本法102条1項が人事院規則に委任しているのは、公務員の職務の遂行の政治的中立性を損なうおそれが実質的に認められる政治的行為の行為類型を規制の対象として具体的に定めることであるから、同項が懲戒処分の対象と刑罰の対象とで殊更に区別することなく規制の対象となる政治的行為の定めを人事院規則に委任しているからといって、憲法上禁止される白紙委任に当たらないことは明らかである。

　なお、このような禁止行為に対しては、服務規律違反を理由とする懲戒処分のみではなく、刑罰を科すことをも制度として予定されているが、これは常に刑罰を科すという趣旨ではなく、国民全体の上記利益を損なう影響の重大性等に鑑みて禁止行為の内容、態様等が懲戒処分等では対応しきれない場合も想定されるためであり、あり得べき対応というべきであって、刑罰を含む規制であることをもって直ちに必要かつ合理的なものであることが否定されるものではない。

　以上の諸点に鑑みれば、本件罰則規定は憲法21条1項、15条、19条、31条、41条、73条6号に違反するものではない」。

　[ワンポイント解説]　国家公務員法が禁止する政治的行為の具体的な内容を人事院規則に委任していることが白紙委任として違憲ではないかが争われた。**裁判例3-2-1**と同じく人事院規則に委任した国家公務員法102条1項の規定を合憲と判断している。

3-2-2　サーベル登録拒否事件（最判平成2・2・1民集44巻2号369頁）

　[事実]　Xは、外国製刀剣であるサーベルの登録を申請したところ、東京都教育委員会（Y）が、登録対象は日本刀に限られることを理由に登録を拒否したため、取消訴訟を提起した。

　銃砲刀剣類所持等取締法（平成11年改正前のもの）は、銃砲刀剣類の所持を原則として禁止しているが、文化庁長官（銃刀法19条による都教育委員会に権限を委任）に登録すれば所持・保管ができるものとし、登録は登録審査委員の鑑定に基づいてなされ、登録の方法・登録審査委員の任命、職務、鑑定の基準、手続等は文部省令である銃砲刀剣類登録規則が定めていた。

　第1審は、同法14条1項の「美術品として価値のある」刀剣類とは、文化財と

して保護すべき「日本刀」を意味するから、登録対象を日本刀に限定する登録規則4条2項は、同法14条1項の趣旨に合致するから、同条6項の委任の範囲を超えないとしてXの請求を棄却した。第2審もこれを支持したのでXが上告。

上告棄却。

[判旨]「銃砲刀剣類所持等取締法（以下「法」という）14条1項による登録を受けた刀剣類が、法3条1項6号により、刀剣類の同条本文による所持禁止の除外対象とされているのは、刀剣類には美術品として文化財的価値を有するものがあるから、このような刀剣類について登録の途を開くことによって所持を許し、文化財として保存活用を図ることは、文化財保護の観点からみて有益であり、また、このような美術品として文化財的価値を有する刀剣類に限って所持を許しても危害の予防上重大な支障が生ずるものではないとの趣旨によるものと解される。このことは、法4条による刀剣類の所持の許可の場合は、危害予防の観点から、これを所持する者が法5条1項各号に該当しない者でなければ許可を受けることができないものとされているのに対し、法14条1項による登録の場合は、登録を受けようとする者について右のような定めはなく、当該刀剣類それ自体が同項所定の『美術品として価値のある刀剣類』に該当すると認められるときは、その登録を受けることができ、登録を受ければ何人もこれを所持できるものとされており、しかもその登録事務は文化庁長官が所掌していることに照らしても明らかである（最高裁昭和59年（行ツ）第17号同62年11月20日第2小法廷判決・裁判集民事152号209頁参照）。

そして、このような刀剣類の登録の手続に関しては、法14条3項が『第1項の登録は、登録審査委員の鑑定に基いてしなければならない。』と定めるほか、同条5項が『第1項の登録の方法、第3項の登録審査委員の任命及び職務、同項の鑑定の基準及び手続その他登録に関し必要な細目は、文部省令で定める。』としており、これらの規定を受けて銃砲刀剣類登録規則（昭和33年文化財保護委員会規則第1号。なお、右規則は、昭和43年法律第99号附則5項により、文部省令としての効力を有するものとされている。以下「規則」という。）が制定されている。その趣旨は、どのような刀剣類をわが国において文化財的価値を有するものとして登録の対象とするのが相当であるかの判断には、専門技術的な検討を必要とすることから、登録に際しては、専門的知識経験を有する登録審査委員の鑑定に基づくことを要するものとするとともに、その鑑定の基準を設定すること自体も専門技術的な領域に属するものとしてこれを規則に委任したものというべきであり、したがって、規則においていかなる鑑定の基準を定めるかについては、法の委任の趣旨を逸脱しない範囲内において、所管行政庁に専門技術的な観点からの一定の裁量権が認められているものと解するのが相当である（前記最高裁判決参照）。

そして、規則に定められた刀剣類の鑑定の基準をみるに、規則4条2項は、『刀剣類の鑑定は、日本刀であって、次の各号の一に該当するものであるか否かについて行なうものとする。』としたうえ、同項1号に『姿、鍛え、刃文、彫り物等に

美しさが認められ、又は各派の伝統的特色が明らかに示されているもの』を、同項2号に『銘文が資料として価値のあるもの』を、同項3号に『ゆい緒、伝来が史料的価値のあるもの』を、同項4号に『前各号に掲げるものに準ずる刀剣類で、その外装が工芸品として価値のあるもの』をそれぞれ掲げており、これによると、法14条1項の文言上は外国刀剣を除外してはいないものの、右鑑定の基準としては、日本刀であって、美術品として文化財的価値を有するものに限る旨の要件が定められていることが明らかである。

　そこで、右の要件が法の委任の趣旨を逸脱したものであるか否かをみるに、刀剣類の文化財的価値に着目してその登録の途を開いている前記法の趣旨を勘案すると、いかなる刀剣類が美術品として価値があり、その登録を認めるべきかを決する場合にも、その刀剣類がわが国において有する文化財的価値に対する考慮を欠かすことはできないものというべきである。

　そして、原審の適法に確定するところによると、(1) 我が国がポツダム宣言を受諾して後、連合国占領軍 (以下「占領軍」という。) は、日本政府に対し民間の武装解除の一環として昭和20年9月2日付け一般命令第1号11項により一般国民の所有する一切の武器の収集及び占領軍への引渡の準備をすべき旨を命じたが、これに対し、日本政府は愛刀家の鑑賞の対象である日本古来の刀剣類までもが一般の武器と同一視されて接収されることに強く抵抗し、占領軍の理解を求めて折衝した結果、美術品として価値のある刀剣類については、占領軍への引渡の対象から除外されることになり、昭和21年6月15日施行された銃砲等所持禁止令 (昭和21年勅令第300号) により、地方長官の許可を得て所持できることとなった (これが本件登録制度の発端である。)、(2) その後、文化財保護法の制定に伴い、昭和25年11月20日施行された銃砲刀剣類等所持取締令 (昭和25年政令第334号。以下「旧取締令」という。) により、本件登録制度の前身である文化財保護委員会による登録制度が採用され、銃砲等所持禁止令は廃止されるに至ったが、右制度改正の趣旨は、従来、美術刀剣類をも凶器の一種とみて、治安上の取締りの観点から所持許可の対象としていたが、これを文化財に準ずるものとみて、その保存と活用を図るところにあった、(3) 昭和33年4月1日から現行の法 (ただし、当時は「銃砲刀剣類等所持取締法」といい、昭和40年法律第47号により現行の題名に改められた。) が施行され、旧取締令は廃止されたが、登録に関する規定の文言は、法と旧取締令とで差異はない (もっとも、その後の法改正により、登録事務は文化庁長官が所掌することとなった。)、(4) 法施行後は、外国刀剣の登録例は一件もない (法施行前においては、第1審判決添付の別表記載のとおり、外国刀剣の登録例があるが、これは、旧取締令施行前の銃砲等所持禁止令の時代に許可基準の一部にあいまいな点があったために外国刀剣の所持許可がされたものを、旧取締令の施行に伴い、同令に基づく登録として引き継いだものがほとんどである。)、(5) 日本刀は、原材料に玉鋼を主体としたものを用い、折返し鍛練を行い、土取りを施し、焼入れをすることによって製作されるものであり、我が国独自の製作方法と様式美を持った刀剣であるが、その製作方

法は奈良時代以後に次第に発達してきたものであって、平安時代以降は刀身に作者名を切るようになり、各派の作風の特徴が刀剣自体に具現されるようになったが、このような様式美を有する日本刀については、古くから我が国において美術品としての鑑賞の対象とされてきた、というのであり、これらの認定事実に照らすと、規則が文化財的価値のある刀剣類の鑑定基準として、前記のとおり美術品として文化財的価値を有する日本刀に限る旨を定め、この基準に合致するもののみを我が国において前記の価値を有するものとして登録の対象にすべきものとしたことは、法14条1項の趣旨に沿う合理性を有する鑑定基準を定めたものというべきであるから、これをもって法の委任の趣旨を逸脱する無効のものということはできない。そうすると、上告人の登録申請に係る本件サーベル2本は上告人がスペインで購入して日本に持ち帰った外国刀剣であって、規則4条2項所定の鑑定の基準に照らして、登録の対象となる刀剣類に該当しないことが明らかであるから、以上と同旨の見解に立って、上告人の右登録申請を拒否した被上告人の本件処分に違法はないとした原審の判断は正当として是認することができ、原判決に所論の違法はない」。

[ワンポイント解説]　銃刀法の委任により制定された文部省令である銃砲刀剣類登録規則について、委任命令を定める行政機関の専門技術的裁量を肯定し、法の委任の範囲内であるとした判決である。

3-2-3　墓地埋葬法に関する通達事件（最判昭和43・12・24民集22巻13号3147頁）

[事実]　墓地、埋葬等に関する法律13条は「墓地、納骨堂又は火葬場の管理者は、埋葬、埋蔵、収蔵又は火葬の求めを受けたときは、正当の理由がなければこれを拒んではならない」と定め、違反行為には罰則を設けている（21条1号）。

13条の「正当の理由」の解釈について、厚生省当局は、「従来から異教徒の埋、収蔵を取り扱っていない場合で、その仏教宗派の宗教的感情を著しく害うおそれがある場合」には「正当の理由」はあるとの通達（昭和24年8月22日付東京都衛生局長宛回答）を出していた。

しかし、埋葬拒否事件の頻発を契機に、内閣法制局第一部長から「依頼者が他の宗教団体の信者であることのみを理由としてこの求めを拒むことは『正当の理由』によるものとはとうてい認められない」旨の回答（昭和35年2月15日法制局1発1号）を得たことから、各都道府県衛生局長に対し、この回答の趣旨に沿って解釈運用することにした旨の通達（昭和35年3月8日付衛環発第8号厚生省公衆衛生局環境衛生部長通知。以下「本件通達」という）を発した。

墓地経営を行っている寺院Xは、本件通達によって異教徒の埋葬の受忍が刑罰をもって強制され、本件通達後、無承認のまま埋葬を強行されたとして、厚生大臣（Y）を被告として、本件通達の取消訴訟を提起した。第1審、第2審ともに、本件通達の処分性を否定して訴えを却下したため、Xが上告。

上告棄却。

[判旨]「元来、通達は、原則として、法規の性質をもつものではなく、上級行政機関が関係下級行政機関および職員に対してその職務権限の行使を指揮し、職務に関して命令するために発するものであり、このような通達は右機関および職員に対する行政組織内部における命令にすぎないから、これらのものがその通達に拘束されることはあっても、一般の国民は直接これに拘束されるものではなく、このことは、通達の内容が、法令の解釈や取扱いに関するもので、国民の権利義務に重大なかかわりをもつようなものである場合においても別段異なるところはない。このように、通達は、元来、法規の性質をもつものではないから、行政機関が通達の趣旨に反する処分をした場合においても、そのことを理由として、その処分の効力が左右されるものではない。また、裁判所がこれらの通達に拘束されることのないことはもちろんで、裁判所は、法令の解釈適用にあたっては、通達に示された法令の解釈とは異なる独自の解釈をすることができ、通達に定める取扱いが法の趣旨に反するときは独自にその違法を判定することもできる筋合である。

このような通達一般の性質、前述した本件通達の形式、内容および原判決の引用する一審判決議定の事実（挙示の証拠に照らし肯認することができる。）その他原審の適法に確定した事実ならびに墓地、埋葬等に関する法律の規定を併せ考えれば、本件通達は従来とられていた法律の解釈や取扱いを変更するものではあるが、それはもっぱら知事以下の行政機関を拘束するにとどまるもので、これらの機関は右通達に反する行為をすることはできないにしても、国民は直接これに拘束されることはなく、従って、右通達が直接に上告人の所論墓地経営権、管理権を侵害したり、新たに埋葬の受忍義務を課したりするものとはいいえない。また、墓地、埋葬等に関する法律21条違反の有無に関しても、裁判所は本件通達における法律解釈等に拘束されるものではないのみならず、同法13条にいわゆる正当の理由の判断にあたっては、本件通達に示されている事情以外の事情をも考慮すべきものと解せられるから、本件通達が発せられたからといって直ちに上告人において刑罰を科せられるおそれがあるともいえず、さらにまた、原審において上告人の主張するような損害、不利益は、原判示のように、直接本件通達によって被ったものということもできない。

そして、現行法上行政訴訟において取消の訴の対象となりうるものは、国民の権利義務、法律上の地位に直接具体的に法律上の影響を及ぼすような行政処分等でなければならないのであるから、本件通達中所論の趣旨部分の取消を求める本件訴は許されないものとして却下すべきものである」。

[ワンポイント解説] 行政組織内部における通達の処分性を否定し、併せて裁判所の法令解釈における拘束力も否定した判決である。

第3章 行政行為

第1節　行政行為の意義・種類・附款

1　意　　義

　行政行為は、行政活動のもっとも典型的で基本的な行為形式である。行政行為は、学問上の概念であり、実定法上の概念ではない。実定法上は、許可、認可、免許、命令などさまざまな用語が使われており、行政事件訴訟法では、行政庁の処分といった用語が使われている。

　行政行為は学問上の概念であるから学説によってその内容が異なり、必ずしも統一された定義はないが、行政庁が、法律に基づいて、公権力の行使として、直接、国民に対する具体的な法的効果（国民の権利義務を形成し、またはその範囲を確定する効果）を生じさせる行為ということができる。

　最高裁は、大田区ごみ焼却場設置事件（**裁判例3-3-1**）において、行政事件訴訟特例法1条にいう「行政庁の処分」について「行政庁の法令に基づく行為のすべてを意味するものではなく、公権力の主体たる国又は公共団体が行う行為のうち、その行為によって、直接国民の権利義務を形成しまたはその範囲を確定することが法律上認められているものをいう」と定義している。

2　特　　色

(1)　行政庁の行為であること

　行政庁は、行政主体のために意思決定を行い、それを国民（外部）に対して表示する権限を持つ行政機関であって、その典型例は、各省大臣、知事、

市町村長などである。行政庁以外の機関による行為は、行政行為ではない。

(2) 公権力の行使であること

公権力の行使とは、「法が認めた優越的地位に基づき、行政庁が法の執行としてする権力的な意思活動」ともいわれる。つまり、行政庁が一方的に、事実を認定し、法令を解釈適用して行為をすることである。

したがって、双方の合意に基づいて法律関係を変動させる私法上の行為や行政契約は行政行為ではない。判例は、国有財産の払下げ（最判昭和35・7・12民集14巻9号1744頁）、国有農地の売払い（最大判昭和46・1・20民集25巻1号1頁）、ごみ焼却場の設置行為（前述・**裁判例3-3-1**）などは、判例によって行政行為性を否定されている。

(3) 国民に対して直接の法的効果を生じること

行政行為は、国民（外部）に対する行為であるから、上級行政庁が下級行政庁に対して行う監督上の承認（最判昭和34・1・29民集13巻1号32頁）や同意（最判昭和43・12・24民集22巻13号3147頁）、あるいは通達（最判昭和53・12・8民集32巻9号1617頁）などの行政機関内部での行為は行政行為ではない。

また、直接の法的効果が生じるものでなければ行政行為ではない。直接の法的効果とは、当該行政行為によって、国民の権利義務が形成され、またはその範囲が確定することが法律上認められているという意味である。そのため、報告、通知、行政指導などの事実行為は法的効果を生じないため行政行為ではない。もっとも、これら事実行為の一部については、抗告訴訟の対象となる処分性を認めた例がある。たとえば、関税定率法による税関長の通知（最判昭和54・12・25民集33巻7号753頁）、医療法に基づく病院開設中止勧告（最判平成17・7・15民集59巻6号1661頁）などである。

(4) 具体的規律であること

行政行為は、国民の権利義務など法律関係を具体的に規律する行為である。そのため、一般的・抽象的な行政立法（政令・省令など）や条例・規則などの規範定立行為は行政行為ではない。これら規範定立行為は、一般的な意味で国民の権利義務に影響を及ぼすが、具体的な国民の権利義務を変動させるものではないから行政行為性は否定される。

横浜市の保育所廃止条例の違法性が争われた事件(最判平成21・11・26民集63巻9号2124頁)において最高裁は、廃止条例の制定によって、現に入所中の児童・保護者という限られた特定の者の当該保育所で保育を受けることを期待しうる法的地位を奪うことになるから、行政庁の処分と実質的に同視できるとして例外的に処分性を認めた。

3 伝統的な行政行為の分類

(1) 意思表示概念を軸にした分類

行政行為はさまざまな視点で分類されてきているが、ここでは意思表示概念を軸にした伝統的な分類を取り上げる。

これは民法による法律行為における意思表示理論を借用して作られたものである。私法上の権利義務もしくは法律関係の発生・変更・消滅が生じる根拠を、私人の意思表示に求めるのが意思表示理論である。これは、外部に表示された表示行為通りに法的効果が生じるのは、これに対応する効果意思があるからであり、この効果意思の有無が法律効果発生のポイントとするものである。この考え方に基づいて、行政行為を大きく2つに分類している。

1つは、行政庁による効果意思のある意思表示をすることによって法的効果が発生する場合(行政庁の意思表示を要素とするもの)であり、「法律行為的行政行為」と呼んでいる。もう1つが、行政庁に効果意思はないが、ある事実行為について法律が一定の法的効果を与える場合(行政法の意思表示を要素としないもの)であり、これを「準法律行為的行政行為」と呼んでいる。この分類には批判も多いが、現在においても行政行為の特徴を知るには有益な分類といわれている(図表8)。

(2) 法律行為的行政行為

法律行為的行政行為は、さらに命令的行政行為と形成的行政行為に分けられている。

命令的行政行為とは、国民に特定の義務を命ずる「下命」、不作為を命じて本来有している権利に制限を加える「禁止」、一般的な禁止(不作為義務)を解除する「許可」、特定の場合に課されている義務を解除する「免除」に

第3部　行政作用法

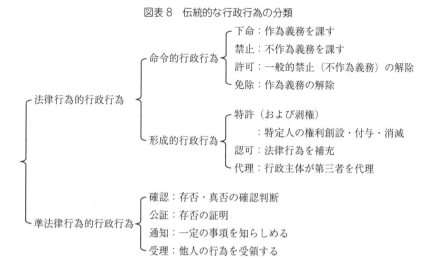

図表8　伝統的な行政行為の分類

分けられる。

　具体例としては、「下命」には違法建築物の除去命令、租税の賦課処分などが、「禁止」には道路の通行禁止、営業禁止・停止命令などが、「許可」には営業免許、運転免許、風俗営業の許可、建築許可（建築確認）、デモ行進の許可などが、「免除」には納税猶予、児童就学義務の免除、予防接種の免除などを、それぞれあげることができる。

　形成的行政行為とは、国民が本来有していない特殊な法的地位を創設、変更、剥奪等する行為である。これには特定の権利を設定または法的地位を付与する「特許」、第三者の行為を補充してその法律上の効力を完成させる「認可」、第三者がすべき行為を国が代わって行った場合に、第三者自らが行ったのと同じ法的効果を生じさせる「代理」に分けられる。なお「特許」によって付与された権利や法的地位を消滅させる行為を「剥権行為」と呼んでいる。

　具体例としては、「特許」には河川・道路の占用許可、公務員の任命、鉱業権設定の許可、外国人帰化の許可などが、「認可」には農地の権利移転許可、公共組合設立認可、公共料金値上げの認可などが、「代理」には土地収用裁決、公共団体役員の選任、公共団体の定款作成などがあげられる。なお、

「剥権行為」には法人の解散、公物使用権の特許の取消し、公務員の罷免などがある。

法律行為的行政行為は、行政庁の意思表示を要素とする行政行為であるため、その行政行為を行うか否かの裁量が認められるだけでなく、条件や期限といった附款をつけることもできるといわれる。もっとも、命令的行政行為は国民の権利に関わるものなので裁量の幅は狭く、逆に形成的行政行為には国民が本来有していない特殊な法的地位を創設、変更、剥奪等する行為なので、裁量の幅も広いといわれている。

(3) 準法律行為的行政行為

準法律行為的行政行為には、公の権威をもって特定の法律事実または法律関係の存否を確認する「確認」、特定の事実または法律関係の存否を公に証明する「公証」、特定または不特定多数の人に対して特定の事項を知らせる「通知」、他人の行為を有効な行為として受領する「受理」がある。

具体例としては、「確認」には建築確認、当選人の決定、発明の特許、所得税額更正、市町村の境界裁定、恩給権の裁定などが、「公証」には選挙人名簿への登録、戸籍簿への記載、登記簿への記載、各種証明書の交付などが、「通知」には納税の督促、代執行における戒告、特許出願の公告が、「受理」には申請書・届出書・申立書・願書・訴状等の受理があげられる。なお、行政手続法では「受理」という概念は用いていないことに注意が必要である（行政手続法7条・37条）。

準法律行為的行政行為は、意思表示を要素としない行為であり、その法的効果は法律によって定められているから、原則として裁量はなく、また附款も付すことができないことに注意が必要である。

国民年金法の老齢年金請求権に関する相続が問題となった事件（最判平成7・11・7民集49巻9号2829頁）について、最高裁は、国民年金法の老齢年金のように、法令上、その受給資格がある程度明確に規定されていたとしても、具体的な受給請求権は、「確認」的行為としての支給決定（行政行為）がなされて初めて発生すると判断した。

また、最高裁は、ストロングライフ事件（最判昭和56・2・26民集35巻1号

117頁）で、毒物及び劇物取締法で法定された登録拒否事由以外の事由を理由に登録拒否処分を行うことは許されないと判断した。同法の「登録」は、裁量の余地のない行為であることから、伝統的な行政行為の分類論では、「公証」に該当すると理解したものと考えられている。

納税告知の処分性が問題となった事件（最判昭和45・12・24民集24巻13号2234頁）において最高裁は、税務署長が源泉徴収義務者に対して行う納税告知には、納税義務を確定する法的効果はないことを示したうえで、徴収処分として抗告訴訟の対象となることを認めた。支払者の納税義務の存否・範囲の確定の問題と、税額の確定した国税債権について納期限を指定して納税義務者等に履行を請求する徴収処分とは、別のものであることを区別して、納税告知は後者に該当するとしている。

4　その他の分類

上記の伝統的な分類に加えて、以下の分類も重要な意味を持っている。

(1)　侵害処分・授益処分・複効的処分

国民の権利を制限したり、義務を課したり（下命・禁止）、権利や地位にないことを確認（消極的確認）する行為を侵害処分という。なお、許認可等の申請を拒否する行為も、単に申請前の状態に戻るだけではなくて、申請によって得られるであろう権利利益が侵害されるといえるので、やはり侵害処分に含まれると考えられる（申請権が侵害されたとの考えもある）。他方、国民に権利や法律上の利益を付与したり（許可・認可・特許など）、義務を免除する行為（免除）を授益処分といっている。

また、土地の開発許可など、その許可によって許可申請者以外の第三者（周辺住民ら）の権利利益が侵害される場合のように、許可申請者にとっては授益処分であっても、第三者である周辺住民にとっては侵害処分となる場合があり、このような処分を複効的処分（二重効果的処分）と呼んでいる。第三者である周辺住民については、当該許可の取消しを求めるにつき法律上の利益（行政事件訴訟法9条）を有するかが問題となっている。

(2) 申請に対する処分・不利益処分

　行政手続法上は、行政庁の処分を、申請に対する処分と不利益処分に分けて、それぞれの手続的な統制を定めている。申請に対する処分とは、法令に基づき、行政庁の許可、認可、免許その他自己に対し何らかの利益を付与する処分、またはその申請を拒否する処分のことである（行政手続法2条3号）。不利益処分とは、行政庁が、法令に基づき、特定の者を名宛人として、直接に、これに義務を課し、またはその権利を制限する処分である（同条4号）。

(3) 対人処分・対物処分

　対人処分・対物処分の区別は、行政行為の対象が人か物かによる区分である。対人処分の典型例は、医師免許や自動車運転免許などであり、申請者の主観的事情に着目してなされるものである。他方、対物処分の典型例は自動車の車体検査や違反建築物に対する除却命令などで、物や設備の客観的事情に着目してなされるものである。

　対人処分は一身専属的なものであるので譲渡や相続などは認められないが、対物処分の場合は、処分後にその物が譲渡されると、その資格の承継人は、その処分の効果をも承継することになる。

　なお、風俗営業の許可や旅館業の許可などでは、営業者としての資格付与（対人処分）と構造・設備の設置・使用権限の付与（対物処分）が併有しているものも多くみられる。

5　附　　　款

(1) 意　　　義

　法律行為的行政行為の効果を制限するために、主たる意思表示の内容に附される従たる意思表示のことを附款という。たとえば、道路の使用許可を出す場合に、何月何日から何月何日まで（あるいは何月何日の何時何分から何時何分まで）という期限をつけるようなことである。道路の使用許可が、主たる意思表示の内容であり、日限の定めが、これに付される従たる意思表示に該当する。附款とは学問上の用語で、実定法上は、条件とか期限という表現が使われている。

(2) 種　　　類

　附款には、その内容から、「条件」「期限」「負担」「撤回権の留保」の4種類がある。なお、以前は「法律効果の一部除外」というものがあげられていた。これは、主たる意思表示に附加して、法令が一般にその行為に付した効果の一部の発生を除外する意思表示であり、公務員に出張を命ずる行為に附加して、法律の定める旅費を支給しない旨の意思表示をするような場合である。しかし、法律が定める効果を、法律に特別の規定がないにもかかわらず、行政庁の裁量により一方的に除外するのは法治主義に反するため、最近ではこの概念を附款の1つとしては認めないのが通例である。

　1）条　　　件　条件とは、行政行為の効果を発生不確実な将来の事実に係らせる附款であり、民法と同じく、停止条件（会社の成立を条件としてバス事業の免許を与えるなど）と解除条件（一定期間内に工事に着手することを条件に地方鉄道の免許を与えるなど）がある。

　2）期　　　限　期限とは、行政行為の効果を発生確実な事実に係らせる附款であり、期限の到来によってその効力が生じる場合（始期）、期限の到来によってその効力が消滅する場合（終期）がある。たとえば、冒頭にあげたような日限を定めて道路の使用を許可するような場合である。

　3）負　　　担　負担とは、主たる意思表示に付随して、行政行為の相手方に、これに伴う特別の義務を命ずる意思表示である。たとえば、道路や河川の占用許可に際して、占用料や使用料の支払を命じるとか、自動車運転免許に際して眼鏡等の使用を命ずるような場合である。

　4）撤回権の留保　主たる意思表示に附加して、特定の場合に、行政行為を取消しできる権利を留保する意思表示である。たとえば、道路や河川の占用許可に際して、公益上必要があると認めるときは、いつでも取り消すことができる旨の附款を設けるような場合である。

　許可の取消しとあるが、これはいったん与えた許可を将来に向かって撤回するという意味で使われている。

(3) 許　容　性

　附款は、行政行為の効果を制限するために主たる意思表示に附加される従

たる意思表示であるから、附款を付すことのできる行為は、法律行為的行政行為に限られ、準法律行為的行政行為には附款を付す余地はない。また、法律行為的行政行為であっても、行政庁が自由かつ無制限に附款をつけることはできず、附款を付すことができるのは、法令に附款を付すことができる旨の規定がある場合か、行政行為について裁量が認められる場合に限られる。

　附款を付すことができるとしても、それは行政行為の目的に照らして、必要な限度でなければならず、法の趣旨・目的とは無関係であったり、あるいは過大なものであることは許されないと解される。

第2節　法的統制

1　行政行為の発効

(1)　成立要件および効力発生要件

　1)　**成立要件**　　行政行為の成立要件は、行政行為としての外形が存在するために必要な要件のことであり、行政庁が行政行為の内容たる精神作用を外部に表示することがそれにあたる。したがって、行政庁が行政行為の内容を内部的に決定しても、それを外部に表示しない限りは、行政行為は成立しないこととなる。

　2)　**効力発生要件**　　行政行為の効力発生要件は、行政行為の効力が発生するために必要とされる要件であり、主として行政行為が相手方に到達することがそれにあたる。つまり、行政行為がなされてもそれが相手方に到達しない限りは、その効力が生じない。なお、行政行為に始期（期限）があるときはその到来により、停止条件があるときはその条件成就によってその効力を生じるから、これも行政行為の効力発生要件の1つである。

　3)　**関係する裁判例**　　最高裁は、消防法に基づく給油取扱所変更許可処分の存在が争われた事件（最判昭和57・7・15民集36巻6号1146頁）で、名宛人である相手方の受領を要する行政処分の場合には、処分が相手方に告知され、または相手方に到達すること、すなわち相手方の了知すべき状態に置かれ

ることによって初めてその相手方に対する効力を生ずるとの一般論を示したうえで、本件の場合は、そもそも許可書の原本が申請者に交付されていないことから、行政処分としては有効に成立していないと判断した。

　また、ノバルティス・アーゲー事件（最判平成11・10・22民集53巻7号1270頁）では、薬事法に基づく承認は、「医薬品の有効性、安全性を公認する行政庁の行為であり、これによって、その承認の申請者に製造業等の許可を受け得る地位を与えるものであるから、申請者に対する行政処分としての性質を有するものということができる」としたうえで、その効力について「当該承認が申請者に到達した時、すなわち申請者が現実にこれを了知又は了知し得べき状態におかれた時に発生する」と判断した。

　このように行政処分の効力は、相手方に告知されたときに発生するのが原則であるが、税理士への懲戒処分の効力発生時期が争われた事件（最判昭和50・6・27民集29巻6号867頁）では、懲戒処分の効力の発生に伴う処置やこれを前提とする不利益な効果の付与を懲戒処分の確定に係らせているという税理士法の仕組みを解釈して、その処分の確定したときと判断した。

(2)　有効要件（効力要件）

　行政行為の有効要件とは、行政行為がそれを欠くことによってその効力に影響を及ぼすこととなる要件のことである。前述の効力発生要件との関係が分かりにくいが、行政庁の意思表示が外部に表されることが成立要件であり、それが相手方に到達したことが効力発生要件である。有効要件は、成立要件と効力発生要件をそなえていることを前提としたうえで、行政行為の効力（公定力等）が完全に発生するための要件のことをいうので、有効要件を欠くときは瑕疵ある行政行為となる。

　行政行為の有効要件は、行政行為の主体、内容、手続、形式について、それぞれ法の定める要件に適合していることである。すなわち、主体については、一定の権限を有する者の正常な意思決定に基づき、その権限内に属する事項について行われることが必要となる。内容については、法律上可能であることと、法に違反していないことが必要である。手続については、法の定める手続を踏んでいることが、また形式については、法令等によって定めら

れた文書の形式等、一定の形式によっていることが必要となる。

この行政行為の主体、内容、手続、形式が、具体的にいかなるものかは、主として当該行政行為の根拠となる個別行政法の規定の解釈の問題となる。

2 行政行為の効力

(1) 公 定 力

公定力とは、たとえ違法な行政行為であっても、その違法が重大かつ明白で当該行政行為が無効となる場合を除いては、行政庁や裁判所などの権限のある機関によって取り消されるまでは、有効なものとして扱われ、行政行為の相手方はもちろん、第三者も、国家機関もこれに従わなければならないという効力のことである。

最高裁は、訴願裁決の取消しが問題となった事件（最判昭和30・12・26民集9巻14号2070頁）において、「行政処分は、たとえ違法であっても、その違法が重大かつ明白で当該処分を当然無効ならしめるものと認むべき場合を除いては、適法に取り消されない限り完全にその効力を有する」として公定力を論じている。

公定力を定めた明文の規定はないが、一般的には次の点が根拠として指摘されている。つまり、行政庁には、事実認定と法令の適用についての第一次判断権が与えられていること、さらに違法な行政行為の効力を否認するには、提訴期間の定めがある一定の争訟手続（行政不服審査や抗告訴訟のこと）によるべきものとされており、国民の側には右の争訟手続によらないで、行政行為を取り消す実体法上の権利は与えられていないことがあげられている。もし国民の側が、違法と考える行政行為を一定の争訟手続によらないで、一方的に取り消すことができるとすると、行政行為を信頼して、その後の法律関係を形成した第三者の利益は著しく侵害され、行政行為を取り巻く法律関係はきわめて不安定になってしまう。このような事態を避け、相手方や第三者だけでなく一般公衆の行政行為に対する信頼を保護する観点からは公定力を認める必要がある。

公定力がどの範囲で効力が及ぶのかを示すものとしては、違反行為につい

て刑事裁判で無罪となっても、同じ違反行為を理由とする免許停止処分が直ちに無効になるわけではないことを示した判例（最決昭和63・10・28刑集42巻8号1239頁）や、課税処分に公定力があるからといって国家賠償請求が許されないわけではないことを示した判例（**裁判例3-3-2**）をあげることができる。

(2) 不可争力

不可争力とは、行政不服審査の申立期間または抗告訴訟の出訴期間が経過した後は、その行政行為が無効である場合を除いて、当該行政行為の効力を争うことができなくなる効力のことをいい、形式的確定力とも呼ばれている。

(3) 不可変更力

不可変更力とは、行政処分を行った行政機関が自らそれを変更できない場合があり、このような行為の効力をいい、実質的確定力と呼ばれることもある。もっとも、行政処分であれば常に不可変更力がそなわっているわけではない。

裁決の取消しの可否が争われた事件（最判昭和29・1・21民集8巻1号102頁）で、最高裁は、「本件裁決のごときは、行政機関であるYが実質的には裁判を行っているのであるが、行政機関がするのであるから行政処分に属するわけである。かかる性質を有する裁決は、他の一般行政処分とは異り、特別の規定がない限り、原判決のいうように裁決庁自らにおいて取消すことはできない」として、裁判所の判決と同様の終局性が認められる行政処分について、行政庁はその職権取消しをすることが許されないことを示した。

また、異議の決定や裁決など争訟の裁断を目的とする行政処分には、処分庁のみでなく上級行政庁・裁判所も取消しや変更ができないという実質的確定力が認められることを示した判決（最判昭和42・9・26民集21巻7号1887頁）もある。

(4) 執 行 力

執行力とは、行政権が、判決などの債務名義を得ることなく、自己の責任において、法律の定めるところによって、自力で行政法上の義務を履行させ、もしくは履行したのと同様の結果を実現できる力をいう。たとえば、課税処分によって納税義務を負った債務者が当該義務を履行しないときは、改めて

債務名義を得ることなく、行政庁の判断でその履行を督促し、滞納処分をするような場合である。

3 行政行為の瑕疵

(1) 瑕疵ある行政行為

行政行為が法の定める要件を欠く場合（法令適合性を欠く）には、行政行為として効力を生じないが、このような行政行為の効力の発生を妨げる事情のことを行政行為の瑕疵といっている。すなわち法令適合性を欠く違法な行政行為が瑕疵ある行政行為である。なお、行政行為が公益に反する場合（公益適合性）を不当な行政行為といい、これも瑕疵ある行政行為に含める考え方もある。

(2) 取り消しうる行政行為と無効な行政行為

違法な行政行為が、法律上どのような効力を持つかについては、法令上特に規定がなく、判例・学説の解釈に委ねられている。通常は、私法上の法律行為にならって、無効の行政行為と取り消しうる行政行為とに区別している。

無効な行政行為とは、行政行為としての法律的効果がはじめからまったく生じない場合をいう。無効な行政行為には何人もこれに拘束されないから、国家機関はもちろん私人さえも、独自の判断と責任においてこれを無視し、いつでも、法定の手続に拘束されずに否認することができる行為である。

これに対して、取り消しうる行政行為は、違法ではあるが有効な行政行為としてその効力を維持し、権限のある行政庁または裁判所によって取り消されて初めてその効力を失う行為である。したがって、取消しがなされるまでは、その行政行為の相手方はもちろん、他の行政庁やその他の国家機関も拘束され、独自の判断と責任でこれを無視したり、否認することができない。

つまり、無効な行政行為と取り消しうる行政行為との区別の問題は、公定力が認められる行政行為とはいったい何かという問題でもある。

無効な行政行為と取り消しうる行政行為の違いは**図表9**のように整理できる。

もっとも、現実の問題としては、行政庁自ら当該行政行為の無効を認めな

図表9　取り消しうる行政行為と無効な行政行為の区別

	取り消しうる行政行為	無効な行政行為
瑕疵の程度	通常の瑕疵	重大かつ明白な瑕疵
救済手段	行政不服申立て、取消訴訟等	特別な争訟手続は不要
瑕疵の主張・判断ができる者	行政庁または裁判所が判断	何人も無効主張できる
公定力	あり	なし
不可争力	あり	なし

い限りは有効な行政行為として国民らを事実上拘束することになるため、国民の側としては、無効等確認訴訟（行政事件訴訟法3条4項）を提起してその無効を確認してもらうか、あるいは行政処分が無効であることを前提にして現在の権利義務または法律関係の存否に関する当事者訴訟（同法4条）もしくは民事訴訟・争点訴訟（同法45条）を提起する必要があり、訴訟提起が必要となる点で、大きな違いは出てこないといえる。ただ、取消訴訟では無効確認訴訟とは異なり、出訴期間の制限（同法14条）や審査請求前置（同法8条1項ただし書）が必要とされるなどの違いはある。

(3) 取り消しうる行政行為と無効な行政行為の区別の基準

1) 重大説と重大明白説　どのような場合に取り消しうる行政行為となり、あるいは無効な行政行為となるのかの区別の基準については、これまで学説上争いがあり、判例の考え方も分かれている。

主要な考え方は、①行政行為に重大な瑕疵がある場合に無効原因となり、重大でない瑕疵については取消原因となる説（重大説）と、②瑕疵が重大かつ明白な場合にのみ無効原因となり、瑕疵が重大であるにとどまるときは取消原因になるとする説（重大明白説）の2つに分かれている。

重大明白説が、通説・判例といわれているが、その根拠としては次の点があげられている。もともと行政行為に公定力が認められるのは、相手方や第三者だけでなく一般公衆の行政行為に対する信頼を保護するためである。しかし、当該行政行為に、その行為の根幹に関わる重大な法規違反があり、かつ、その重大な法規違反が行為の外形上、客観的にみて明白にみてとれるときは、これを無効としても、相手方や第三者だけでなく一般公衆の行政行為

に対する信頼を害することにはならないことがあげられている。つまり、重大な法規違反が誰の眼にも疑う余地がないほど外形上も明白であれば、瑕疵があることの認定が誰人にも可能となるから、公定力を認めて違法な行政行為をそのまま有効として維持すべき実益もなくなるという点にある。これに対して、単に重大な法規違反があるだけで、そのことが外形上も明白でない場合には、当該行政行為を有効なものと信頼している第三者や一般公衆の行政行為への信頼を保護する必要があるから、これは取消原因とすべきであるということになる。

2）　**重大明白説における「明白」の意味**　　重大明白説における明白の意味をどのように理解するかについては、外形上一見明白説が通説・判例である。

山林所得に対する課税処分の効力が争われた事件（**裁判例 3-3-4**）について、最高裁は、「行政処分が当然無効であるというためには、処分に重大かつ明白な瑕疵がなければならず、ここに重大かつ明白な瑕疵というのは、『処分の要件の存在を肯定する処分庁の認定に重大・明白な瑕疵がある場合』を指すものと解すべきことは、当裁判所の判例である（昭和 32 年（オ）第 252 号同 34・9・22 第 3 小法廷判決、集 13 巻 11 号 1426 頁）。右判例の趣旨からすれば、瑕疵が明白であるというのは、処分成立の当初から、誤認であることが外形上、客観的に明白である場合を指すものと解すべきである」として重大明白説をとることを明らかにしたうえで、「瑕疵が明白であるかどうかは、処分の外形上、客観的に、誤認が一見看取し得るものであるかどうかにより決すべきものであつて、行政庁が怠慢により調査すべき資料を見落したかどうかは、処分に外形上客観的に明白な瑕疵があるかどうかの判定に直接関係を有するものではなく、行政庁がその怠慢により調査すべき資料を見落したかどうかにかかわらず、外形上、客観的に誤認が明白であると認められる場合には、明白な瑕疵があるというを妨げない」として、一見明白説をとることを判示した。

なお、重大な瑕疵が一見明白な場合に加えて、行政庁が特定の行政処分をするに際し、その職務上当然に要求される調査義務を尽くさず、しかも簡単

な調査をすることにより容易に判明するような重要な処分要件の存否を誤認してなされた場合にも、明白な瑕疵があると考える客観的明白説（調査義務違反説）も有力である。

3) 明白性要件が不要となる場合　無効となるのは行政行為に重大かつ明白な瑕疵がある場合と考えるのが通説・判例の基本的な立場であるが、例外的に明白性の要件がなくても無効原因を認める判例がある。

これは課税処分の無効確認を求めた事件（裁判例3-3-5）についての最高裁判決で、「一般に、課税処分が課税庁と被課税者との間にのみ存するもので、処分の存在を信頼する第三者の保護を考慮する必要のないこと等を勘案すれば、当該処分における内容上の過誤が課税要件の根幹についてのそれであつて、徴税行政の安定とその円滑な運営の要請を斟酌してもなお、不服申立期間の徒過による不可争的効果の発生を理由として被課税者に右処分による不利益を甘受させることが、著しく不当と認められるような例外的な事情のある場合には、前記の過誤による瑕疵は、当該処分を当然無効ならしめるものと解するのが相当である」として、課税処分のように、行政庁以外の第三者の信頼を保護する必要性が低い場合は、行政処分に瑕疵の重大性が認められれば、瑕疵の明白性については検討することなく無効になると判断した。重大明白説ではなく明白性補充要件説を採用した判決であると理解する学説もある。

(4) 取消原因と無効原因の具体例

どのような行政行為の瑕疵が無効原因となるのか、あるいは取消原因となるのかは、一概に決めることはできないが、少なくとも無効原因となるには、重大な法規違反があることが必要となるから、当該行政行為を定める根拠法規の仕組み（処分の要件、手続など）を解釈する必要がある。

1) 無効原因の例　たとえば、行政行為の主体に関する瑕疵としては、無権限の行政庁による行為、意思能力を欠く行政庁による行為などがあげられる。行政行為の内容に関する瑕疵としては、死者に対して免許を付与するなど存在しない人に対する行為、存在しない土地の収用裁決など存在しない物に対する行為などである。行政行為の手続や形式に関する瑕疵として

は、書面ですべきことが法定されているのに書面によらず口頭で行った行為、書面によることが法定されているのに、その行政庁の署名・押印を欠く行為、書面での理由付記が義務づけられているのに理由を付さない行為、法定されている公告、通知を欠く行為、法定されている聴聞、諮問等を欠く行為などがあげられる。これらは、いずれも重大な法規違反があり、かつその瑕疵が一見明白といえるので、無効原因になると考えられる。

　2）　取消原因の例　　上記のような場合以外の瑕疵はすべて取消事由になるといえる。たとえば、行政庁の行為が、詐欺、強迫、錯誤、収賄に基づく場合、書面で義務づけられている理由付記が不十分であるとき、書面で行うことが法定されている場合に日付の記載を欠くとき、他の場合と比較して重い不利益処分を課した場合などは、仮に重大な法規違反であったとしても、一見明白であるとまではいえないから取消原因にとどまると考えられる。

(5)　違法性の承継

　1）　意　　義　　公定力とは何かが問われるもう1つの問題が、違法性の承継である。違法性の承継とは、後行する行政行為には瑕疵がないのに、その行為に先行する行政行為に瑕疵があるために、後行する行政行為が瑕疵ある行政行為とされることをいう。先行行為について取消訴訟を提起しなかった者が、後行行為に対して取消訴訟を提起したときに、先行行為が違法であるから後行行為も違法になると主張することが許されるかという問題である。これが許されると先行行為に対する取消訴訟を提起しなくても、後行行為の取消訴訟において先行行為の公定力を実質的に否定することができてしまい、公定力を認めた趣旨を没却することになりかねない。そのため、違法性の承継を認めることができるのか、認めるとしてどのような場合に認めることができるのかが議論されている。

　2）　具　体　例　　学説では、違法性の承継が認められるのは、先行する行政行為と後行する行政行為とが結合して1つの法律的効果の実現を目的としている場合には、違法性の承継が認められると理解されている。

　たとえば、課税処分は納税義務という法律的効果を発生することを目的とする行為であるが、滞納処分は発生した納税義務が不履行である場合にその

履行と同じ状態を実現することを目的とする行為であるから、目的も効果も別のものであるとして、違法性の承継は否定されている。これに対して、農地の買収計画と買収処分については1つの法律的効果の実現を目的としているとして違法性の承継が認められている（最判昭和25・9・15民集4巻9号404頁）。

　近時になってこの問題について最高裁が正面から判断を下したのが、いわゆる「たぬきの森」事件（**裁判例3-3-3**）である。この事件で、最高裁は、安全認定の出訴期間徒過後に提起された建築確認の取消訴訟において、安全認定の違法を理由に建築確認の違法を認めることもできるとした。本来ならば新宿区長が行った安全認定（先行処分）と、新宿区建築主事が行った建築確認（後行処分）は、それぞれ独立した行政処分であって、仮に安全認定に違法があったとしても出訴期間の徒過後にはその違法を主張することができないはずである。しかし、①安全認定と建築確認は、沿革上は一体的に行われてきたこと、避難または通行の安全の確保という同一の目的を達成するために行われるものであること、安全認定は建築確認と結合して初めてその効果（建築確認申請手続における一定の地位を与える）を発揮するという実体的な側面を持つこと、②周辺住民は安全認定の存在を速やかに知ることができず、その適否を争うための手続的保障が十分とはいえないため、違法性の承継を認める必要性があるという手続的な側面を、その理由としてあげている。

(6)　瑕疵の治癒と違法行為の転換

1）瑕疵の治癒　　行政行為の瑕疵の治癒は、行政行為の成立の際に存在した瑕疵が、その後の事情によって実質的に是正された場合に、これを瑕疵のない行政行為として扱い、その効力を維持することと定義されている。要するに違法な行政行為が後に追完されることを意味する。これは行政行為の無駄な繰り返しを避け、法的安定性を確保することに意味があるともいわれているが、法律による行政の原理に反することにもなるため、このような取扱いを認めることには慎重でなければならない。

　法人税の増額更正処分について理由付記の不備があったとして争われた事件（最判昭和47・12・5民集26巻10号1795頁）において最高裁は、「更正におけ

る附記理由不備の瑕疵は、後日これに対する審査裁決において処分の具体的根拠が明らかにされたとしても、それにより治癒されるものではない」として、瑕疵の治癒は認められないとした。

2) 違法行為（瑕疵）の転換　違法行為の転換とは、1つの行政行為としてみたときは瑕疵があるが、これを他の種類の行政行為としてみたときは瑕疵がないとき、これを瑕疵のない行政行為として有効なものと取り扱うことをいう。たとえば、死者を名宛人とする農地買収処分を、その法定相続人に対する買収処分として扱うような場合である。

自作農創設特別措置法の買収処分の適法性が争われた事件（最大判昭和29・7・19民集8巻7号1387頁）において最高裁は、自作農創設特別措置法施行令43条に照らすと違法であるが、同法施行令45条に照らすと適法になるとして違法行為の転換を認めている。

4　取消しと撤回（行政行為の失効）

(1)　行政行為の職権取消しと撤回の意義

行政行為の職権取消しとは、行政行為が成立当初から違法または不当であったと判明した場合に、そのことを理由にして、処分庁や監督庁が、その効力をはじめからなかったことにする旨の意思表示をすることである。これに対して、行政行為の職権による撤回とは、瑕疵なく成立した行政行為の効力を、事後的な事情の変化により、これ以上維持することが妥当でないと判断した場合、処分庁が将来に向かってその効力を失効させる旨の意思表示をすることである。いずれも、当初なされた行政行為とは別個独立の行政行為である。

行政行為の職権取消しと撤回は、実定法上は、いずれも「取消し」と表記されるのが通常であるため、その取消しが、理論的に職権取消しなのか撤回なのかを、個別行政法の仕組みをふまえて解釈することが重要である。たとえば、風俗営業等の規制及び業務の適正化等に関する法律8条と26条1項に、それぞれ営業許可の取消しの規定が置かれているが、8条の許可取消しには、許可申請時の事情を取消事由としているもの（1・2号）と許可後の事

情を取消事由としているもの（3・4号）が含まれているから、行政行為の職権取消しと撤回の両者が含まれており、26条1項の許可取消しは、許可後の法令違反行為を理由としてなされるので行政行為の撤回を定めたものとなっている。

(2) **法律の根拠**

1) **行政行為の職権取消し**　行政行為の職権取消しがなされると行政行為がはじめからなかったことになるため、取消しの対象となる行政行為の相手方やその利害関係人らに何らかの不利益や影響を与える可能性があり、その意味で法律上の根拠が必要ではないかということで議論されている。職権取消しは、成立当初から違法もしくは不当な行政行為を遡及的に除去するもので、本来あるべき正しい法的状態を回復することであるから、法律の根拠は必要ないと解されている。

2) **行政行為の撤回**　行政行為の撤回も、いったん有効に成立した行政行為を、行為後の事情によって撤回するものであり、撤回する行政行為の相手方やその利害関係人に一定の不利益や影響を与える可能性があるため、同様に法律の根拠が必要ではないかが議論されているが、こちらも法律の根拠は不要と解されている。その理由としては、行政は公益を実現するために活動するものであり、行政行為もそのツールの1つであるから、行政行為後の事情の変化によって、当初なされた行政行為の効力を維持することが公益実現の観点から問題が生じる場合には、これを撤回することもできると解されているからである。

(3) **制　　限**

前述のように、行政行為の職権取消しも撤回も、その対象となる行政行為の相手方やその利害関係人に対して、何らかの不利益や影響を与える可能性があるから、その者たちの利益を保護するために一定の制限が必要となる。

1) **行政行為の職権取消しの制限**　まず、相手方の権利を制限し、義務を課すような侵害処分を職権で取り消すことは、相手方の権利利益を害するものではないから、原則として取り消すことは許される。もっとも、相手方にとっては侵害処分であっても、第三者に対しては授益処分になるような複

効的処分（二重効果的処分）の場合には、第三者の信頼保護を考慮して、取消権の制限を考える必要がある。

次に、相手方に権利や法律上の利益を付与する授益処分を取り消すときは、受益者の信頼保護のために無制限に取消しをすることは許されない。取消しが許されるか否かは、瑕疵ある行政行為を取り消す公益上の必要性と取消しによって受益者が侵害される権利利益とを比較考量したうえで判断することになる。すなわち、取り消す公益上の必要性が、受益者が侵害される権利利益を上回るときに取消しができるとすべきである。

自作農創設特別措置法による買収計画・売渡計画の取消しが問題となった事件（最判昭和43・11・7民集22巻12号2421頁）において、最高裁は、取消しによる不利益と取消しをしないことによる不利益とを比較考量してその許否を考え、取消しをしない場合に公共の福祉の要請に照らして著しく不当であると認められるときに限り取り消すことができることを明らかにした。これは、行政処分の職権による取消しが、いかなる判断枠組みの下で、いかなる基準の下に許されるかを示した判決である。

また、受益者の信頼保護のために取消しを制限するわけであるから、受益者の信頼が保護に値するか否かについても考慮する必要がある。したがって、相手方である受益者が不正・不当な行為によって行政行為を行わせたときや、受益者が違法であることを知っていたときなど受益者に帰責性があるときは職権による取消しをすることができると解される。

行政行為の職権取消しが、行政手続法の不利益処分に該当するときは、処分の名宛人に対して、聴聞または弁明の機会の付与など意見陳述のための機会（行政手続法13条）を付与しなければならない。

2）**行政行為の撤回の制限**　まず、行政行為の撤回は、撤回すべき行政行為を行った処分庁だけがすることができる。監督庁は処分庁に撤回をすることを命じることは可能であるが、撤回するのは処分庁でなければならない。これに対して、行政行為の職権取消しは、処分庁だけでなく監督庁も可能である。

次に、相手方の権利を制限し、義務を課すような侵害処分を撤回すること

図表10　取消しと撤回の比較

	行政行為の取消し	行政行為の撤回
原因	原始的瑕疵	後発的事情
取消権者・撤回権者	処分庁・監督庁	処分庁
制限	一定の場合あり	一定の場合あり
効果	遡及効	将来効
損失補償の要否	不要	必要な場合あり

は、相手方の権利利益を害するものではないから、原則として許される。また、職権取消しの場合と同様に、相手方にとっては侵害処分であっても、第三者に対しては授益処分になるような複効的処分（二重効果的処分）の場合には、第三者の信頼保護を考慮して、取消権の制限を考える必要がある。

　また、相手方に権利や法律上の利益を付与する授益処分を撤回するときは、受益者の信頼保護のために無制限に撤回をすることは許されない。撤回が許されるか否かは、行政行為を撤回する公益上の必要性と撤回によって受益者が侵害される権利利益とを比較考量したうえで判断することになる。すなわち、撤回する公益上の必要性が、受益者が侵害される権利利益を上回るときに撤回ができることは、職権取消しの場合と同様である。

　菊田医師事件（裁判例3-3-6）において最高裁は、優生保護医としての指定（旧優生保護法）という授益処分の撤回について、法律の根拠がなくても可能であることを示したうえで、撤回によって被る受益者の不利益と撤回すべき公益上の必要性について比較考量をしたうえで撤回を認めている。

　行政行為の撤回が、行政手続法の不利益処分に該当するときは、処分の名宛人に対して、聴聞または弁明の機会の付与など意見陳述のための機会（行政手続法13条）を付与しなければならない。

　なお、授益処分の撤回が、相手方の財産権に対して特別の犠牲を課す場合には、損失補償が必要となることがある（図表10）。

● 裁　判　例

3-3-1　行政行為の意義（定義）　大田区ごみ焼却場設置事件（最判昭和39・10・29民集18巻8号1809頁）

[事実]　東京都（Y）は、昭和32年、議会の議決を経て、都有地にごみ焼却場を設置する計画を決定し、建設会社と建築請負契約を締結して建築工事に着手しようとしたところ、同土地の近隣住民Xらが、Yを被告として、ごみ焼却場の設置行為の無効確認訴訟を提起した。

第1審・第2審ともごみ焼却場の設置行為の処分性を否定して訴えを却下したため、Xらが上告。

上告棄却。

[判旨]　「行政事件訴訟特例法1条にいう行政庁の処分とは、所論のごとく行政庁の法令に基づく行為のすべてを意味するものではなく、公権力の主体たる国または公共団体が行う行為のうち、その行為によって、直接国民の権利義務を形成しまたはその範囲を確定することが法律上認められているものをいうものであることは、当裁判所の判例とするところである（昭和28年（オ）第1362号、同30年2月24日第1小法廷判決、民集9巻2号217頁）。そして、かかる行政庁の行為は、公共の福祉の維持、増進のために、法の内容を実現することを目的とし、正当な権限ある行政庁により、法に準拠してなされるもので、社会公共の福祉に極めて関係の深い事柄であるから、法律は、行政庁の右のような行為の特殊性に鑑み、一方このような行政目的を可及的速かに達成せしめる必要性と、他方これによって権利、利益を侵害された者の法律上の救済を図ることの必要性とを勘案して、行政庁の右のような行為は仮りに違法なものであっても、それが正当な権限を有する機関により取り消されるまでは、一応適法性の推定を受け有効として取り扱われるものであることを認め、これによって権利、利益を侵害された者の救済については、通常の民事訴訟の方法によることなく、特別の規定によるべきこととしたのである。従ってまた、行政庁の行為によって権利、利益を侵害された者が、右行為を当然無効と主張し、行政事件訴訟特例法によって救済を求め得るには、当該行為が前叙のごとき性質を有し、その無効が正当な権限のある機関により確認されるまでは事実上有効なものとして取り扱われている場合でなければならない」。

[ワンポイント解説]　行政事件訴訟特例法1条の「行政庁の処分」の意義を明らかにしたものである。また、講学上の概念としての「行政行為」の意味・内容を示したものである。この判決で示された処分性の概念は、現行の行政事件訴訟法の下でも通用している。また、行政行為に公定力があることについても判示している。

3-3-2　行政行為の効力①　課税処分の公定力と国家賠償（最判平成22・6・3 民集64巻4号1010号）

[事実]　倉庫業者Xは、争点となる倉庫（以下「本件倉庫」という）を所有し、その固定資産税等を納付してきた。

本件倉庫は、昭和62年度から平成18年度まで、一般用の倉庫に該当すること

を前提にして評価され、その価格に係る賦課決定に基づいて固定資産税および都市計画税（以下「固定資産税等」と総称する）を納付してきたが、名古屋市長から固定資産税等の賦課徴収に関し権限の委任を受けていた名古屋市港区長は、平成18年5月26日付で、Xに対し、本件倉庫が冷凍倉庫等に該当するとして、平成14年度から同18年度までの登録価格を修正した旨を通知したうえ、上記各年度に係る本件倉庫の固定資産税等の減額更正をした。その後、Xは、同14年度から同17年度までの固定資産税等につき、納付済み税額と上記更正後税額との差額として389万9000円を還付された。しかし、昭和62年度から平成13年度分までの固定資産税等について還付はなされなかった。

そこで、Xは名古屋市（Y）を相手に、国家賠償法1条1項に基づき、昭和62年度から平成13年度分までの各賦課決定の前提となる価格の決定には本件倉庫の評価を誤った違法があり、右評価の誤りについて過失が認められると主張して、上記各年度に係る固定資産税等の過納金および弁護士費用相当額の損害賠償等を求めた。

第1審・第2審ともに、Xの請求を棄却する判断をしたため、Xが上告。

破棄差戻し。

[判旨]「国家賠償法1条1項は、『国又は公共団体の公権力の行使に当る公務員が、その職務を行うについて、故意又は過失によって違法に他人に損害を加えたときは、国又は公共団体が、これを賠償する責に任ずる。』と定めており、地方公共団体の公権力の行使に当たる公務員が、個別の国民に対して負担する職務上の法的義務に違背して当該国民に損害を加えたときは、当該地方公共団体がこれを賠償する責任を負う。前記のとおり、地方税法は、固定資産評価審査委員会に審査を申し出ることができる事項について不服がある固定資産税等の納税者は、同委員会に対する審査の申出及びその決定に対する取消しの訴えによってのみ争うことができる旨を規定するが、同規定は、固定資産課税台帳に登録された価格自体の修正を求める手続に関するものであって（435条1項参照）、当該価格の決定が公務員の職務上の法的義務に違背してされた場合における国家賠償責任を否定する根拠となるものではない」。

「原審は、国家賠償法に基づいて固定資産税等の過納金相当額に係る損害賠償請求を許容することは課税処分の公定力を実質的に否定することになり妥当ではないともいうが、行政処分が違法であることを理由として国家賠償請求をするについては、あらかじめ当該行政処分について取消し又は無効確認の判決を得なければならないものではない（最高裁昭和35年（オ）第248号同36年4月21日第2小法廷判決・民集15巻4号850頁参照）。このことは、当該行政処分が金銭を納付させることを直接の目的としており、その違法を理由とする国家賠償請求を認容したとすれば、結果的に当該行政処分を取り消した場合と同様の経済的効果が得られるという場合であっても異ならないというべきである。

そして、他に、違法な固定資産の価格の決定等によって損害を受けた納税者が

第3章 行政行為

国家賠償請求を行うことを否定する根拠となる規定等は見いだし難い。

したがって、たとい固定資産の価格の決定及びこれに基づく固定資産税等の賦課決定に無効事由が認められない場合であっても、公務員が納税者に対する職務上の法的義務に違背して当該固定資産の価格ないし固定資産税等の税額を過大に決定したときは、これによって損害を被った当該納税者は、地方税法432条1項本文に基づく審査の申出及び同法434条1項に基づく取消訴訟等の手続を経るまでもなく、国家賠償請求を行い得るものと解すべきである」。

[ワンポイント解説]　行政処分が違法であることを理由として国家賠償請求訴訟をする際に、あらかじめ当該処分について取消判決や無効確認判決を得なければならないものではないとの法理は、最判昭和36・4・21民集15巻4号850頁によって確認されている。

そのことを前提とすると、課税処分のように金銭給付を目的とする行政処分については、出訴期間の経過等によって不可争的になった後でも、国家賠償を認めることになると、国家賠償請求ができる間は実質的に取消訴訟を提起できるのと同様の結果をもたらすことになり、取消訴訟の出訴期間を設けた意味がなくなるのではないかという懸念が生ずることから、このような国家賠償請求を否定する見解もあったが、本判決はこれを肯定したものである。

3-3-3　行政行為の効力②　違法性の承継（最判平成21・12・17民集63巻10号2631頁）

[事実]　東京都建築安全条例（昭和25年東京都条例第89号。以下「本件条例」という）4条1項は、建築基準法43条2項に基づき同条1項に関して制限を付加した規定であり、延べ面積が1000㎡を超える建築物の敷地は、その延べ面積に応じて所定の長さ（最低6m）以上道路に接しなければならないと定めている。ただし、本件条例4条3項は、建築物の周囲の空地の状況その他土地および周囲の状況により知事が安全上支障がないと認める場合においては、同条1項の規定は適用しないと定めている（以下、同条3項の規定により安全上支障がないと認める処分を「安全認定」という）。特別区は、特別区における東京都の事務処理の特例に関する条例（平成11年東京都条例第106号）により、安全認定に係る事務を処理することとされ、区長がその管理および執行をしている。

訴外A会社は、新宿区内に延べ床面積約2820㎡の集合住宅（以下「本件建築物」という）を建築することを計画した。本件条例4条1項によれば、本件建築物の敷地は8m以上道路に接しなければならないとされていたが、長さ約34m、幅約4mの路地上部分を通じて道路に接するにとどまっていたため、A社およびB社は、新宿区長に安全認定の申請を行い、新宿区長から平成16年12月22日付で安全認定（以下「本件安全認定」という）を受け、その後、C社およびA社は、その申請に基づき新宿区（Y）建築主事から同18年7月31日付で建築基準法6条1項に基づく建築確認（以下「本件建築確認」という）を受けた。

本件建築物の敷地周辺に建物を所有しまたは居住する周辺住民ら（Xら）は、本件安全認定は違法であるから本件建築確認も違法であるなどと主張して、Yを被告として、本件建築確認の取消しを求めて出訴した。

第1審は、Xらの請求を棄却したが、第2審は、本件安全認定は、新宿区長がその裁量権の範囲を逸脱しまたはこれを濫用した違法なものであるから、本件建築物の敷地は本件条例4条1項所定の接道義務に違反しており、本件建築確認は違法であると判断してこれを取り消したため、Yが上告。

上告棄却。

[**判旨**]「(1) 本件条例4条1項は、大規模な建築物の敷地が道路に接する部分の長さを一定以上確保することにより、避難又は通行の安全を確保することを目的とするものであり、これに適合しない建築物の計画について建築主は建築確認を受けることができない。同条3項に基づく安全認定は、同条1項所定の接道要件を満たしていない建築物の計画について、同項を適用しないこととし、建築主に対し、建築確認申請手続において同項所定の接道義務の違反がないものとして扱われるという地位を与えるものである。

平成11年東京都条例第41号による改正前の本件条例4条3項の下では、同条1項所定の接道要件を満たしていなくても安全上支障がないかどうかの判断は、建築確認をする際に建築主事が行うものとされていたが、この改正により、建築確認とは別に知事が安全認定を行うこととされた。これは、平成10年法律第100号により建築基準法が改正され、建築確認及び検査の業務を民間機関である指定確認検査機関も行うことができるようになったこと（法6条の2、7条の2、7条の4、77条の18以下参照）に伴う措置であり、上記のとおり判断機関が分離されたのは、接道要件充足の有無は客観的に判断することが可能な事柄であり、建築主事又は指定確認検査機関が判断するのに適しているが、安全上の支障の有無は、専門的な知見に基づく裁量により判断すべき事柄であり、知事が一元的に判断するのが適切であるとの見地によるものと解される。

以上のとおり、建築確認における接道要件充足の有無の判断と、安全認定における安全上の支障の有無の判断は、異なる機関がそれぞれの権限に基づき行うこととされているが、もともとは一体的に行われていたものであり、避難又は通行の安全の確保という同一の目的を達成するために行われるものである。そして、前記のとおり、安全認定は、建築主に対し建築確認申請手続における一定の地位を与えるものであり、建築確認と結合して初めてその効果を発揮するのである。

(2) 他方、安全認定があっても、これを申請者以外の者に通知することは予定されておらず、建築確認があるまでは工事が行われることもないから、周辺住民等これを争おうとする者がその存在を速やかに知ることができるとは限らない（これに対し、建築確認については、工事の施工者は、法89条1項に従い建築確認があった旨の表示を工事現場にしなければならない。）。そうすると、安全認定について、その適否を争うための手続的保障がこれを争おうとする者に十分に与えられているとい

うのは困難である。仮に周辺住民等が安全認定の存在を知ったとしても、その者において、安全認定によって直ちに不利益を受けることはなく、建築確認があった段階で初めて不利益が現実化すると考えて、その段階までは争訟の提起という手段は執らないという判断をすることがあながち不合理であるともいえない。

　(3) 以上の事情を考慮すると、安全認定が行われた上で建築確認がされている場合、安全認定が取り消されていなくても、建築確認の取消訴訟において、安全認定が違法であるために本件条例4条1項所定の接道義務の違反があると主張することは許されると解するのが相当である。これと同旨の原審の判断は、正当として是認することができる。論旨は採用することができない」。

[ワンポイント解説]　新宿区長が行った安全認定も新宿区建築主事が行った建築確認も、それぞれ独立した行政処分であって、仮に安全認定に違法があったとしても出訴期間徒過後にはその違法を主張することができないのが原則である。

　しかし、安全認定の出訴期間徒過後に提起された建築確認の取消訴訟において、安全認定の違法を理由に建築確認の違法を認めることもできる（いわゆる違法性の承継を認めた）とした判決である。

　その理由としては、①安全認定と建築確認は、沿革上は一体的に行われてきたこと、避難または通行の安全の確保という同一の目的を達成するために行われるものであること、安全認定は建築確認と結合して初めてその効果（建築確認申請手続における一定の地位を与える）を発揮するという実体的な側面と、②周辺住民は安全認定の存在を速やかに知ることができず、その適否を争うための手続的保障が十分とはいえないため違法性の承継を認める必要性があるという手続的な側面をあげている。

3-3-4　瑕疵ある行政行為①　無効事由（重大かつ明白な瑕疵、最判昭和36・3・7民集15巻3号381頁）

[事実]　平税務署長（Y）は、Xが山林内で伐採した木材の売買によって所得を得たとして課税処分を行い、無申告加算税の賦課を決定した。Xは、Yは山林所得の帰属主体を誤っており、山林所得のないXに対して課税処分および無申告加算税を賦課しており、いずれも重大かつ明白な瑕疵があり無効であるとして、その確認を求めて出訴した。

　第1審は、Xの請求を棄却したが、第2審は、課税処分は山林所得のないXに対してなされた点で重大な瑕疵があるが、そのことは訴訟での証拠調べにおいてようやく明らかになったのであるから、その瑕疵は処分当時に明白であったとはいえないとしてXの請求を退けたため、Xが上告。

　上告棄却。

[判旨]　「行政処分が当然無効であるというためには、処分に重大かつ明白な瑕疵がなければならず、ここに重大かつ明白な瑕疵というのは、『処分の要件の存在を肯定する処分庁の認定に重大・明白な瑕疵がある場合』を指すものと解すべき

ことは、当裁判所の判例である（昭和32年（オ）第252号同34・9・22第3小法廷判決、集13巻11号1426頁）。右判例の趣旨からすれば、瑕疵が明白であるというのは、処分成立の当初から、誤認であることが外形上、客観的に明白である場合を指すものと解すべきである。もとより、処分成立の初めから重大かつ明白な瑕疵があつたかどうかということ自体は、原審の口頭弁論終結時までにあらわれた証拠資料により判断すべきものであるが、所論のように、重大かつ明白な瑕疵があるかどうかを口頭弁論終結時までに現われた証拠及びこれにより認められる事実を基礎として判断すべきものであるということはできない。また、瑕疵が明白であるかどうかは、処分の外形上、客観的に、誤認が一見看取し得るものであるかどうかにより決すべきものであつて、行政庁が怠慢により調査すべき資料を見落したかどうかは、処分に外形上客観的に明白な瑕疵があるかどうかの判定に直接関係を有するものではなく、行政庁がその怠慢により調査すべき資料を見落したかどうかにかかわらず、外形上、客観的に誤認が明白であると認められる場合には、明白な瑕疵があるというを妨げない」。

[ワンポイント解説] 行政処分の取消しと無効の区別について、重大明白説に立つことを明らかにしたうえで、瑕疵の明白性について「処分成立の当初から、誤認であることが外形上、客観的に明白である場合」という判断基準を示した判決である。

3-3-5 瑕疵ある行政行為② 課税処分と明白性の有無（最判昭和48・4・26 民集27巻3号629頁）

[事実] X_1、X_2は夫婦で、AはX_2の姉の内縁の夫であるが、Aは、Xらに無断で、自己所有の土地につき、昭和28年6月10日、X_1への所有権移転請求権保全の仮登記を行い、また、同じく自己所有の建物につき、昭和32年11月13日、X_2へ所有権移転登記を行った。その後、Aは、自己の債務を返済するため土地を売却する必要に迫られ、Xら名義の印章を無断購入して印鑑届をしたうえ、Xら名義の売買契約書、登記申請書、委任状等を偽造し、これを行使して、土地につき昭和35年9月13日、X_1への所有権移転の本登記を、建物につき同日、X_2からX_1への所有権移転登記を行った。その後、本件土地と建物を、訴外BとCに売り渡した。

神奈川税務署長（Y）は、主として登記簿の記載に依拠しつつ、これに買受人B、Cへの反面調査の結果を加えて、X_1、X_2に対し、本件土地建物に関する譲渡所得があるとして課税処分を行った。

これに対する異議申立期間の経過後、Xらは、自分たちには譲渡所得がないとして課税処分の無効確認訴訟を提起した。

第1審・第2審ともに、本件課税処分には重大な瑕疵があるが、瑕疵の明白性が認められないとして請求を棄却したため、Xらが上告。

破棄差戻し。

[判旨]「課税処分が法定の処分要件を欠く場合には、まず行政上の不服申立てをし、これが容れられなかったときにはじめて当該処分の取消しを訴求すべきものとされているのであり、このような行政上または司法上の救済手続のいずれにおいても、その不服申立てについては法定期間の遵守が要求され、その所定期間を徒過した後においては、もはや当該処分の内容上の過誤を理由としてその効力を争うことはできないものとされている。

課税処分に対する不服申立てについての右の原則は、もとより、比較的短期間に大量的になされるところの課税処分を可及的速やかに確定させることにより、徴税行政の安定とその円滑な運営を確保しようとする要請によるものであるが、この一般的な原則は、いわば通常予測されうるような事態を制度上予定したものであって、法は、以上のような原則に対して、課税処分についても、行政上の不服申立手続の経由や出訴期間の遵守を要求しないで、当該処分の効力を争うことのできる例外的な場合の存することを否定しているものとは考えられない。すなわち、課税処分についても、当然にこれを無効とすべき場合がありうるのであって、このような処分については、これに基づく滞納処分のなされる虞れのある場合等において、その無効確認を求める訴訟によってこれを争う途も開かれているのである（行政事件訴訟法 36 条）。

もっとも、課税処分につき当然無効の場合を認めるとしても、このような処分については、前記のように、出訴期間の制限を受けることなく、何時まででも争うことができることとなるわけであるから、更正についての期間の制限等を考慮すれば、かかる例外の場合を肯定するについて慎重でなければならないことは当然であるが、一般に、課税処分が課税庁と被課税者との間にのみ存するもので、処分の存在を信頼する第三者の保護を考慮する必要のないこと等を勘案すれば、当該処分における内容上の過誤が課税要件の根幹についてのそれであって、徴税行政の安定とその円滑な運営の要請を斟酌してもなお、不服申立期間の徒過による不可争的効果の発生を理由として被課税者に右処分による不利益を甘受させることが、著しく不当と認められるような例外的な事情のある場合には、前記の過誤による瑕疵は、当該処分を当然無効ならしめるものと解するのが相当である」。

「これを本件についてみるに、……Xらとしては、いわば全く不知の間に第三者がほしいままにした登記操作によって、突如として譲渡所得による課税処分を受けたことになるわけであり、かかる X らに前記の瑕疵ある課税処分の不可争的効果による不利益を甘受させることは、たとえば、X らが上記のような各登記の経由過程について完全に無関係とはいえず、事後において明示または黙示的にこれを容認していたとか、または右の表見的権利関係に基づいてなんらかの特別の利益を享受していた等の、特段の事情がないかぎり、X らに対して著しく酷であるといわなければならない」。

「本件は、課税処分に対する通常の救済制度につき定められた不服申立期間の徒過による不可争的効果を理由として、なんら責むべき事情のない X らに前記処分

による不利益を甘受させることが著しく不当と認められるような例外的事情のある場合に該当し、前記の過誤による瑕疵は、本件課税処分を当然無効ならしめるものと解するのが相当である」。
［ワンポイント解説］　課税処分のように、行政庁以外の第三者の信頼を保護する必要性が低い場合は、行政処分に瑕疵の重大性が認められれば、瑕疵の明白性については検討することなく無効になると判断した判決である。重大明白説ではなく明白性補充要件説を採用した判決であると理解する立場もある。

3-3-6　行政行為の取消し・撤回　菊田医師事件（撤回、最判昭和63・6・17判時1289号39頁）

［事実］　Xは、昭和25年に医師免許を付与され、昭和33年10月以降、石巻市において、産科、婦人科、肛門科の医院を開設している医師である。昭和28年、社団法人宮城県医師会（Y）から、旧優生保護法14条1項により人工妊娠中絶を行いうる医師（以下「指定医師」という）の指定を受け、それ以降、途中1年間を除き、2年ごとの指定の更新により、最終的には、昭和51年11月1日付をもって指定を受けた。

　Xは、中絶の時期を逸しながらその施術を求める女性に対し、勧めて出産をさせ、当該嬰児を、子供を欲しがっている他の婦女が出産したとする虚偽の出生証明書を発行することによって、戸籍上も右婦女の実子として登載させ、右嬰児をあっせんする、いわゆる赤ちゃんあっせん（以下「実子あっせん行為」という）を行ってきたが、Xが昭和48年4月、新聞等を通じてこのことを公表するまでにあっせんした数は約100件に及んだ。

　Xは、実子あっせん行為についての問題点が指摘されたことなどから、昭和49年3月、指定医師の団体である社団法人日本母性保護医協会（当時）の全理事会において、今後実子あっせん行為は繰り返さない旨言明したが、その後も、中絶時期を逸したにもかかわらず中絶を望む妊婦は、胎児ないし嬰児に対して強い殺意を抱いているので、X提唱のいわゆる実子特例法が制定されるまでは、実子あっせん行為は嬰児等の生命を救うための緊急避難行為であるとしてこれを続け、結局、昭和48年4月以降、さらに約120件の実子あっせん行為をした。

　そのうちの一例である昭和50年12月にした実子あっせん行為につき、Xは、昭和52年8月31日付で愛知県産婦人科医会会長から医師法違反等の嫌疑により仙台地方検察庁に告発がなされ、昭和53年3月1日、仙台簡易裁判所において、医師法違反、公正証書原本不実記載・同行使の罪により、罰金20万円に処する旨の略式命令を受け、右裁判は正式裁判に移行することなく確定した。

　Yは、昭和53年5月24日付でXに対し、昭和51年11月1日付の指定医師の指定を取り消す旨の本件取消処分をした。その理由の要旨は、右罰金刑の確定とその裁判の違法事実に徴するとき、Xは指定医師として不適当と認められるというものであった。

Xは、昭和53年10月1日、Yに対し指定医師の指定申請をしたところ、Yは、同月30日付で、本件取消処分と同じ理由により、右申請を却下する旨の本件却下処分をした。
　Xは、①Yを被告として指定取消処分と指定申請却下処分の各取消しを求め、②Yと国に対して各自3000万円の損害賠償の支払を求めて出訴した。
　第1審・第2審ともに、Xの請求を棄却したので、Xが上告。
　上告棄却。
[**判旨**]「Xが行った実子あっせん行為のもつ法的問題点について考察するに、実子あっせん行為は、医師の作成する出生証明書の信用を損ない、戸籍制度の秩序を乱し、不実の親子関係の形成により、子の法的地位を不安定にし、未成年の子を養子とするには家庭裁判所の許可を得なければならない旨定めた民法798条の規定の趣旨を潜脱するばかりでなく、近親婚のおそれ等の弊害をもたらすものであり、また、将来子にとって親子関係の真否が問題となる場合についての考慮がされておらず、子の福祉に対する配慮を欠くものといわなければならない。
　したがつて、実子あっせん行為を行うことは、中絶施術を求める女性にそれを断念させる目的でなされるものであつても、法律上許されないのみならず、医師の職業倫理にも反するものというべきであり、本件取消処分の直接の理由となった当該実子あっせん行為についても、それが緊急避難ないしこれに準ずる行為に当たるとすべき事情は窺うことができない。しかも、Xは、右のような実子あっせん行為に伴う犯罪性、それによる弊害、その社会的影響を不当に軽視し、これを反復継続したものであつて、その動機、目的が嬰児等の生命を守ろうとするにあったこと等を考慮しても、上告人の行った実子あっせん行為に対する少なからぬ非難は免れないものといわなければならない。
　そうすると、Yが昭和51年11月1日付の指定医師の指定をしたのちに、Xが法秩序遵守等の面において指定医師としての適格性を欠くことが明らかとなり、Xに対する指定を存続させることが公益に適合しない状態が生じたというべきところ、実子あっせん行為のもつ右のような法的問題点、指定医師の指定の性質等に照らすと、指定医師の指定の撤回によってXの被る不利益を考慮しても、なおそれを撤回すべき公益上の必要性が高いと認められるから、法令上その撤回について直接明文の規定がなくとも、指定医師の指定の権限を付与されているYは、その権限においてXに対する右指定を撤回することができるものというべきである」。
[**ワンポイント解説**]　優生保護医としての指定（旧優生保護法）という授益的行政行為の撤回について、法律の根拠がなくても可能であることを示した判決である。なお行政行為の撤回についても、撤回によって被るXの不利益と撤回すべき公益上の必要性について比較考量をしている点にも注意が必要である。

第4章　行政上の義務履行確保

第1節　行政上の義務履行確保の必要性

　行政活動の多くは公益（公共の利益）を実現する目的で行われるものであり、公益実現のために行政が私人に働きかけるツールとして、行政行為を中心とするさまざまな行為形式を用いている。典型的・伝統的な行政活動は、①法律を具体化するために行政立法を定立する、②根拠となる法律・命令に基づいて行政行為（行政処分）を行って、国民の権利を制限し、あるいは義務を課す、③法律や行政行為によって課せられた国民の義務が、未履行のときに行政上の強制執行や行政罰を科すことでその実現をはかるというものである。
　たとえば、違反建築物の除却命令は建築基準法9条を根拠にして発動されるが、①行政立法を制定して具体的な処分基準（どのような場合に除却命令を出すのか）を明らかにし、②違反建築物への除却命令（行政行為）によって具体的な除却義務（作為義務）を名宛人に負わせ、③この除却義務が未履行のときに行政上の強制執行としての代執行が行われ、あるいは義務不履行の制裁として行政罰（98条1項1号）が科せられる。
　このように、公益実現のためには、行政上の義務履行を確保する法的な仕組みが必要であり、現行法ではいくつかの方法が用意されている。なお、行政罰は、過去になされた義務違反に対する制裁であって、義務履行を直接確保するものではないが、義務を履行しないと制裁が科されるという心理的な圧迫をかけることによって、間接的に義務の履行を確保するという機能を有しているため、第5章で続けて扱うこととする。

第 2 節　行政上の義務履行確保の方法

1　行政上の強制執行

　義務履行確保の方法としては行政上の強制執行があげられる。行政上の強制執行とは、私人が行政庁に課せられた義務を履行しない場合、裁判所を介在させずに、行政機関が強制的に義務の内容を実現することをいう。この行政上の強制執行には、①行政代執行、②執行罰（間接強制）、③直接強制、④強制徴収の4つの方法がある。

　なお、民事上の義務履行確保の方法には、①代替執行（民法414条2項・3項、民事執行法171条）、②間接強制（民事執行法172条）、③直接強制（同法168条）、④金銭の支払を目的とする債権についての強制執行（同法43条以下）の制度があるが、ほぼ同内容のものである。

　4つの強制執行の方法の使い分けは、執行しようとする行政上の義務の性質・内容によって決まってくる。

　行政上の義務としては、代替的作為義務、非代替的作為義務、不作為義務、金銭給付義務をあげることができる。代替的作為義務（たとえば違反建築物の除却義務）は、義務者本人でなくても他人が代わって履行することができる義務のことである。非代替的作為義務（たとえば、健康診断または予防接種を受ける義務など）は、義務者本人しかなしえない義務であり他人が代わって履行することができない義務のことである。また、不作為義務（営業を停止する義務など）も、その義務者本人しかなしえず、他人が代わって履行することができない義務である。金銭給付義務は、たとえば税金の納付義務などである。

　代替的作為義務は、義務者本人に代わって他人が履行することができる義務であるから、義務者本人が履行しない場合には、行政庁あるいは第三者が代わって執行することができ、これが行政代執行と呼ばれる。しかし、非代替的作為義務や不作為義務は、義務者本人しかなしえない義務であるから、行政代執行によることはできず、執行罰か直接強制によるほかないことにな

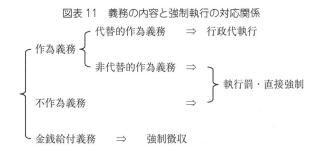

図表 11　義務の内容と強制執行の対応関係

る。

　金銭給付義務については、強制徴収（滞納処分）によって、行政庁が納付義務者の現金や預貯金等を直接差し押さえて換金するなどして、その履行（金銭の納付）があったのと同様の結果を実現することができる仕組みとなっている（図表 11）。

2　即時強制

　即時強制は、一定の行政上の目的を達成するために、直接、人の身体や財産に対して実力行使をすることである。行政上の強制執行が、命令等による義務の存在を前提として、その履行を強制するものであるのに対し、即時強制は、命令等による義務の存在を前提としていない点に特徴がある。

　明治憲法下では、行政執行法に検束等（行政執行法 1 条など）が定められ、警察強制と呼ばれていたが、労働運動や反政府活動の弾圧のために濫用されたこともあり、昭和 23 年に廃止された。

　現在では、公共の安全維持などの重要な行政目的達成のために、行政による迅速な対応が必要とされるような場合を念頭に、個別の行政法において厳格な要件の下に行使することが認められている。たとえば、警察官職務執行法の保護（3 条）、消防法の火災現場での破壊消防（29 条）、入管法の収容や退去強制（52 条）などである。

3　その他の方法

(1)　氏名等の公表

　義務を履行しない者の氏名や企業名・住所等を公表することによって、行政上の義務の履行を確保する方法が設けられている。たとえば、食品衛生法63条では、危害の発生防止のために、同法または同法に基づく命令に違反した者の名称等を公表するものとされている。なお、行政指導としての勧告に従わなかった者に対して、その旨を公表するという仕組みを設ける法律（たとえば介護保険法76条の2など）も多く存在するが、これは厳密には、勧告（行政指導）の実効性確保の方法といえる。

(2)　課徴金・加算税など

　課徴金は、違法な行為によって利得を得た者に、その利得を帰属させないために国家がそれに相当する金銭を徴収するものであり、独占禁止法（7条の2）や、金融商品取引法（172条以下）などで定められている。

　加算税は、申告納税制度を前提に、納税義務者の過少申告、無申告、不納付などの義務違反行為に対して課される特殊な税である（国税通則法2条4号）。

　課徴金も加算税も、行政上の禁止行為（不作為義務）や納税上の義務に違反する行為に対して課される行政上の不利益措置であり、行政刑罰とは異なるものである。

　もっとも、課徴金・加算税の仕組みは、義務を履行しないと課徴金や加算税が科されるという心理的な圧迫をかけることによって、間接的に義務の履行を確保するという機能を有している点で、行政罰と同じ機能を持っている。

第3節　法的統制

1　行政上の強制執行の根拠法

　行政上の強制執行は、義務者本人の意思に反して強制的に行政上の義務を履行させようとするものであるから、法律の根拠がなければならない。

行政上の強制執行の根拠となる法律として、明治憲法下では一般法としての行政執行法が存在し、代執行、執行罰、直接強制の規定が置かれていた（行政執行法5条）。しかし、執行罰は過料の設定金額が低廉でその効用が少なく、直接強制は裁判所を介在させずに行政庁自らが直接義務者本人の身体や財産に実力を加えるものであることから人権保障の観点から望ましくないとして排除されることになった。加えて、前述したように行政執行法には検束等の即時強制手段が規定されており、これらが戦前に濫用されたことから、昭和23年、行政執行法は廃止され、行政上の強制執行に関する法律として行政代執行法が、即時強制に関する法律として警察官職務執行法が、それぞれ、昭和23年に制定され現在に至っている。

　そのため、行政代執行法1条では、「行政上の義務の履行確保に関しては、別に法律で定めるものを除いては、この法律の定めるところによる」と定められ、執行罰や直接強制については、個別行政法に規定がある場合にのみ認められることとなった。なお、執行罰・直接強制を規定する個別行政法の法形式は「法律」であることが必要である。

　強制徴収については、国税徴収法が定められており、国税以外の金銭給付義務についても広く準用され、強制徴収に関する一般法の役割を果たしている。なお、国税徴収法は明治30年に制定されたものであるが、現行法は昭和35年に大改正されたものである。

2　代執行に対する法的統制

(1)　代執行の実体的・手続的要件

　代執行は、前述のように代替的作為義務の不履行について、行政庁または行政庁の指定する第三者が義務者に代わって義務の内容の実現をはかり、これに要した費用を義務者本人から徴収する方法の強制執行である。

　1)　代執行の実体的要件は、①法律（法律の委任に基づく命令、規則および条例を含む）により直接命ぜられ、または法律に基づき行政庁により命ぜられた行為（他人が代わってなすことのできる行為に限られる）によって課せられている行政上の義務の不履行があること、②他の手段によってはその義務の履行を

確保することが困難であること、③その義務の不履行を放置することが著しく公益に反すると認められること（行政代執行法2条）であり、きわめて厳格な要件となっている。

　法律により直接命ぜられた義務の例としては、残火薬類の措置義務（火薬類取締法22条）が、法律に基づき行政庁により命ぜられた行為によって課せられている義務の例としては、違反建築物の除却命令（建築基準法9条）などをあげることができる。

　職員組合事務所の明渡請求事件（大阪高決昭和40・10・5行集16巻10号1756頁）では、市庁舎内の組合事務所の明渡し（立退き）について行政代執行をすることは許されるかが問題となり、第1審は、代執行をすることは許されることを前提としたうえで、使用許可取消処分に基づく戒告その他行政代執行法による手続の続行停止を認めたが、大阪高裁は、庁舎の明渡しは、代替的作為義務ではないので、そもそも行政代執行の対象とはできないと判示している。

2）　代執行の手続的要件は、①相当の期限を定め、その期限までに履行がなされないときは、代執行をなすべき旨をあらかじめ文書で戒告をし（行政代執行法3条1項）、②代執行令書をもって代執行をなすべき時期、代執行のために派遣する執行責任者の氏名および代執行に要する費用の概算による見積額を義務者に通知することである（同条2項）。なお、非常の場合または危険切迫の場合に、代執行を急速に実施する緊急の必要があるときは、戒告と通知を経ないで代執行を実施することができる（同条3項）。

3）　上記の事前手続を経た後に、現実に代執行（違反建築物の除却など）を実施することになるが、現場に派遣される執行責任者は、本人であることを示すべき証票を携帯し、要求があるときは、いつでもこれを提示しなければならない（同法4条）。

4）　代執行が終了したときは、実際に要した代執行の費用の額およびその納期日を定めて、義務者に対して文書でその納付を命じる（同法5条）。費用納付命令によって納付義務が生じることになり、義務者が費用を納付しないときは、国税滞納処分の例（督促→差押え→公売→換価→充当）によってこれを

徴収（強制徴収）することができる（同法6条）。

(2) 代執行をめぐる問題

1) 条例による代執行の可否　行政上の義務の履行確保については、別に法律で定めるものを除いては、この法律で定める（行政代執行法1条）とあるから、条例で、直接強制や執行罰を定めることはできない。もっとも、義務の発生を前提としない即時強制（横浜市船舶の放置防止に関する条例10条など）や、義務違反に対する制裁である行政罰・秩序罰については、条例によって設けることができる（地方自治法14条3項・15条2項）。

問題は、条例によって代執行が可能となる義務を生じさせることができるかである。

行政代執行法2条1項括弧書きの「法律の委任に基く命令、規則及び条例を含む」とある部分を文言通りに読むと、「法律の委任に基く」は「命令、規則及び条例」のすべてに係ると読むのが自然であるから、法律の委任に基づく条例によって課せられた義務については代執行が可能となるが、法律の委任に基づかない独自条例（自主条例）によって課せられた義務については代執行ができないことになる。

しかし、これでは地方公共団体の独自条例によって義務を課しても、代執行の担保がなく、独自条例を制定した意味が失われるおそれもあることや、同様な実力行使を伴う即時強制を設けることができることと比較してもバランスを欠くとして、地方自治法14条1項・2項を法律による委任の根拠として肯定する見解もある。

2) 行政代執行における戒告・代執行令書による通知の処分性　代執行は、それに先立ってなされた命令等によって課された行政上の義務の履行を義務者本人に代わって事実として行うものであり、代執行によって義務者本人に対して新たな義務を課し、その権利を制約するものではない。しかし、代執行手続の一環として戒告や代執行令書の通知がなされることによって、代執行の内容等が具体化されその実施がほぼ確実なものとなる。そのため、これらの処分性を認めないと、仮に代執行の要件に不備があった場合でも、事前にこれを阻止する手段が義務者にはないことになり、救済の観点か

らも妥当ではない。そこで、戒告、代執行令書による通知はもとより代執行そのものについても処分性を認めて、取消訴訟の提起を認めるのが有力である。なお、費用納付命令（行政代執行法5条）は、代執行に要した費用について、具体的な金額を定めてその支払を命じるものであるから、別個独立の行政行為である。

　3) **特別の代執行・簡易代執行**　　行政代執行法における要件は、前述したように、実体的にも手続的にも、きわめて厳格な要件となっていることや費用の問題もあって、現実の行政現場では代執行には非常に慎重である。そこで、これらの要件を緩和する特別な代執行を認める例がある。たとえば、廃棄物の処理及び清掃に関する法律17条の7・18条の8などでは、「著しく公益に反すると認められること」という要件が設定されていない。

　また、違法建築物の除却（建築基準法9条11項）や、河川に違法に放置されているプレジャーボートの撤去（河川法75条3項）などにみられるように、除却命令や撤去命令の相手方の存在を確知することができないときは、相当の期間を定めたうえで当該命令によって義務づけられた措置が当該期限内に行われないときには代執行をすることができる旨を公告したうえで、代執行することができるようにしており、これを簡易代執行と呼んでいる。

3　執行罰に対する法的統制

　執行罰は、非代替的作為義務や不作為義務の不履行について、一定の期間内に義務を履行しないときは、過料を科することを通告することによって義務の履行を間接的に強制するものである。

　執行罰は、砂防法36条に唯一の例がみられるにとどまっている。この発動要件は、「私人ニ於テ此ノ法律若ハ此ノ法律ニ基キテ発スル命令ニ依ル義務ヲ怠ルトキハ国土交通大臣若ハ都道府県知事ハ一定ノ期限ヲ示シ若シ期限内ニ履行セサルトキ若ハ之ヲ履行スルモ不充分ナルトキハ五百円以内ニ於テ指定シタル過料ニ処スルコトヲ予告シテ其ノ履行ヲ命スルコトヲ得」と定められている。

　執行罰は、「罰」とは名づけられているが、義務違反の制裁として課され

る行政罰とは異なり、あくまで義務履行を促すためのものであるから、二重処罰の禁止の法理（憲法39条）の適用はなく、義務が履行されるまでは何度でも科すことができる。

執行罰は、義務者本人が過料を支払っても義務を履行しないときはまったく効果がなく、しかも砂防法にあるようにその設定金額が低廉過ぎたため義務履行を促すことにならなかった。そのため、現在では、次章の行政罰によることがほとんどとなっている。

行政側としては、刑罰の対象となる行政法規違反を発見したときは警察や検察に告発し、逮捕・起訴等を促して司法による判断を仰ぐことになる。もっとも、行政刑罰は、刑罰であるため、国家刑罰権を発動するかどうかは警察や検察の独自の判断に基づいてなされることから、必ずしも行政機関の思惑通りになるわけではない。そこで、最近では、義務履行の実効性が確保できるような金額を設定したうえで、執行罰を積極的に利用すべきではないかと主張されている。

4 直接強制に対する法的統制

直接強制は、義務者が義務を履行しないときに、直接身体や財産に実力を行使してその義務履行を実現するものである。この方法では、代替的作為義務、非代替的作為義務を問わず、また不作為義務であっても執行でき、行政側にとっては大変便利な執行方法である。しかし義務者本人にとっては直接身体や財産について実力を行使されるものであるから、人権侵害の危険性が高く、旧行政執行法が施行されていた当時は、実際にそのような弊害もあったため、現在では直接強制を定める一般的法律はなく、ごく限られた個別行政法によって例外的に認められているに過ぎない。

例外的に認められている法律としては、成田国際空港の安全確保に関する緊急措置法3条1項・8項によって、国土交通大臣による工作物の除去について定めるものと、学校施設の確保に関する政令21条により学校施設の使用禁止の強制について定めるものがある。

民事執行では、物の引渡しや土地・建物の明渡しなどにおいて直接強制の

方法が効果的な執行方法として用いられており、同様な事例については行政上の強制執行でも認める必要性が高いため、たとえば裁判所の許可を必要とすることを条件に認めるなどの考え方が示されている。

5　司法上の強制執行との関係

　行政上の義務履行について、法律により特別の強制徴収手続が設定されている場合、あえて一般の民事上の強制執行によることは許されるのかという問題がある。

　農業共済組合に保険料等の徴収について、民事訴訟の手続を利用できるかが問題となった事件（裁判例3-4-1）において最高裁は、法律が、わざわざ簡易迅速な強制徴収の方法を設けているのであれば、その方法によるべきであって、民事上の債権と同じように司法裁判所に訴えを提起して債務名義を得て、そのうえで民事執行を行うという迂遠な方法をとることは許されないとしている。

　それでは、義務の内容からみて行政上の強制執行ができない場合に司法的執行を求めることができるか。この点が問題となったのが、いわゆる宝塚市パチンコ条例事件（裁判例3-4-2）である。これは、地方公共団体の長（宝塚市長）が、条例に基づき業者に建築工事の中止命令（不作為義務を課す命令）を発したが、業者がこれに従わなかったことから、宝塚市が工事の続行禁止を求める民事訴訟を提起した事案である。

　業者に課された義務は、建築工事の中止という不作為義務であるから、代執行はできず、しかも条例で執行罰や直接強制を設けることはできないから、この中止命令によって課した義務を履行させる方法は、行政法上はなかった場合である（通常、このような場合を想定して行政刑罰が用意されているが、本件条例ではそれも定められていなかった）。この点については、さまざまな議論があるが、最高裁は、地方公共団体のような行政主体が、行政上の義務履行確保の手段として、裁判所に訴えて司法上の執行を求めることはできないと判断した。

6　行政上の強制徴収に対する法的統制

　定型的で大量に発生する税金は、確実かつ速やかにこれを徴収する必要があるため、納税義務者に対しては次のような滞納処分がなされる。
　まず、国税通則法に基づいて、①納税の告知（国税通則法36条1項）、②督促（同法37条1項）がなされる。これによっても税金の納付がない場合は、国税徴収法に基づいて、③財産の差押え（国税徴収法47条以下）がなされ、④差押財産の公売等による換価（同法89条以下・94条以下）を経て、⑤換価代金の配当（同法128条以下）がなされる。国税徴収法による財産の差押え⇒換価⇒配当の手続を滞納処分と呼んでいる。
　この国税滞納処分の手続は、地方税の徴収（地方税法48条1項）に準用されるほか、その他の国または地方公共団体の金銭債権（国民年金法95条、行政代執行法6条1項）の徴収手続としても利用されている。

7　即時強制に対する法的統制

　即時強制は、前述のように明治憲法下で、警察強制として労働運動や反政府活動の弾圧のために濫用されたこともあり、現在では、公共の安全維持などの重要な行政目的達成のために、行政による迅速な対応が必要とされるような場合を念頭に、警察官職務執行法などの個別行政法において厳格な要件の下に行使することが認められている。
　警察官職務執行法では、①精神錯乱や泥酔など自己または他人の生命、身体、財産に危害を及ぼすおそれがある場合や迷子等応急の救護を要する場合になされる保護（3条）、②天災等によって危険な事態がある場合における避難措置等（4条）、③犯罪の予防の警告とその制止（5条）、④天災・犯罪の予防等のための他人の土地、建物、船車への立ち入り（6条）、⑤一定の要件での武器使用（7条）が定められている。
　そのほか、財産に対する即時強制としては、道路交通法によるレッカー移動（51条3項）、違法工作物の除去（81条2項）、銃砲刀剣類所持等取締法による銃砲等の仮領地（11条7項）などがある。また、人に対する即時強制とし

ては、精神保健及び精神障害者福祉に関する法律による措置入院（29条1項）、感染症法に基づく強制健康診断（17条）、強制入院（19条）などがあり、それぞれ、個別行政法において、その要件が規定されている。

8 公表に対する法的統制

前述のように、義務を履行しない者の氏名や企業名・住所等を公表することによって、行政上の義務の履行を確保する方法が設けられている。この公表という制度は、行政上の強制執行のみを念頭に置いて制定された行政代執行法の制定当時（昭和23年）にはまったく想定されなかった新しい義務履行確保の方法である。

公表それ自体は、一般消費者に対して情報を提供するという意味合いがあるが、他方で公表される側にとっては事業者としての信用問題にもなりかねず、義務を履行しないと一種の制裁としての氏名等の公表がなされるという心理的な圧迫をかけられることになる。このように、公表には義務履行を間接的に強制される側面がある以上、法律の根拠が必要であると理解すべきである。

また、条例によって義務を課す場合に、その履行確保の手段として執行罰や直接強制を条例によって創設することができないことは前述した。それでは公表という義務履行確保の方法を、条例で創設することは許されるかが問題となる。行政代執行法1条は、「行政上の義務の履行確保に関しては、別に法律で定めるものを除いては、この法律の定めるところによる」と規定しているが、ここで予定していたのは執行罰と直接強制という行政上の強制執行であって、公表のような新しい制度はその想定外にあるものと考えられるから、許されると理解すべきであろう。

● 裁 判 例

3-4-1 行政上の強制執行と民事上の強制執行　バイパス理論（最大判昭和41・2・23民集20巻2号320頁）

［事実］　茨城県を区域とする農業共済組合連合会（X）は、下妻市農業共済組合（A）を構成員とし、YはAの組合員であった。XはAに対して農業共済保険料・

賦課金等の債権を有しており、AはYに対して共済掛金、賦課金、拠出金の各債権を有している。AのYに対する各債権については、行政上の強制徴収を行うことが認められていたが、XのAに対する各債権にはかかる権能は認められていなかった。ところで、Aは組合員らからの共済掛金等以外の余裕財源がなかったため、これら共済掛金等の遅滞があるとAはXに保険料等を支払うことができなかった。そこで、Xは、Aに対する債権を保全するために、AのYに対する共済掛金等を代位して行使することとして、民事訴訟を提起した。

第1審は、行政上の強制徴収が可能な債権については、民事訴訟による強制執行は認められないとして訴えを却下し、第2審もこれを支持したため、Xが上告。

上告棄却。

[判旨]「農業共済組合が組合員に対して有するこれら債権について、法が一般私法上の債権にみられない特別の取扱いを認めているのは、農業災害に関する共済事業の公共性に鑑み、その事業遂行上必要な財源を確保するためには、農業共済組合が強制加入制のもとにこれに加入する多数の組合員から収納するこれらの金円につき、租税に準ずる簡易迅速な行政上の強制徴収の手段によらしめることが、もつとも適切かつ妥当であるとしたからにほかならない。

論旨は、農業災害補償法87条の2がこれら債権に行政上の強制徴収の手段を認めていることは、これら債権について、一般私法上の債権とひとしく、民訴法上の強制執行の手段をとることを排除する趣旨ではないと主張する。

しかし、農業共済組合が、法律上特にかような独自の強制徴収の手段を与えられながら、この手段によることなく、一般私法上の債権と同様、訴えを提起し、民訴法上の強制執行の手段によってこれら債権の実現を図ることは、前示立法の趣旨に反し、公共性の強い農業共済組合の権能行使の適正を欠くものとして、許されないところといわなければならない」。

[ワンポイント解説] 行政上の強制徴収が個別行政法によって認められている債権について、裁判所による民事訴訟・執行を認めることができないとした判決である。

3-4-2 宝塚市パチンコ条例事件（条例上の義務と司法的執行、最判平成14・7・9民集56巻6号1134頁）

[事実] 宝塚市（X）は、「宝塚市パチンコ店等、ゲームセンター及びラブホテルの建築等の規制に関する条例（昭和58年宝塚市条例第19号。以下「本件条例」という）を制定し、パチンコ店等の建築等をしようとするものは、市長の同意（3条）が必要であり、市長は施設の位置が市街化調整区域であるときおよび商業地域以外の用途地域であるときは同意しないとされ（4条）、同意なく建築を進めようとする者に対して、市長は、建築の中止、原状回復等を命ずることができる（8条）と規定されていた。

X市内においてパチンコ店を営むことを計画したYは、市長に同意を申請した

が、市長は、建設予定地が準工業地域にあることから同意を拒否した。Yは同意を得られないまま、X市の建築主事に建築確認を申請したところ、建築主事は市長の同意書の添付がないことを理由に受理を拒否したため、市の建築審査会に審査請求を行い、審査請求を認容する裁決を得て、建築主事から建築確認を得た。

Yは、パチンコ店の建築工事に着手したため、市長はYに対して、本件条例8条に基づき、その建築工事の中止命令を発したが、Yがこれに従わないため、XがYに対し同工事を続行してはならない旨の民事訴訟を提起した。

第1審は、本件訴えを適法なものと扱ったうえで、本件条例は風営法等に違反し無効であるとして請求を棄却し、第2審もこれを支持し、Xの控訴を棄却したため、Xが上告。

破棄自判（訴えを却下）。

[**判旨**]「行政事件を含む民事事件において裁判所がその固有の権限に基づいて審判することのできる対象は、裁判所法3条1項にいう『法律上の争訟』、すなわち当事者間の具体的な権利義務ないし法律関係の存否に関する紛争であって、かつ、それが法令の適用により終局的に解決することができるものに限られる（最高裁昭和51年（オ）第749号同56年4月7日第3小法廷判決・民集35巻3号443頁参照）。

国又は地方公共団体が提起した訴訟であって、財産権の主体として自己の財産上の権利利益の保護救済を求めるような場合には、法律上の争訟に当たるというべきであるが、国又は地方公共団体が専ら行政権の主体として国民に対して行政上の義務の履行を求める訴訟は、法規の適用の適正ないし一般公益の保護を目的とするものであって、自己の権利利益の保護救済を目的とするものということはできないから、法律上の争訟として当然に裁判所の審判の対象となるものではなく、法律に特別の規定がある場合に限り、提起することが許されるものと解される。そして、行政代執行法は、行政上の義務の履行確保に関しては、別に法律で定めるものを除いては、同法の定めるところによるものと規定して（1条）、同法が行政上の義務の履行に関する一般法であることを明らかにした上で、その具体的な方法としては、同法2条の規定による代執行のみを認めている。また、行政事件訴訟法その他の法律にも、一般に国又は地方公共団体が国民に対して行政上の義務の履行を求める訴訟を提起することを認める特別の規定は存在しない。したがって、国又は地方公共団体が専ら行政権の主体として国民に対して行政上の義務の履行を求める訴訟は、裁判所法3条1項にいう法律上の争訟に当たらず、これを認める特別の規定もないから、不適法というべきである。

本件訴えは、地方公共団体であるXが本件条例8条に基づく行政上の義務の履行を求めて提起したものであり、原審が確定したところによると、当該義務がXの財産的権利に由来するものであるという事情も認められないから、法律上の争訟に当たらず、不適法というほかはない」。

[**ワンポイント解説**] 行政主体が、行政上の義務履行確保の手段として、裁判所に訴えて司法上の執行を求めることはできないとした判決である。

第5章 行政罰

第1節　行政罰の意義・種類

　行政罰とは、行政上の義務違反（義務の不履行）に対する制裁である。行政罰は、過去の行政上の義務違反に対する制裁であるから、将来における義務の履行を間接的に強制する執行罰とはその本質を異にしている。その意味で、行政上の義務履行確保の方法とはいえないが、義務を履行しないと制裁が科されるという心理的な圧迫をかけることによって、間接的に義務の履行を確保するという機能を有している。また、行政罰は、行政上の義務違反に対して科される制裁である点で、殺人や強盗などの刑事犯に対して科される刑事罰と異なっているし、公務員関係などの特別な法律関係に基づいた制裁として科される懲戒罰とも異なっている。

　行政罰には、行政刑罰と秩序罰があり、行政刑罰は、刑法に刑名の定めのある刑罰（死刑、懲役、禁固、罰金、拘留、科料）を用いる罰であるが、秩序罰は、刑法に刑名の定めがない罰（過料）を用いる罰である。

　現在、行政上の義務履行確保の方法としては、代執行が原則となっており、例外的に執行罰、直接強制を認めるにとどまっている。しかも、代執行はその要件が厳格で、執行費用もかさむことから簡単には利用できないなど行政上の強制執行は、行政側にとっても使い勝手のよい制度とはいえない状況である。

　そのこともあって、旧行政執行法の廃止後は、行政上の義務履行確保の方法としては、間接的なものではあるが、もっぱら行政罰が利用されてきたといってよい。

第2節　行政罰に対する法的統制

1　法律の根拠

　行政罰は、生命、身体または財産に対する不利益（罰）を科すものであるから、罪刑法定主義（憲法31条）の観点から、常に法律の根拠が必要である。なお、法律によって、行政罰の制定を、下位の法令に委任することはできるが（同法73条6号）、いわゆる白紙委任が許されないのは第2章（行政立法）で説明した通りである。もっとも、条例に罰則を設けることについては、地方自治法が一般的な委任をしている（地方自治法14条3項・15条2項）。

2　行政刑罰に対する法的統制

(1)　原　　　則

　行政刑罰は、反社会的・反道徳的行為を対象とする刑事罰とは異なり、主として行政上の取締法規違反を対象とする点で形式犯的な側面があるが、刑法に刑名のある刑罰であるから、原則として刑法総則の適用がある（刑法8条）とともに、行政刑罰を科すためには刑事訴訟法の手続によらなければならない。なお行政刑罰も刑罰であるから、二重処罰の禁止（憲法39条）の観点から、刑事罰と行政刑罰との併科は禁止される。

　なお、法人税法の追徴税とほ脱犯として罰金の刑事罰を受けたことが二重処罰にあたるとして争った事件（最大判昭和33・4・30民集12巻6号938頁）において最高裁は、脱税に対する刑罰としての罰金と追徴税を併科することは、憲法39条で定める二重処罰の禁止に反しないとした。また、独占禁止法は、課徴金の対象となる違反行為（7条の2）について、刑事罰も規定されており（89条）、しかも両罰規定（95条）も存在するため、事業者が違反行為を行って、ときには課徴金と罰金とが併科されることがあるため、これが二重処罰にあたるとして争った事件（最判平成10・10・13判時1662号83頁）でも、憲法39条等に違反しないことを最高裁は明示した。

(2) 特　　則

個別行政法で刑罰法規について刑法総則の特則を設けている場合がある。たとえば、法人処罰（自然人たる個人ではなく法人も処罰の対象とされる場合・所得税法243条、道路交通法123条など）や両罰規定（従業員を処罰した場合に合わせて事業者を処罰する場合・労働基準法121条など）などである。

両罰規定における事業者の責任が問われた事件（最大判昭和32・11・27刑集11巻12号3113頁）では、事業主が従業員による脱税に加担していないにもかかわらず、従業員が行った違反行為について両罰規定によって処罰される根拠をどのように理解すべきかに争われた。従前の判例では無過失責任説（大判昭和17・9・16刑集21巻417頁）がとられていたが、責任主義の観点から、最高裁は、過失推定説をとることを明らかにした。

(3) 行政上の特別な手続

行政刑罰を科すためには刑事訴訟手続によることが必要であるが、対象となる違反行為が比較的定型的類型的なもので、その件数の多さなどから簡易迅速な処理になじむものについては、例外的に行政上の特別な手続が設けられている。たとえば、国税犯則取締法による通告処分制度、道路交通法による交通反則金制度などである。

交通反則金納付通告事件（**裁判例3-5-1**）において最高裁は、道路交通法による交通反則金納付の通告について、行政処分性を否定して抗告訴訟の対象とはならないことを示した。反則金納付を争う場合には、行政訴訟（抗告訴訟）の手段をとることはできず、原則に戻って、刑事手続に進んだうえで無罪を争う必要があることになる。

なお、交通違反については、交通事件即決裁判手続法による即決裁判手続も同様の趣旨によるものであるが、これは刑事訴訟法の特別法であって、罰金・科料を科すための簡易手続を定めるに過ぎないためほとんど利用されていない。

3 秩序罰に対する法的統制

秩序罰も行政上の義務違反に対して科される制裁であるが、その義務が比

図表 12　行政刑罰と秩序罰の比較

	行政刑罰	秩序罰
法令の根拠	必要	必要
制裁の性質	刑事罰	過料（行政処分）
対象	重要な行政上の義務違反	軽微な義務違反
刑法総則の適用	適用される 特則あり（法人処罰・両罰規定）	適用されない
責任主義	妥当する（原則的に過失必要）	妥当しない
刑事罰との併科	併科禁止	併科可能
手続	刑事訴訟法によるのが原則。ただし簡便化した手続として、①略式手続（刑訴法461条以下）、②交通事件即決裁判手続（刑訴法350条の2以下）がある。	・法令違反に対し国が科す場合（住民基本台帳法53条2項など）は、非訟事件手続法による。 ・条例・規則違反に対し地方公共団体が科す場合は、地方自治法により、長の行政処分による。タバコのポイ捨て条例など。
特別な仕組み	国税徴収法の通告処分制度（国税犯則取締法14条） 道路交通法の交通反則金制度（道路交通法125条以下）	

　較的軽微な届出義務違反（住民基本台帳法53条2項、戸籍法135条）などを想定している点で、行政刑罰とは異なっている。また科されるのは過料であって、刑法に刑名のある刑罰ではないから、刑法総則の適用も、刑事訴訟法も適用されない。

　秩序罰と刑罰はその目的や要件および実現の手段を異にしており必ずしも二者択一の関係にないことから併科は禁止されないと解されている。

　過料は、法律・命令違反行為について国が科す場合は、非訟事件手続法（206条以下）が適用される。ただし、地方公共団体の条例・規則違反行為について地方公共団体が科す場合は、当該地方公共団体の長による過料の処分としてなされる（地方自治法255条の3）。

　行政刑罰と秩序罰の違いは**図表12**のように整理することができる。

第3部　行政作用法

● 裁　判　例

3-5-1　交通反則金納付通告事件（最判昭和57・7・15民集36巻6号1169頁）

[事実]　Xは、大阪府警所属の警察官から自家用貨物自動車の違法駐車を現認されたが、交通反則告知書の受領を拒んだため、現行犯逮捕された。Xは、警察署に連行されてから、違法駐車を否認していたが、翌日、反則金を仮納付して釈放された。その後、大阪府警察本部長（Y）は、Xに対して道路交通法127条1項・129条2項に基づき、反則金5000円の納付を公示通告した。これに対して、Xは、違法駐車をしたのはXの部下であるとして、本件通告の取消訴訟を提起した。第1審は、本件通告の処分性を認めたうえでXの請求を棄却したが、第2審は、本件通告の処分性を否定したのでXが上告。

　上告棄却。

[判旨]　「道路交通法127条1項の規定による警察本部長の反則金の納付の通告（以下「通告」という。）があっても、これにより通告を受けた者において通告に係る反則金を納付すべき法律上の義務が生ずるわけではなく、ただその者が任意に右反則金を納付したときは公訴が提起されないというにとどまり、納付しないときは、検察官の公訴の提起によって刑事手続が開始され、その手続において通告の理由となった反則行為となるべき事実の有無等が審判されることとなるものとされているが、これは上記の趣旨を示すものにほかならない。してみると、道路交通法は、通告を受けた者が、その自由意思により、通告に係る反則金を納付し、これによる事案の終結の途を選んだときは、もはや当該通告の理由となった反則行為の不成立等を主張して通告自体の適否を争い、これに対する抗告訴訟によってその効果の覆滅を図ることはこれを許さず、右のような主張をしようとするのであれば、反則金を納付せず、後に公訴が提起されたときにこれによって開始された刑事手続の中でこれを争い、これについて裁判所の審判を求める途を選ぶべきであるとしているものと解するのが相当である。もしそうでなく、右のような抗告訴訟が許されるものとすると、本来刑事手続における審判対象として予定されている事項を行政訴訟手続で審判することとなり、また、刑事手続と行政訴訟手続との関係について複雑困難な問題を生ずるのであって、同法がこのような結果を予想し、これを容認しているものとは到底考えられない」。

[ワンポイント解説]　道路交通法による交通反則金納付の通告の処分性を否定した判決である。反則金納付を争う場合には、行政訴訟（抗告訴訟）の手段をとることはできず、原則に戻って、刑事手続に進んだうえで無罪を争う必要があることを示した。

第6章 行政契約

第1節 行政契約の意義・種類

1 意　　義

　行政契約は、主として行政主体が行政目的を達成するために締結される契約である。行政主体が、公法上の法律関係の設定、変更、廃止を目的としてなされる契約を公法契約と呼んでいるが、それよりも広い概念である。行政契約は、行政行為のように公権力が一方的に権利を制限し、義務を課すものではなく、当事者の合意に基づいて、行政主体間あるいは行政主体と私人の間に、具体的な権利・義務または法律関係を生じさせる行為形式の1つである。

　明治憲法下では、ガス、電気、鉄道などのインフラ整備を進めるにあたって、市町村とガス、電気、鉄道会社などの独占的企業との間で、市町村が企業に対して敷地の占用権の付与や占用料や税の免除などの一定の行政上の便益を提供することと引き換えに、納付金の納付、市の監督に服すること、公共料金の割引などの提供を受けることなどを内容とする契約が締結された（これを報償契約と呼んでいる）が、これがわが国における行政契約の始まりといわれている。

2　行政契約の具体例

　行政契約には、主として行政主体間の契約、行政主体と私人の契約がある。

(1) 行政主体間の契約

行政主体間の契約としては、国有地を地方公共団体が介護施設の建設のために購入する場合のように民法上の契約としてなされることもあるが、法令に基づいて特別な契約が締結される場合もある。たとえば、地方公共団体間で、ある特定の事務（小中学校の教育事務の委託）を委託する場合である（地方自治法252条の14、学校教育法40条・49条）。

(2) 行政主体と私人との契約

行政主体と私人との契約にはさまざまなものがある。道路整備などの公共事業のために私人が所有する土地を買収する契約、庁舎や道路・橋梁などの建設のために建設会社と締結する建築請負契約、国や地方公共団体が備品（机や椅子、事務用品など）を購入する契約など、行政を遂行するための必要な物的手段を調達するような分野（準備行政と呼ばれる）において、行政契約は顕著にみられる。そのほか、国有財産や公有財産を私人に売却し、あるいは利用させる場合に売買や賃貸借契約等が締結されるときもある。また、公営地下鉄やバス事業、水道事業などの行政主体が私人に対して一定のサービスを提供する際の運送契約や利用契約、補助金交付における贈与契約など、給付行政においても行政契約という行為形式は使われている。また、道路一体物に関する協定（道路法47条の8）、風景地保護協定（自然公園法43条）、宅地開発協定や公害防止協定のように、特定の私人の権利を制限し、義務を課すことを内容とする契約が締結される場合もある。

(3) 私人間の契約への関与

なお、私人間の契約について行政が許認可等を与えることで、契約当事者以外の第三者に対しても効力を及ぼすという仕組みをとるものもある。たとえば、建築協定（建築基準法69条以下）、緑地協定（都市緑地法45条以下）、景観協定（景観法81条以下）などである。これは行政主体が、直接契約当事者となるわけでないが、行政主体が一定の行政目的を実現するために私人間の契約に関与するという意味で行政契約の延長線上にあるといえる。

3 行政契約の分類

　行政契約の分類については、法律に根拠があるか否かで分けるもの、侵害行政における行政契約と給付行政における行政契約で分類するもの、あるいは規制的な内容かそうでない内容かで分けるものなど、どのような視点で類型化するかはさまざまな考え方がある。

　先に具体例としてあげた行政契約を、上に述べた視点で分類することを試みると次のようになると思われる。

　法律（個別行政法）に根拠がある行政契約としては、道路一体物に関する協定（道路法47条の8）、景観管理協定（景観法36条）、風景地保護協定（自然公園法43条）などがある。また、建築協定（建築基準法69条以下）、緑地協定（都市緑地法45条以下）、景観協定（景観法81条以下）などもここに含めることができよう。また行政主体間における契約（地方自治法252条の14）もこれに含まれる。これに対して、宅地開発協定や公害防止協定は、法律に根拠がない行政契約である。

　私人の権利を制限し義務を課すという規制的内容の行政契約は、いわゆる侵害行政における行政契約とほぼ重なり、法律に根拠がある行政契約としてあげた上記の協定等は、いずれもこれに分類することができよう。

　他方、規制的な内容ではない行政契約としては、①準備行政に関してなされる行政契約（土地買収契約、建築請負契約、備品の購入契約など）、②電車・バス・水道などの行政サービスを提供するという給付行政における行政契約、③国有財産・公有財産の譲渡・賃貸に関する契約に分けることができる。

第2節　法的統制

1　法律の根拠

　行政契約は、その内容が国民の権利を制限し、義務を課すものであっても、当事者の合意に基づくものなので、法律の根拠は必要ないと考えてよい。か

つては、行政上の監督権限など行政主体でなければなしえない事項については、法律上の明文の根拠がない限り締結できないとの考え方もあったが、現在では、法律の根拠がなくても、法令に違反しない限り契約の締結は可能であると考えられている。もっとも、行政契約によることが許されるかどうかは、当該法令が、国民の権利義務を行政行為によって決定すべきことを要求しているか否かをその仕組みをふまえて慎重に判断する必要があろう。

公害防止協定が廃棄物処理法に違反するかどうかが争われた福間町公害防止協定事件（**裁判例3-6-2**）では、協定で定められた産業廃棄物処理施設の使用期限条項が廃棄物処理法の趣旨に違反しないと判断された。

なお、法律に根拠がある行政契約の場合は、どのような内容の契約を締結するかについて法律に規定があるから（たとえば道路法47条の8第1項1～7号で定める事項）、その法律の規定に適合していることが必要となるのは当然である。

2　行政契約の性質

行政契約の性質については、私法契約説と公法契約説、特殊契約説などの議論がなされてきた。しかし、行政契約は、その締結主体が行政主体であることに着目して考えられた概念であり、その契約の内容に着目して考えられたものではないから、全体として私法契約であるとか、公法契約であると考えるのは妥当ではなく、行政契約の各条項の具体的な内容に応じて、その性質と効力を判断すべきである。たとえば監督規制権限など行政主体でなければなしえない内容に関するものであるときは、法律による行政の原理の観点から契約方式によることが可能なのかを法律の趣旨・目的から具体的に判断すべきである。これに対して、私人でも実現できるような内容のときは、私法上の契約としてその効力について検討することになる。

3　法的統制の特質

(1)　行政法の一般原則と契約自由の原則

行政契約は、主として行政主体が契約当事者となって行政目的を達成する

ために締結されるものであるから、複数の私人との間での公平性・公正性を確保する必要があるとともに、一定の行政目的達成のために必要かつ合理的な内容であることが必要である。その意味で、行政法の一般原則である平等原則や比例原則が妥当する。また、契約の対価として支払われる金銭は租税等によって国民や住民が拠出したものであるから、無駄遣いをせずに最小限の費用で最大限の効果を生じるように経済性・効率性に留意しなければならない。そして、契約の公平性・公正性はもちろん、経済性・効率性を実現するためにも、契約締結過程の透明性を実現することが重要である。

水道契約において別荘に係る給水契約者とそれ以外の給水契約者で水道料金の設定に差を設けた条例の違法性が争われた高根町簡易水道事業条例事件（**裁判例3-6-1**）では、合理的理由のない差別的取扱いであるとして平等原則（地方自治法244条）に違反する無効なものと判断された。

また、水道事業者である福岡県志免町が、大規模マンションの開発業者からの給水契約の申込みを拒否することは、水道法15条1項の「正当な理由」があるといえるかが争われた事件（最判平成11・1・21民集53巻1号13頁）で、最高裁は、給水事業の円滑な運営の観点から給水契約の締結を拒否することは許されるとした。

このように、行政契約では①公平性・公正性、②経済性・効率性、③透明性を、それぞれ確保することが必要であり、その点で、民法上の契約自由の原則は修正されている。そのため、国や地方公共団体が締結する契約については、法律・条例等によって一定の規律がなされている。

(2) 会計法・地方自治法による統制

1) 一般競争入札　国や地方公共団体が、売買、貸借、請負その他の契約を締結するときは、原則として一般競争入札の方法によらなければならない（会計法29条の3第1項・29条の5第1項、地方自治法234条2項）。一般競争入札は、入札参加者を限定せずに行われる競争入札であり、予定価格の制限の範囲内で国または地方公共団体にとってもっとも有利な価格を提示した者が落札することになる（会計法29条の6、地方自治法234条3項）。一般競争入札が、原則になっているのは、契約締結の公平性、公正性、経済性・効率性、透明

性の確保の要請にもっとも合致するからである。

　もっとも、一般競争入札では、契約の履行について能力の不十分な者、不誠実な者が契約をする危険性もあるが、入札保証金（会計法29条の4、地方自治法234条4項）、契約保証金（会計法29条の9、地方自治法234条の2第2項）を活用することで対応することが可能である。

　2）　指名競争入札　　指名競争入札は、競争契約方式のうち、契約主体があらかじめ指名した競争参加者のみにより競争入札を行う方式である。これは契約の性質または目的による競争に加わるべき者が少数である場合や一般競争入札を行うことが不利と認められる場合などに行われる（会計法29条の3第3項、地方自治法234条2項）。どのような場合に指名競争入札によることができるかは、予算決算及び会計令94条、地方自治法施行令167条が定めている。

　指名競争入札は、信頼性の高い者を選択し、不誠実な者や能力不足の者を排除することができることと、入札手続が一般競争入札に比べると簡略化できる点にメリットがあるが、指名が恣意的になされたり、指名業者による談合が行われやすいなどのデメリットもある。村内業者では対応できない工事のみ村外業者を指名するという運用の違法性が争われた事件（最判平成18・10・26判時1953号122頁）について、最高裁は、かかる運用について、常に合理性があり裁量権の範囲内であるとはいえないとしている。

　3）　随　意　契　約　　随意契約は、文字通り相手方を選択して随意にこれと契約を締結するもので競争によらない契約締結の方式である。随意契約は、契約の性質または目的が競争を許さない場合や緊急な必要により競争に付することができない場合および競争に付すことが不利と認められるときである（会計法29条の3第4項、地方自治法234条2項）。どのような場合に随意契約によることができるかは、予算決算及び会計令99条、地方自治法施行令167条の2が定めている。

　随意契約は、発注者である国や地方公共団体からみてもっとも適切と考えている者を選択できることと、契約締結の事務手続がもっとも簡単であることがメリットであるが、特定の業者と癒着したり、不正が行われやすいこと

などがデメリットである。

　ゴミ処理施設の建設工事請負契約を随意契約によって締結したことの違法性が争われた事件（最判昭和62・3・20民集41巻2号189頁）で、最高裁は、地方自治法施行令167条の2第1項に該当するか否かは、契約担当者の合理的な裁量判断により決定されると判断している。

　また、随意契約によって締結した土地売買契約が、地方自治法234条2項、地方自治法施行令167条の2第1項に違反する違法な契約であったときの私法上の効力が争われた事件（最判昭和62・5・19民集41巻4号687頁）で、最高裁は、地方自治法に違反する違法な契約であったとしても、私法上の契約として当然に無効とはならないとしている。

(3)　国有財産・公有財産の譲渡・貸付け等に対する統制

　国有財産、公有財産の管理・処分について、国有財産法、地方自治法がそれぞれ法的統制を行っている。

　1)　普通財産の場合　　国有財産・公有財産は、それぞれ行政上の目的に供されていないものを普通財産、行政上の目的に供されるものを行政財産として分けている（国有財産法3条、地方自治法238条4項）。

　普通財産は、行政上の目的に供されていないから、貸し付け、交換し、売り払い、譲与し、これに私権を設定することができる（国有財産法20条、地方自治法238条の5）。なお、貸付け中に、当該普通財産を行政上の目的に供する必要が生じたときは、契約を解除することができるが（国有財産法24条1項、地方自治法238条の5第4項）、その場合には借受人に損失補償請求を認めて（国有財産法24条2項、地方自治法238条の5第5項）、利益の調整をはかっている。

　2)　行政財産の場合　　行政財産は、行政上の目的に供されるものであるから、原則として、貸し付け、交換し、売り払い、譲与し、これに私権を設定することはできない（国有財産法18条1項、地方自治法238条の4第1項）。ただし、行政財産としての用途または目的を妨げない限度で、貸し付けまたは私権の設定が認められることがある（国有財産法18条2項、地方自治法238条の4第2項）。なお、契約の解除や損失補償についても、普通財産と同様の扱いとなっている（国有財産法19条、地方自治法238条の4第5項）。

(4) その他の法的統制

なお、道路一体物に関する協定（道路法47条の8）、景観管理協定（景観法36条）、風景地保護協定（自然公園法43条）などの法律に根拠のある行政契約については、それぞれ道路法、景観法、自然公園法など個別行政法で契約の内容等について法的統制がなされている。

そのほか、行政契約について重要な個別行政法としては、公共工事の入札及び契約の適正化の促進に関する法律（公共工事入札契約適正化法）や、政府契約の支払遅延防止等に関する法律（政府契約支払遅延防止法）をあげることができる。

公共工事入札契約適正化法は、「国、特殊法人等及び地方公共団体が行う公共工事の入札及び契約について、その適正化の基本となるべき事項を定めるとともに、情報の公表、不正行為等に対する措置、適正な金額での契約の締結等のための措置及び施工体制の適正化の措置を講じ、併せて適正化指針の策定等の制度を整備すること等により、公共工事に対する国民の信頼の確保とこれを請け負う建設業の健全な発達を図ること」を目的としている（1条）。同法は、国または地方公共団体を通じた公共部門の工事の入札・契約について、1つの法律で規律している点に特徴がある。

政府契約支払遅延防止法は、「政府契約の支払遅延防止等その公正化をはかるとともに、国の会計経理事務処理の能率化を促進し、もつて国民経済の健全な運行に資すること」を目的としている（1条）。また、「『政府契約』とは、国を当事者の一方とする契約で、国以外の者のなす工事の完成若しくは作業その他の役務の給付又は物件の納入に対し国が対価の支払をなすべきもの」（2条）とされているから、政府が有償で行う政府調達を対象とする契約がこの法律の対象となっている。しかも、この法律の規定は、一部を除いて、地方公共団体のなす契約にも準用される（14条）から、国と地方公共団体が行う政府調達に関する契約を規律している。

4 行政契約に関する司法的な統制

(1) 住民監査請求・住民訴訟による統制

地方公共団体が当事者となって締結する行政契約については、当該地方公共団体の住民が、住民監査請求・住民訴訟（地方自治法242条・242条の2）によって、財務会計行為としての行政契約の妥当性・違法性について統制をすることができる。

これまでも、多くの住民訴訟によって行政契約に対する司法的な統制がなされてきており、前述したごみ処理施設の建設工事請負契約を随意契約によって締結したことの違法性が争われた事件（最判昭和62・3・20民集41巻2号189頁）は、住民訴訟として争われたものである。

なお、国が当事者となって締結する行政契約については、住民監査請求・住民訴訟に相当する法的仕組みはない。

(2) その他の訴訟による統制

行政契約は、一般的には行政処分性を否定されるから、抗告訴訟で争うことはできない。そのため、行政契約が訴訟において争われる場合は、民事訴訟によることになる。前述した福間町公害防止協定事件（**裁判例3-6-2**）では、協定で定められた産業廃棄物処理施設の使用期限条項の履行（廃棄物処分場の使用の差止め）を求めたものであり、水道契約において別荘に係る給水契約者とそれ以外の給水契約者とで水道料金の設定に差を設けた条例の違法性が争われた高根町簡易水道事業条例事件（**裁判例3-6-1**）も、水道料金の債務不存在確認訴訟・不当利得返還請求訴訟として争われたものである。また、村内業者では対応できない工事のみ村外業者を指名するという運用の違法性が争われた事件（最判平成18・10・26判時1953号122頁）も、損害賠償請求訴訟として争われたものである。

● 裁 判 例

3-6-1 高根町簡易水道事業条例事件（最判平成18・7・14民集60巻6号2369頁）

［事実］　Xらは、山梨県の旧高根町（Y・後に町村合併により北杜市に承継）の区域

内に別荘を所有（住民台帳には記録されていない）し、同町との間で給水契約を締結していた。

　旧高根町では、同町の簡易水道条例を制定した当初から同町の住民台帳に記録されていない給水契約者（別荘の住民）の基本料金を、住民台帳に記録されている住民と比べて割高に設定していた。

　その後、平成10年4月1日、同条例の一部改正に伴って、同条例の別表を改定した際に、住民台帳に記録されていない給水契約者（別荘の住民）の基本料金を大幅に引き上げた。すなわち、別荘に係る給水契約者の1ヵ月の基本料金は3000円から5000円に増額（水道メーターの口径が13mm）されたが、別荘以外の給水契約者の基本料金は1300円から1400円に増額されたにとどまるものであった。

　同町内に別荘を所有し、Yと給水契約を締結しているXらは、Yを被告として、前記条例の別表の無効確認、料金改定前後の差額分の債務不存在確認と不当利得返還請求、簡易水道の給水停止の禁止を求めて出訴した。

　第1審は、Xらの請求をすべて棄却したが、第2審は、条例制定行為の処分性を認めてほぼXらの請求を認容したため、Yが上告。

　一部破棄自判。一部上告棄却。

［判旨］　「普通地方公共団体が経営する簡易水道事業の施設は地方自治法244条1項所定の公の施設に該当するところ、同条3項は、普通地方公共団体は住民が公の施設を利用することについて不当な差別的取扱いをしてはならない旨規定している。

　ところで、普通地方公共団体が設置する公の施設を利用する者の中には、当該普通地方公共団体の住民ではないが、その区域内に事務所、事業所、家屋敷、寮等を有し、その普通地方公共団体に対し地方税を納付する義務を負う者など住民に準ずる地位にある者が存在することは当然に想定されるところである。そして、同項が憲法14条1項が保障する法の下の平等の原則を公の施設の利用関係につき具体的に規定したものであることを考えれば、上記のような住民に準ずる地位にある者による公の施設の利用関係に地方自治法244条3項の規律が及ばないと解するのは相当でなく、これらの者が公の施設を利用することについて、当該公の施設の性質やこれらの者と当該普通地方公共団体との結び付きの程度等に照らし合理的な理由なく差別的取扱いをすることは、同項に違反するものというべきである。

　別荘給水契約者は、旧高根町の区域内に生活の本拠を有しないという点では同町の住民とは異なるが、同町の区域内に別荘を有し別荘を使用する間は同町の住民と異ならない生活をするものであることなどからすれば、同町の住民に準ずる地位にある者ということができるから、本件改正条例による別荘給水契約者の基本料金の改定が地方自治法244条3項にいう不当な差別的取扱いに当たるかどうかについて、以下検討する。

　このように給水契約者の水道使用量に大きな格差があるにもかかわらず、Yの

主張によれば、本件改正条例による水道料金の改定においては、ホテル等の大規模施設に係る給水契約者を含む別荘以外の給水契約者の1件当たりの年間水道料金の平均額と別荘給水契約者の1件当たりの年間水道料金の負担額がほぼ同一水準になるようにするとの考え方に基づいて別荘給水契約者の基本料金が定められたというのである。公営企業として営まれる水道事業において水道使用の対価である水道料金は原則として当該給水に要する個別原価に基づいて設定されるべきものであり、このような原則に照らせば、Yの主張に係る本件改正条例における水道料金の設定方法は、本件別表における別荘給水契約者と別荘以外の給水契約者との間の基本料金の大きな格差を正当化するに足りる合理性を有するものではない。また、同町において簡易水道事業のため一般会計から毎年多額の繰入れをしていたことなど論旨が指摘する諸事情は、上記の基本料金の大きな格差を正当化するに足りるものではない。そうすると、本件改正条例による別荘給水契約者の基本料金の改定は、地方自治法244条3項にいう不当な差別的取扱いに当たるというほかはない。

　以上によれば、本件改正条例のうち別荘給水契約者の基本料金を改定した部分は、地方自治法244条3項に違反するものとして無効というべきである。そうすると、憲法14条1項違反等の点について判断するまでもなく、Xらは別荘給水契約者に係る本件別表所定の基本料金と本件改正条例による改定前の基本料金との差額分について支払義務を負うものではないから、同差額分に関する未払水道料金の債務不存在確認及び支払済みの水道料金相当額の不当利得返還並びにXらのうち未払水道料金がある者に対する簡易水道の給水停止の禁止を求めるXらの請求を認容した原審の判断は、結論において是認することができる」。

[ワンポイント解説]　Yが営む簡易水道事業の施設は、地方自治法244条1項の「公の施設」であり、別荘に係る給水契約者（別荘の住民）も、住民に準ずる地位にあたるとしたうえで、別荘に係る給水契約者の水道料金を、それ以外の給水契約者に比べて大幅に高くする条例の一部が、合理的な理由のない差別的取扱いであるとして、地方自治法244条に違反する無効なものとした判決である。行政契約の1つである水道契約についても平等原則が適用されることを示したものである。

3-6-2　福間町公害防止協定事件（最判平成21・7・10判時2058号53頁）
[事実]　Yは、福岡県知事から廃棄物処理法に基づく産業廃棄物処分業の許可を受けている有限会社であるが、平成元年1月ごろ、廃棄物処理法15条1項に従い、福岡県下の福間町（X・合併によって現・福津市）に、産業廃棄物処理施設（以下「処理施設」という）である本件処分場を設置する旨を福岡県知事に届け出て、これを設置し、その使用を開始した（なお同項は、平成3年法律第95号により、処理施設の設置については知事の許可を要するものと改正され、Yは、平成3年法律第95号附則5条1項により、本件処分場の設置について福岡県知事の許可を受けたものとみなされ

た）。

　福岡県知事は、平成2年に制定された福岡県産業廃棄物処理施設の設置に係る紛争の予防及び調整に関する条例（以下「本件条例」という）に基づいて、産業廃棄物処理業者に対して産業廃棄物処理場が所在する自治体との間で公害防止協定を締結するように行政指導をしたことから、Yは、平成7年7月26日、Xとの間で、本件処分場についての公害防止協定（以下「旧協定」という）を締結した。旧協定は、前文において、処理施設の概要として、本件処分場の設置場所を本件土地と定め、施設の規模（面積、容量）等を定めるとともに、その使用期限を「平成15年12月31日まで。ただし、それ以前に……埋立て容量……に達した場合にはその期日までとする」と定め、12条において、Yは上記期限を超えて産業廃棄物の処分を行ってはならない旨を定めていた（以下、上記前文中の本件処分場の使用期限を定める部分と12条の定めを併せて「旧期限条項」という）。

　Yは、平成7年9月13日および平成10年1月9日の2度にわたり、福岡県知事から本件処分場の施設の規模を拡張する旨の変更許可を受けた。上記許可に係る施設の規模が、旧協定において定められていたそれを上回るものであったことから、Yは、平成10年9月22日、Xとの間で、本件処分場につき、改めて公害防止協定（以下「本件協定」という）を締結した。本件協定は、前文中の施設の規模の定めを上記許可に沿うように改めたものであり、その内容は、付随的な事項に関する若干の条項が加えられた以外は、旧協定と異なるところはない（以下、本件協定中の旧期限条項と同内容の定めを「本件期限条項」という）。

　Yは、本件期限条項の定める使用期限が経過した後も本件土地に設置した本件処分場を使用していたため、XはYを被告として、その使用の差止めを求めて出訴した。

　第1審は、Xの請求を認容したが、第2審は、「旧期限条項が法的拘束力を有するとすれば、本件処分場に係る福岡県知事の許可に期限を付するか、その取消しの時期を予定するに等しいこととなるが、そのような事柄は知事の専権というべきであり、旧期限条項は、同法の趣旨に沿わない。……また、旧協定に旧期限条項のような知事の許可の本質的な部分にかかわる条項が盛り込まれ、それによって上記許可を変容させるというようなことは、本件条例15条が予定する協定の基本的な性格及び目的から逸脱するというべきである。したがって、旧期限条項は、同条が予定する協定の内容としてふさわしくない」としてXの請求を棄却したため、Xが上告。

　破棄差戻し。
[判旨]　「これらの規定は、知事が、処分業者としての適格性や処理施設の要件適合性を判断し、産業廃棄物の処分事業が廃棄物処理法の目的に沿うものとなるように適切に規制できるようにするために設けられたものであり、上記の知事の許可が、処分業者に対し、許可が効力を有する限り事業や処理施設の使用を継続すべき義務を課すものではないことは明らかである。そして、同法には、処分業者

にそのような義務を課す条文は存せず、かえって、処分業者による事業の全部又は一部の廃止、処理施設の廃止については、知事に対する届出で足りる旨規定されているのであるから（14条の3において準用する7条の2第3項、15条の2第3項において準用する9条3項）、処分業者が、公害防止協定において、協定の相手方に対し、その事業や処理施設を将来廃止する旨を約束することは、処分業者自身の自由な判断で行えることであり、その結果、許可が効力を有する期間内に事業や処理施設が廃止されることがあったとしても、同法に何ら抵触するものではない。したがって、旧期限条項が同法の趣旨に反するということはできないし、同法の上記のような趣旨、内容は、その後の改正によっても、変更されていないので、本件期限条項が本件協定が締結された当時の廃棄物処理法の趣旨に反するということもできない。

　そして、旧期限条項及び本件期限条項が知事の許可の本質的な部分にかかわるものではないことは、以上の説示により明らかであるから、旧期限条項及び本件期限条項は、本件条例15条が予定する協定の基本的な性格及び目的から逸脱するものでもない。

　以上によれば、福間町の地位を承継した上告人と被上告人との間において、原審の判示するような理由によって本件期限条項の法的拘束力を否定することはできないものというべきである」。

［ワンポイント解説］　事業者Yと地方公共団体であるXとの間で締結された公害防止協定の法的性質が、契約であることを肯定したうえで、公害防止協定による産業廃棄物処理施設の使用期限条項が、廃棄物処理法の趣旨に反するものではなく、法的拘束力を有することを肯定した判決である。

第7章 行政指導

第1節　行政指導の意義・類型

1　意　　義

　行政指導とは、行政機関がその任務または所掌事務の範囲内において一定の行政目的を実現するため特定の者に一定の作為または不作為を求める指導、勧告、助言その他の行為であって処分に該当しないものをいう（行政手続法2条1項6号）。

2　類　　型

　事実行為としてなされる行政指導はさまざまな形態でなされるが、その機能に着目した分類としては、規制的行政指導、助成的行政指導、調整的行政指導に分けるのが一般的である。規制的行政指導は相手方の行為を規制することを目的としてなされるもので、違反建築物の是正指導、営業施設の改善指導などが考えられる。助成的行政指導は相手方に対して適切な情報提供をするなどして、その活動を助成・促進することを目的としてなされるもので、経営指導、技術指導、営農指導など多岐にわたる指導が考えられる。調整的行政指導とは、私人間の紛争について関係者の利害を調整して解決をはかることを目的としてなされるもので、建築紛争に関する行政指導、公害紛争に関する行政指導などが考えられる。

3 役割と問題点

(1) 役　　割

　行政指導は、日本における行政慣行において大きな比重を占めている。たとえば、事業者に対して改善命令（不利益処分）を出す前に、行政指導によってあらかじめ警告とその改善を指導し、それでも相手方が応じない場合に初めて改善命令を出すような場合である。また、許認可の申請前に、条例などで事前協議を求めたり、あるいは行政指導を行って行政側の意向に従った申請書を提出させたうえで実際に許認可を与えるという場合もある。施設設置届出に先立って、届出内容について行政指導を行い、適法な届出を促すような場合もある。行政指導の相手方にとっては行政側の意図をあらかじめ知ることができるとともに、行政側としても、行政指導に従って相手方が自発的に改善措置を講じてくれれば権力的手段によらずとも目的を達成できるので行政経済的にもメリットが大きい。また、指導通りに申請をしてくれれば許認可に関する事務を円滑に進められるだけでなく、許認可に関する紛争を未然に防ぐことが可能となるという利点もある。

　また、法令の整備が十分でない領域に関する紛争についても、関係者の利害調整等を意図して行政指導を行うことで、紛争の解決に一定の道筋をつけるなど、法の空白を埋めることも行われる。

(2) 問　題　点

　しかし、行政指導は相手方の任意の協力の下になされるという建前でなされているが、事業者は規制権限を持つ行政側の報復をおそれて行政指導に従わざるをえない側面がある。行政指導に従わざるをえない実情があったとすれば、行政指導の名の下に、法律によらないで相手方に行政機関の意図に従うように強要できることにもなってしまい、法律による行政の原理を空洞化させる危険もある。また、事実行為としてなされることから責任の所在があいまいであったり、威嚇的に規制権限の発動をほのめかしたり、意図的に許認可の申請に対する応答を長引かせるなどの弊害が生じるおそれもある。このような危険性や弊害を防ぐために、行政指導に対する何らかの法的統制が

必要となる。

第2節　法的統制

1　法律の根拠

　行政指導という行政の行為形式は、相手方の任意の協力の下に行われる事実行為であるから、行政指導を行うことができる旨の法律の規定（いわゆる行政作用法としての法律）の根拠は一般的には不要とされている。

　もっとも、行政指導は、行政機関がその任務または所掌事務の範囲内においてなされるものであるから、行政指導を行う当該行政機関の任務または所掌事務の範囲内に属することが必要である。その意味で、当該任務または所掌事務が当該行政機関に属することを定める組織法上の根拠が必要である。

　石油カルテルにおける行政指導の違法性が問題となった事件（最判昭和59・2・24刑集38巻4号1287頁）において最高裁は、行政作用法である石油業法には行政指導に関する直接の根拠規定がなくても、行政組織法である通商産業省設置法（旧法）を根拠として、行政指導をする必要性があり、その方法が社会通念上相当と認められ、かつ独占禁止法の目的に実質的に抵触しないものである限り違法とはならないとしている。

2　実体的・手続的な統制

(1)　個別行政法による統制

　個別行政法で行政指導を規定する例として「勧告」をあげることができる。たとえば、国土利用計画法は、売買契約等により土地に関する権利を取得した者に土地の利用目的等を都道府県知事に届け出ることを義務づけ（国土利用計画法23条1項）、都道府県知事は、土地利用に関する計画に適合せず、当該土地を含む周辺地域の適正かつ合理的な土地利用をはかるために著しい支障があると認めるときには、土地利用審査会の意見を聞いて、土地利用の目的を変更するよう勧告できるとしている（同法24条1項）。勧告に従わなかっ

たときはその旨および勧告の内容を公表することができるとしている（同法26条）。

(2) 行政手続法による統制

行政手続に関する一般法としての行政手続法では、行政指導に関して、次のように、手続的な規律（実体的な規律も一部含む）をしている。これは、前述した行政指導に関するさまざまな危険性や弊害を防止するために、特に問題が生じやすい点について規律を及ぼしたものである。

後記の品川マンション事件（裁判例3-7-1）において最高裁は、建築確認申請がなされた場合、建築基準法の定める一定の期間内にその応答（確認処分をするか拒否処分をするか）をする必要があるが、行政指導によって建築確認が留保されることも一定の場合には許容されることと、その許容される限度を示した。

以下の行政手続法における行政指導に関する規律は、この判例の考え方を基本に、その骨格が作られたといわれており、その意味で、この判例の考え方は、行政手続法32条以下の解釈においても参考にされるべきものといえる。

1) 行政指導の一般原則　行政指導に携わる者は、当該行政機関の任務または所掌事務の範囲を逸脱してはならないこと、行政指導は相手方の任意の協力によってのみ実現されるものであることに留意しなければならない（32条1項）。また、行政指導に従わなかったことを理由として不利益な取扱いをしてはならない（同条2項）。

2) 申請に関連する行政指導　申請の取下げまたは内容の変更を求める行政指導にあっては、申請者が当該行政指導に従う意思がない旨を表明したときには、当該行政指導を継続すること等により当該申請者の権利の行使を妨げるようなことをしてはならない（33条）。

3) 許認可の権限に関する行政指導　許認可等をする権限または許認可等に関する処分をする行政機関は、その権限のあることを背景にして、相手方に当該行政指導に従うことを余儀なくさせるようなことをしてはならない（34条）。

4) 行政指導の方式　　行政指導は、その趣旨および内容ならびに責任者を明確に示さなければならず（35条1項）、相手方から求めがあったときは、行政上特別の支障がない限り、これらの内容を示した書面を交付しなければならない（35条）。

   5) 複数の者を対象とする行政指導　　同一の行政目的を実現するために一定の条件に該当する複数の者に対して行政指導をするときは、あらかじめ、事案に応じ、行政指導指針を定め、行政上特別の支障がない限り、これを公表しなければならない（36条）。

3　行政指導を争う方法

(1)　違法な行政指導の中止等の求め

　行政指導は相手方の任意の協力の下に行われるものであるから、相手方としては行政指導には従えない旨の意思表示をすればよいと理論的にいうことはできる。しかし、実際は、規制権限を背後に持つ行政機関からの硬軟織り交ぜながらの行政指導がなされ、また行政指導を行う担当職員との人間的な関係が構築される場合もあって、ことはそう簡単ではない。

　そのため、事後救済手続を定める平成26年の行政不服審査法の改正に合わせて、国民の権利利益の保護の充実のために行政手続法の一部も改正され、違法な行政指導の中止等を求める制度が設けられた。すなわち、法令に違反する行為の是正を求める行政指導の相手方は、当該行政指導が当該法律に規定する要件に適合しないと思料するときは、当該行政指導をした行政機関に対し、その旨を申し出て、当該行政指導の中止その他必要な措置をとることを求めることができることが明示された（36条の2）。

(2)　訴訟における争い方

　行政指導は事実行為であるから処分性がなく、抗告訴訟においてその違法を争うことができない。また、違法な行政指導によって損害を被ったとして損害賠償を請求する訴訟を提起しても、行政指導が相手方の任意の協力の下に行われるものであることから、当該行政指導と損害との間の因果関係の立証は困難を伴うことが多いといえる。もっとも、当該行政指導に従う義務の

ないことの確認訴訟を当事者訴訟（行政事件訴訟法4条）として提起することは認められよう。

武蔵野市における教育施設負担金事件（**裁判例3-7-2**）は、原告らが武蔵野市の行政指導に従う形で教育施設負担金をいったん納付した後に、国家賠償請求を求めたものであるが、最高裁は、この教育施設負担金の強要は行政指導の限界を超えた違法な公権力の行使に該当するとして、原告らの請求を棄却した原審判決を破棄差し戻した。なお、最高裁は、同じ武蔵野市の給水許否事件（最決平成1・11・8判時1328号16頁）において、水道事業者は「正当な理由」なく給水契約の申込みを拒んではならないことを規定しているが（水道法15条1項）、申込者が行政指導である指導要綱に従わないことは「正当な理由」にあたらないことを示した（これは水道法違反に基づく行政罰に関する刑事事件である）。

また、医療法の勧告（改正前の医療法30条の7）について、当該勧告が医療法上は行政指導としての勧告であることを前提としながらも、当該勧告に従わない場合には相当程度の確実さをもって保険医療機関の指定を受けることができなくなり、実際上病院の開設を断念せざるをえないとして、勧告の処分性を肯定する裁判例（最判平成17・7・15民集59巻6号1661頁）が現れ、勧告に対する抗告訴訟の途を開いた。今後の判例の動向が注目されるところである。

● 裁 判 例

3-7-1 品川マンション事件（建築確認の留保、最判昭和60・7・16民集39巻5号989頁）

［事実］ Xは、昭和47年10月28日、東京都品川区内にマンション（以下「本件建築物」という）の建設を計画し、その建築確認の申請をしたが、同年12月、東京都（Y）の紛争調整担当職員から、本件建築物の建築に反対する付近住民との話合いにより円満に紛争を解決するようにとの行政指導を受け、それ以降付近住民と十数回にわたり話合いを行い、上述の職員の助言等についても積極的かつ協力的に対応するとともに、Yの適切な仲介等を期待していた。

ところが、Yは、翌昭和48年2月15日に、同年4月19日実施予定の新高度地区案を発表し、同年2月15日以降の行政指導の方針として、その時点ですでに確認申請をしている建築主に対しても新高度地区案に沿うべく設計変更を求める旨

第3部　行政作用法

および建築主と付近住民との紛争が解決しなければ確認処分を行わない旨を定め、Yの担当職員は、同月23日、Xの代表社員Aに対し前記の行政指導の方針を説明して設計変更による協力を依頼するとともに、付近住民との話合いをさらに進めることを勧告した。

Xとしては、それまでYの行政指導に応じて付近住民との話合いに努めてきたが、実質的な進捗をみるに至らなかったうえ、新高度地区案が発表され、これを契機として前記のような行政指導を受けたので、このまま住民との話合いを進めても前記新高度地区の実施前までに円満解決に至ることは期し難く、その解決がなければ確認処分を得られないとすれば、新高度地区制により確認申請に係る本件建築物について設計変更を余儀なくされ、多大の損害を被るおそれがあるとの判断の下に、もはや確認処分の留保を背景として付近住民との話合いを勧めるYの行政指導には服さないこととし、同年3月1日受付をもって東京都建築審査会に「本件確認申請に対してすみやかに何らかの作為をせよ」との趣旨の審査請求の申立てをした。Xは、同年3月30日に金銭補償によって付近住民との紛争を収束させ、4月2日に建築確認処分がされたため、審査請求を取り下げた。

その後、XはYに対し、建築確認処分の違法な遅延によって損害を被ったとしてその賠償を求める訴訟を提起した。第1審はXの請求を棄却したが、第2審はXの請求を一部認容したため、Yが上告。

上告棄却。

[判旨]「建築基準法（以下「法」という。）6条3項及び4項によれば、建築主事は、同条1項所定の建築確認の申請書を受理した場合においては、その受理した日から21日（ただし、同条1項4号に掲げる建築物に係るものについては7日）以内に、申請に係る建築物の計画が当該建築物の敷地、構造及び建築設備に関する法令の規定に適合するかどうかを審査し、適合すると認めたときは確認の通知を、適合しないと認めたときはその旨の通知（以下あわせて「確認処分」という。）を当該申請者に対して行わなければならないものと定められている。このように、法が建築主事の行う確認処分について応答期限を設けた趣旨は、違法な建築物の出現を防止するために建築確認の制度を設け、建築主が一定の建築物を建築しようとする場合にはあらかじめその建築計画が関係法令の規定に適合するものであるかどうかについて建築主事の審査・確認を受けなければならず、確認を受けない建築物の建築又は大規模の修繕等の工事はすることができないこととし、その違反に対しては罰則をもって臨むこととしたこと（法6条1項、5項、99条1項2号、4号）の反面として、右確認申請に対する応答を迅速にすべきものとし、建築主に資金の調達や工事期間中の代替住居・営業場所の確保等の事前準備などの面で支障を生ぜしめることのないように配慮し、建築の自由との調和をはかろうとしたものと解される。そして、建築主事が当該確認申請について行う確認処分自体は基本的に裁量の余地のない確認的行為の性格を有するものと解するのが相当であるから、審査の結果、適合又は不適合の確認が得られ、法93条所定の消防長等

の同意も得られるなど処分要件を具備するに至った場合には、建築主事としては速やかに確認処分を行う義務があるものといわなければならない。しかしながら、建築主事の右義務は、いかなる場合にも例外を許さない絶対的な義務であるとまでは解することができないというべきであって、建築主が確認処分の留保につき任意に同意をしているものと認められる場合のほか、必ずしも右の同意のあることが明確であるとはいえない場合であっても、諸般の事情から直ちに確認処分をしないで応答を留保することが法の趣旨目的に照らし社会通念上合理的と認められるときは、その間確認申請に対する応答を留保することをもって、確認処分を違法に遅滞するものということはできないというべきである。

　ところで、建築確認申請に係る建築物の建築計画をめぐり建築主と付近住民との間に紛争が生じ、関係地方公共団体により建築主に対し、付近住民と話合いを行って円満に紛争を解決するようにとの内容の行政指導が行われ、建築主において任意に右行政指導に応じて付近住民と協議をしている場合においても、そのことから常に当然に建築主が建築主事に対し確認処分を留保することについてまで任意に同意をしているものとみるのは相当でない。しかしながら、普通地方公共団体は、地方公共の秩序を維持し、住民の安全、健康及び福祉を保持すること並びに公害の防止その他の環境の整備保全に関する事項を処理することをその責務のひとつとしているのであり（地方自治法2条3項1号、7号）、また法は、国民の生命、健康及び財産の保護を図り、もって公共の福祉の増進に資することを目的として、建築物の敷地、構造、設備及び用途に関する最低の基準を定める（1条）、としているところであるから、これらの規定の趣旨目的に照らせば、関係地方公共団体において、当該建築確認申請に係る建築物が建築計画どおりに建築されると付近住民に対し少なからぬ日照阻害、風害等の被害を及ぼし、良好な居住環境あるいは市街環境を損なうことになるものと考えて、当該地域の生活環境の維持、向上を図るために、建築主に対し、当該建築物の建築計画につき一定の譲歩・協力を求める行政指導を行い、建築主が任意にこれに応じているものと認められる場合においては、社会通念上合理的と認められる期間建築主事が申請に係る建築計画に対する確認処分を留保し、行政指導の結果に期待することがあったとしても、これをもって直ちに違法な措置であるとまではいえないというべきである。

　もっとも、右のような確認処分の留保は、建築主の任意の協力・服従のもとに行政指導が行われていることに基づく事実上の措置にとどまるものであるから、建築主において自己の申請に対する確認処分を留保されたままでの行政指導には応じられないとの意思を明確に表明している場合には、かかる建築主の明示の意思に反してその受忍を強いることは許されない筋合のものであるといわなければならず、建築主が右のような行政指導に不協力・不服従の意思を表明している場合には、当該建築主が受ける不利益と右行政指導の目的とする公益上の必要性とを比較衡量して、右行政指導に対する建築主の不協力が社会通念上正義の観念に反するものといえるような特段の事情が存在しない限り、行政指導が行われてい

るとの理由だけで確認処分を留保することは、違法であると解するのが相当である。

　したがって、いったん行政指導に応じて建築主と付近住民との間に話合いによる紛争解決をめざして協議が始められた場合でも、右協議の進行状況及び四囲の客観的状況により、建築主において建築主事に対し、確認処分を留保されたままでの行政指導にはもはや協力できないとの意思を真摯かつ明確に表明し、当該確認申請に対し直ちに応答すべきことを求めているものと認められるときには、他に前記特段の事情が存在するものと認められない限り、当該行政指導を理由に建築主に対し確認処分の留保の措置を受忍せしめることの許されないことは前述のとおりであるから、それ以後の右行政指導を理由とする確認処分の留保は、違法となるものといわなければならない」。

「したがって、右審査請求が提起された昭和48年3月1日以降の行政指導を理由とする確認処分の留保は違法というべきであ」る。

[ワンポイント解説]　建築確認申請がなされた場合、建築基準法の定める一定の期間内にその応答（確認処分をするか拒否処分をするか）をする必要があるが、行政指導によって建築確認が留保されることも一定の場合には許容されることと、その許容される限度を示した判決である。

3-7-2　武蔵野市教育施設負担金事件（最判平成5・2・18民集47巻2号574頁）

[事実]　武蔵野市（Y）では、昭和40年代以降にマンション建設が急増し、既存住民との間で日照権をめぐる紛争が生じるとともに、人口増加のために学校等の公共施設の整備も追いつかない状況になっていた。そのため、同市では、昭和46年10月、「武蔵野市宅地開発等に関する指導要綱」（以下「指導要綱」という）を制定し、マンション建設業者に対し、一定規模以上のマンション建設にあたっては、その設計に先立って市と協議をするとともに、日照に影響を受ける付近住民の同意を得ること、マンションの規模に応じ一定額の教育施設負担金を負担すること、事業者が指導要綱に従わないときは、市の上下水道等の利用について必要な協力を行わないことなどが定められていた。

　X_1およびX_2（X_1の承継人）は、昭和52年5月ごろ、武蔵野市内に3階建の賃貸マンションの建築を計画し、指導要綱に関連するYとの折衝等を株式会社G建築設計事務所の代表者Hに委託した。X_1は、Hから、指導要綱に従って教育施設負担金1523万2000円を寄付しなければならない旨を告げられたが、指導要綱に基づきYに対し公園用地を無償貸与し、道路用地を贈与し、公園の遊具施設を寄付し、防火水槽の設置費を負担することとなっていたし、これまでも多額の税金を納付していたので、そのうえさらに高額の教育施設負担金を寄付しなければならないことに強い不満を持ち、Yとの事前協議の際に、G建築設計事務所の従業員を通じ、Yの担当者に教育施設負担金の減免、延納等を懇請したが、Yの担当者

は、前例がないとしてこれを拒絶した。

その後、X_1は、指導要綱の手続、教育施設負担金条項およびその運用の実情等を承知していたHから、指導要綱に従って教育施設負担金の寄付を申し入れて事業計画承認を得ないとYから上下水道の利用を拒否され、マンションが建てられなくなるとの説明を受けたので、やむなく、昭和52年8月5日、指導要綱に従って1522万2000円（ただし、指導要綱に従って計算すると1523万2000円となる）を寄付する旨の寄付願を添付して事業計画承認願をY宛に提出し、同年10月25日、建築確認がされた。

X_1は、なおも高額の教育施設負担金の寄付が納得できなかったので、自らYの担当者に教育施設負担金の減免、分納、延納を懇請したが、再び前例がないとして断わられ、同年11月2日、Yに納付した負担金（1523万2000円）の相当額の返還を求めて、出訴した。

第1審は、強迫の主張を認めず、X_1の請求を棄却した。第2審から訴訟を承継したX_2は、予備的請求として国家賠償法に基づく損害賠償請求を追加したが、いずれの請求も棄却されたので、X_2が上告。

予備的請求（国家賠償請求）に関する部分について破棄差戻し。

[**判旨**]「指導要綱制定に至る背景、制定の手続、Yが当面していた問題等を考慮すると、行政指導として教育施設の充実に充てるために事業主に対して寄付金の納付を求めること自体は、強制にわたるなど事業主の任意性を損うことがない限り、違法ということはできない。

しかし、指導要綱は、法令の根拠に基づくものではなく、Yにおいて、事業主に対する行政指導を行うための内部基準であるにもかかわらず、水道の給水契約の締結の拒否等の制裁措置を背景として、事業主に一定の義務を課するようなものとなっており、また、これを遵守させるため、一定の手続が設けられている。そして、教育施設負担金についても、その金額は選択の余地のないほど具体的に定められており、事業主の義務の一部として寄付金を割り当て、その納付を命ずるような文言となっているから、右負担金が事業主の任意の寄付金の趣旨で規定されていると認めるのは困難である。しかも、事業主が指導要綱に基づく行政指導に従わなかった場合に採ることがあるとされる給水契約の締結の拒否という制裁措置は、水道法上許されないものであり（同法15条1項、最高裁昭和60年（あ）第1265号平成元年11月7日第2小法廷決定・裁判集刑事253号399頁参照）、右措置が採られた場合には、マンションを建築してもそれを住居として使用することが事実上不可能となり、建築の目的を達成することができなくなるような性質のものである。また、YがFに対し教育施設負担金の納付を求めた当時においては、指導要綱に基づく行政指導に従うことができない事業主は事実上開発等を断念せざるを得なくなっており、これに従わずに開発等を行った事業主はE建設以外になく、そのE建設の建築したマンションに関しては、現に水道の給水契約の締結及び下水道の使用が拒否され、その事実が新聞等によって報道されていたというの

である。さらに、FがYの担当者に対して本件教育施設負担金の減免等を懇請した際には、右担当者は、前例がないとして拒絶しているが、右担当者のこのような対応からは、本件教育施設負担金の納付が事業主の任意の寄付であることを認識した上で行政指導をするという姿勢は、到底うかがうことができない。

　右のような指導要綱の文言及び運用の実態からすると、本件当時、Yは、事業主に対し、法が認めておらずしかもそれが実施された場合にはマンション建築の目的の達成が事実上不可能となる水道の給水契約の締結の拒否等の制裁措置を背景として、指導要綱を遵守させようとしていたというべきである。YがFに対し指導要綱に基づいて教育施設負担金の納付を求めた行為も、Yの担当者が教育施設負担金の減免等の懇請に対し前例がないとして拒絶した態度とあいまって、Fに対し、指導要綱所定の教育施設負担金を納付しなければ、水道の給水契約の締結及び下水道の使用を拒絶されると考えさせるに十分なものであって、マンションを建築しようとする以上右行政指導に従うことを余儀なくさせるものであり、Fに教育施設負担金の納付を事実上強制しようとしたものということができる。指導要綱に基づく行政指導が、武蔵野市民の生活環境をいわゆる乱開発から守ることを目的とするものであり、多くの武蔵野市民の支持を受けていたことなどを考慮しても、右行為は、本来任意に寄付金の納付を求めるべき行政指導の限度を超えるものであり、違法な公権力の行使であるといわざるを得ない」。

［ワンポイント解説］　Xらが行政指導に従う形で教育施設負担金をいったん納付した後に、国家賠償請求を行い、この教育施設負担金の強要は行政指導の限界を超えた違法な公権力の行使に該当するとした判決である。また、同じ状況下で、マンションの建設業者らの給水契約の申込みを拒否した事案（最決平成1・11・8判時1328号16頁）については、水道法15条1項は、水道事業者は「正当の理由」なく給水契約の申込みを拒んではならないことを規定しているところ、申込者が行政指導である指導要綱に従わないことは「正当の理由」にあたらないと判示している。

第8章　行政計画

第1節　行政計画の意義・分類

1　意　　義

　行政計画に関する定まった定義があるわけではないが、一定の行政上の目標を達成するために、その目標内容を明らかにし、その目標達成のために権力的な手段、非権力的な手段、あるいは財政的な措置など、行政上のさまざまな手段を総合的に組み合わせることによって、その目標を達成しようとするものであるといえる。

　行政計画は、行政行為や行政立法のような典型的な行政の行為形式ではないが、戦後の日本社会においては欠くことのできない重要な行政活動の形式ということができる。

　戦前も旧都市計画法により都市計画が定められていたが、行政計画が急速に増加したのは戦後であった。行政計画の対象となったのは、ほとんどすべての行政分野（経済、社会、教育、文化、環境、財政など）であって、総合的な経済計画、土地利用計画、地域開発計画、環境計画などが策定されている。

2　分　　類

　広汎な行政分野にさまざまな形で存在する行政計画を分類することは簡単ではないが、視点ごとに分類整理することは可能である。

　①計画期間に着目したものとして長期計画、中期計画、短期計画（年次計画）が、②対象となる地域に着目したものとして全国計画、地方計画、地域

計画が、③対象となる行政部門に着目したものとして単一の行政部門を対象とした計画（河川整備計画など）と複数の行政部門を対象とした総合計画などがある。

また、④同一の対象地域や行政部門について複数の計画があり、その関係に上下関係がある場合（上位計画と下位計画）もあり、この場合には計画間調整が必要となる。⑤法的拘束力の有無に着目したものとして拘束的計画、非拘束的計画（誘導的計画や指針的計画など）が、⑥法律の根拠の有無に着目したものとして法定計画、事実上の計画が、⑦機能に着目したものとして指針型計画、実施型計画がある。

3　具体例としての都市計画

行政法における代表的な行政計画として都市計画をあげることができるが、都市計画は国土の利用に関する計画の1つでもある。ここでは国土利用計画法が定める行政計画と都市計画の位置づけを説明する。

(1)　国土利用計画

国土利用計画法における国土利用計画は、国が定める全国の区域について定める計画（全国計画）、都道府県が定める各都道府県の区域について定める計画（都道府県計画）、市町村が定める各市町村の区域について定める計画（市町村計画）がある（国土利用計画法4条・5条1項・7条1項・8条1項）。都道府県計画は全国計画を基本とし（同法7条2項）、市町村計画は都道府県計画を基本とする（同法8条2項）とされており、上位計画・下位計画との計画間調整（トップダウン型といわれる）の規定を置いている。

(2)　土地利用基本計画

都道府県は、国土利用に関する都道府県計画とは別に、その区域における土地利用基本計画を定めるが（同法9条）、その内容として都市地域、農業地域、森林地域、自然公園地域、自然保全地域の5つの地域が定められる（同条2項）。

この土地利用基本計画において定められる5つの地域については、それに対応する個別行政法が定められ、行政計画の策定を規定している。すなわち、

都市地域については都市計画法に基づく都市計画が、農業地域については農業振興地域の整備に関する法律（農業振興地域整備法）に基づく農業振興地域整備計画が、森林地域については森林法に基づく森林計画、自然公園地域については自然公園法に基づく公園計画が、自然保全地域については自然環境保全法に基づく自然環境保全計画が、それぞれ策定される仕組みとなっている。

都市計画をはじめとする上記の個別行政法で策定される行政計画は、いずれも何らかの法的拘束力を持つものであり、具体的な紛争はこの次元で発生することが多い（図表13）。

(3) 都市計画

都市計画法は、「都市の健全な発展と秩序ある整備を図」ることを目的としている（1条）。都市計画法は、都道府県が都市計画区域として指定した区域について適用される（5条1項）。都市計画区域として指定された区域は、開発許可制度（29条）の下に置かれるとともに、市街地開発事業（12条）などの都市計画事業が行われることになる。

都市計画法は、区域を定めて土地の利用についての行為規制や開発許可への誘導を促すための都市計画と、市街地開発事業や道路・鉄道の整備などを推進するための都市計画を設けている。前者には、①市街化区域と市街化調整区域の区分という都市計画、②用途地域や地区計画などの地域地区に関す

図表13　国土利用計画と個別法の計画との関係

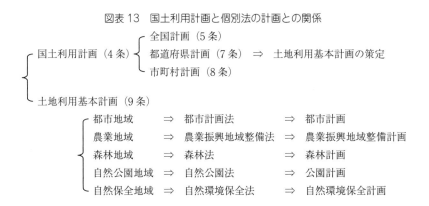

図表 14 都市計画法における主要な都市計画

区域を定めて土地利用に行為規制・開発等の誘導をするもの	市街化区域と市街化調整区域の区分(7条)	市街化区域（7条2項）
		市街化調整区域（7条3項）
	地域地区に関する都市計画（ゾーニング）	用途地域（8条・9条）
		地区計画（12条の4～）
都市計画事業（積極的な事業実施のための都市計画）	都市施設に関する都市計画（4条15項）	道路・都市高速鉄道などの交通施設・公園・上下水道・河川・学校・病院・保育所など
	市街地開発事業（12条～）	土地区画整理事業
		市街地再開発事業

る都市計画があり、後者には、③道路や鉄道などの都市施設の整備に関する事業や、土地区画整理事業や市街地再開発事業などの市街地開発事業に関する都市計画がある（**図表 14**）。

第 2 節　法 的 統 制

1　法律の根拠

　前述のように、行政計画には法律の根拠のある法定計画と、法律の根拠のない事実上の計画がある。単なる一般的な指針や目標を定めるだけであれば、それは行政指導の一般的指針を定めるものといえるから、法律上の根拠は不要といえる。しかし、行政計画が決定されることによって建築の制限や土地の区画・形質の変更を禁止するなどのさまざまな権利制限を伴うときは法律の根拠が必要である（法律による行政の原理）。なお、法定計画であっても、その計画決定が何らの権利制限を伴わない場合もある。

2　実体的な統制

　行政計画に対する実体的な統制は、通常は当該法令によって、目的や策定すべき計画の内容が定められ、計画策定にあたっての要件やその際に考慮すべき事情等が規定される場合が多い。たとえば、都市計画法では、目的（1条）、用途地域などの都市計画の内容を定め（8条など）、都市計画の基準につ

いてその考慮すべき事情を併せて規定している（13条）。

　しかし、具体的な行政計画の決定は、当該計画ごとにさまざまな事情・要素を考慮に入れながら総合的に決定されるものであることから、計画内容について、あらかじめ法令によって詳細に定めておくことは困難である。そのため、行政計画を定める法令の内容は、その計画決定の基準についても抽象的な文言であることが多く、また関係当事者の多元的な利害関係を調整し総合的な判断をすることが求められるから、計画の策定者には通常の行政活動（行政行為など）よりもより広汎な裁量を認めざるをえない（これを計画裁量と呼んでいる）。最高裁も、この計画裁量について問題となった小田急事件（**裁判例3-8-1**）において都市計画決定における行政庁の広範な裁量を認めている。

　また、東京都の環状6号線（山手通り）事件（最判平成11・11・25判時1698号66頁）では、事業認可の前提となる都市計画決定の違法性が問題となり、公害防止計画への適合が要件となるかが問われたものであるが、「旧法の下においては都市計画の基準として公害防止計画に適合することを要するとはされていなかったのであるから、旧法の下において決定された環状6号線整備計画は、その後に定められた公害防止計画に適合するか否かにかかわらず、現行法下においてもそのまま適法、有効な都市計画とみなされるものというべきであり、右整備計画に適合するものとしてされた環状6号線道路拡幅事業の認可に違法はない」と判断された。

3　手続的な統制

　行政計画の決定について、個別行政法が手続的な統制をしている場合には、当該規定に従うことが必要となるのは当然である。たとえば、都市計画法における都市計画の決定については、案の作成（15条の2）、公聴会の開催（16条）、都市計画案の縦覧等（17条）、関係市町村長の意見聴取、都市計画審議会の審議（18条）、告示（20条）などの手続を経なければならない。

　行政計画には広汎な裁量（計画裁量）が認められており、司法的な統制も十分に行き届かない現状からすると、この手続的統制は大変重要な意味を持っている。特に計画の策定権者以外の市民等を計画の策定過程に参加され

る仕組みを作ることが、計画策定の透明性、公正性を担保することになるからである。もっとも、行政計画に対する手続的統制を規定する一般法は存在せず、行政手続法も行政計画の策定手続はその対象外としている。

4　行政計画の争い方

(1)　抗告訴訟における行政計画の位置づけ

行政計画の処分性が争われた高円寺駅周辺の土地区画整理事業事件（最大判昭和 41・2・23 民集 20 巻 2 号 271 頁）では、土地区画整理法に基づく土地区画整理事業計画決定の処分性を否定したが、浜松市の土地区画整理事業事件（**裁判例 3-8-2**）では、判例を変更して処分性を肯定し、抗告訴訟によって争うことを認めた。

また、土地区画整理法に基づく土地区画整理事業組合の設立認可の処分性を肯定する判決（最判昭和 60・12・17 民集 39 巻 8 号 1821 頁）、都市再開発法に基づく第二種市街地再開発事業計画の処分性を肯定する判決（最判平成 4・11・26 民集 46 巻 8 号 2658 頁）、土地改良法に基づく土地改良事業の施行認可の処分性を肯定する判決（最判昭和 61・2・13 民集 40 巻 1 号 1 頁）がある。

(2)　計画担保責任に関する判決

行政計画が途中で変更されたり、中止されたりした場合に、当該行政計画を信頼して行動してきた者に対して、何らかの法的責任があるのではないかとの問題意識から、計画担保責任という概念が主張されている。

行政計画は、ある時期における一定の行政目標の実現のために、さまざまな手段を総合して定められるものであるから、計画後の社会状況等の変化に応じて、適宜修正したり、変更したり、あるいは中止することは当然予想されることであるから、法律上の根拠もなくこのような計画担保責任を認めることは慎重であるべきと思われるが、他方で行政計画を信頼して行動した者が何らかの損害を被った場合にその填補がなされるべきことも否定できない。

最高裁は、宜野座村工場誘致政策変更事件（**裁判例 3-8-3**）において、一定の条件の下に地方公共団体の不法行為責任が生ずることを認めている。

第8章 行政計画

● 裁 判 例

3-8-1 小田急事件（行政計画と裁量、最判平成18・11・2民集60巻9号3249頁）

［事実］ 昭和39年、建設大臣は、東京都市計画高速鉄道9号線に係る都市計画決定を行い、その後、東京都知事Aによる2度の都市計画変更決定を経て、平成5年、Aは、小田急線の喜多見駅付近から梅ヶ丘駅付近までの一部区間（以下「本件区間」という）を連続立体交差化する都市計画決定（以下「平成5年決定」という）を行った。また世田谷区は、上記立体交差化に伴う付属街路の都市計画決定を行った。

これらを受けて、平成6年、建設大臣は、東京都に対し、本件区間の連続立体交差化を内容とする都市計画事業の認可（以下「本件鉄道事業認可」という）、付属街路の設置を内容とする都市計画事業の認可（以下「本件付属街路事業認可」という）を行った。

これに対し、付属街路事業の事業地内の不動産に所有権・賃借権を有するX_1らと、それ以外の近隣住民X_2らが、関東地方整備局長（Y・建設大臣の事務承継人）を被告として、各事業認可の取消訴訟を提起した。

Xらは、本件鉄道事業認可の前提となる都市計画に係る平成5年決定が、周辺地域の環境に与える影響、事業費の多寡等の面で優れた代替案である地下式を理由もなく不採用とし、いずれの面でも地下式に劣り、周辺住民に騒音等で多大の被害を与える本件高架式を採用した点で違法であるなどと主張している。

第1審は、原告適格を認められたXらの請求を認容したが、第2審は第1審判決を取り消して請求を棄却したため、Xらが上告。

上告棄却。

［判旨］「都市計画法……は、都市計画事業認可の基準の1つとして、事業の内容が都市計画に適合することを掲げているから（61条）、都市計画事業認可が適法であるためには、その前提となる都市計画が適法であることが必要である。

都市計画法は、都市計画について、健康で文化的な都市生活及び機能的な都市活動を確保すべきこと等の基本理念の下で（2条）、都市施設の整備に関する事項で当該都市の健全な発展と秩序ある整備を図るため必要なものを一体的かつ総合的に定めなければならず、当該都市について公害防止計画が定められているときは当該公害防止計画に適合したものでなければならないとし（13条1項柱書き）、都市施設について、土地利用、交通等の現状及び将来の見通しを勘案して、適切な規模で必要な位置に配置することにより、円滑な都市活動を確保し、良好な都市環境を保持するように定めることとしているところ（同項5号）、このような基準に従って都市施設の規模、配置等に関する事項を定めるに当たっては、当該都市施設に関する諸般の事情を総合的に考慮した上で、政策的、技術的な見地から判断することが不可欠であるといわざるを得ない。そうすると、このような判断は、これを決定する行政庁の広範な裁量にゆだねられているというべきであって、

裁判所が都市施設に関する都市計画の決定又は変更の内容の適否を審査するに当たっては、当該決定又は変更が裁量権の行使としてされたことを前提として、その基礎とされた重要な事実に誤認があること等により重要な事実の基礎を欠くこととなる場合、又は、事実に対する評価が明らかに合理性を欠くこと、判断の過程において考慮すべき事情を考慮しないこと等によりその内容が社会通念に照らし著しく妥当性を欠くものと認められる場合に限り、裁量権の範囲を逸脱し又はこれを濫用したものとして違法となるとすべきものと解するのが相当である」。

「Aは、本件調査の結果を踏まえ、計画的条件、地形的条件及び事業的条件を設定し、本件区間の構造について3つの方式を比較検討した結果、本件高架式がいずれの条件においても優れていると評価し、本件条例に基づく環境影響評価の結果等を踏まえ、周辺地域の環境に与える影響の点でも特段問題がないとして、本件高架式を内容とする平成5年決定をしたものである」。

「そこで、上記の判断における環境への影響に対する考慮について検討する」。

「平成5年決定は、本件区間の連続立体交差化事業に伴う騒音等によって事業地の周辺地域に居住する住民に健康又は生活環境に係る著しい被害が発生することの防止を図るという観点から、本件評価書の内容にも十分配慮し、環境の保全について適切な配慮をしたものであり、公害防止計画にも適合するものであって、都市計画法等の要請に反するものではなく、鉄道騒音に対して十分な考慮を欠くものであったということもできない。したがって、この点について、平成5年決定が考慮すべき事情を考慮せずにされたものということはできず、また、その判断内容に明らかに合理性を欠く点があるということもできない」。

「次に、計画的条件、地形的条件及び事業的条件に係る考慮について検討する」。

「Aは、本件区間の構造について3つの方式の比較検討をした際、既に取得した用地の取得費や鉄道事業者の受益分を考慮せずに事業費を算定しているところ、このような算定方法は、当該都市計画の実現のために今後必要となる支出額を予測するものとして、合理性を有するというべきである。また、平成5年当時、本件区間の一部で想定される工事をシールド工法により施工することができなかったことに照らせば、被上告参加人が本件区間全体をシールド工法により施工した場合における2線2層方式の地下式の事業費について検討しなかったことが不相当であるとはいえない。

さらに、Aは、下北沢区間が地表式とされることを前提に、本件区間の構造につき本件高架式が優れていると判断したものと認められるところ、下北沢区間の構造については、本件調査の結果、その決定に当たって新たに検討する必要があるとされ、平成10年以降、東京都から地下式とする方針が表明されたが、一方において、平成5年決定に係る9号線都市計画においては地表式とされていたことや、本件区間の構造を地下式とした場合に河川の下部を通るため深度が大きくなるなどの問題があったこと等に照らせば、上記の前提を基に本件区間の構造につき本件高架式が優れていると判断したことのみをもって、合理性を欠くものであ

第8章　行政計画

るということはできない」。
　「以上のとおり、平成5年決定が本件高架式を採用した点において裁量権の範囲を逸脱し又はこれを濫用したものとして違法となるということはできないから、これを基礎としてされた本件鉄道事業認可が違法となるということもできない」。
[ワンポイント解説]　都市計画事業認可の取消訴訟では、事業認可の前提となる都市計画の決定（変更決定）の違法性が問題となるが、その都市計画決定についての裁量統制のあり方について判断した判決である。

3-8-2　土地区画整理事業計画の処分性（最大判平成20・9・10民集62巻8号2029頁）

[事実]　浜松市（Y）は、新浜松駅から西鹿島駅までを結ぶ遠州鉄道鉄道線（西鹿島線）の連続立体交差事業の一環として、上島駅の高架化と併せて同駅周辺の公共施設の整備改善等をはかるため、西遠広域都市計画事業上島駅周辺土地区画整理事業（以下「本件土地区画整理事業」という）を計画し、平成15年11月7日、土地区画整理法（平成17年法律第34号による改正前のもの）52条1項の規定に基づき、静岡県知事に対し、本件土地区画整理事業の事業計画において定める設計の概要について認可を申請し、同月17日、同知事からその認可を受けた。Yは、同月25日、同項の規定により、本件土地区画整理事業の事業計画の決定（以下「本件事業計画の決定」という）をし、同日、その公告がされた。

　本件土地区画整理事業の施行地区内に土地を所有しているXらは、本件土地区画整理事業は公共施設の整備改善および宅地の利用増進という法所定の事業目的を欠くものであるなどと主張して、Yを被告として本件事業計画の決定の取消しを求めて訴訟を提起した。
　第1審・第2審ともに、本件事業計画決定の処分性を否定したため、Xらが上告した。
　破棄自判（第1審に差戻し）。
[判旨]　「市町村は、土地区画整理事業を施行しようとする場合においては、施行規程及び事業計画を定めなければならず（法52条1項）、事業計画が定められた場合においては、市町村長は、遅滞なく、施行者の名称、事業施行期間、施行地区その他国土交通省令で定める事項を公告しなければならない（法55条9項）。そして、この公告がされると、換地処分の公告がある日まで、施行地区内において、土地区画整理事業の施行の障害となるおそれがある土地の形質の変更若しくは建築物その他の工作物の新築、改築若しくは増築を行い、又は政令で定める移動の容易でない物件の設置若しくはたい積を行おうとする者は、都道府県知事の許可を受けなければならず（法76条1項）、これに違反した者がある場合には、都道府県知事は、当該違反者又はその承継者に対し、当該土地の原状回復等を命ずることができ（同条4項）、この命令に違反した者に対しては刑罰が科される（法140条）。このほか、施行地区内の宅地についての所有権以外の権利で登記のないもの

を有し又は有することとなった者は、書面をもってその権利の種類及び内容を施行者に申告しなければならず（法85条1項）、施行者は、その申告がない限り、これを存しないものとみなして、仮換地の指定や換地処分等をすることができることとされている（同条5項）」。

　「また、土地区画整理事業の事業計画は、施行地区（施行地区を工区に分ける場合には施行地区及び工区）、設計の概要、事業施行期間及び資金計画という当該土地区画整理事業の基礎的事項を一般的に定めるものであるが（法54条、6条1項）、事業計画において定める設計の概要については、設計説明書及び設計図を作成して定めなければならず、このうち、設計説明書には、事業施行後における施行地区内の宅地の地積（保留地の予定地積を除く。）の合計の事業施行前における施行地区内の宅地の地積の合計に対する割合が記載され（これにより、施行地区全体でどの程度の減歩がされるのかが分かる。）、設計図（縮尺1200分の1以上のもの）には、事業施行後における施行地区内の公共施設等の位置及び形状が、事業施行により新設され又は変更される部分と現設のもので変更されない部分とに区別して表示されることから（平成17年国土交通省令第102号による改正前の土地区画整理法施行規則6条）、事業計画が決定されると、当該土地区画整理事業の施行によって施行地区内の宅地所有者等の権利にいかなる影響が及ぶかについて、一定の限度で具体的に予測することが可能になるのである」。

　「そして、土地区画整理事業の事業計画については、いったんその決定がされると、特段の事情のない限り、その事業計画に定められたところに従って具体的な事業がそのまま進められ、その後の手続として、施行地区内の宅地について換地処分が当然に行われることになる。前記の建築行為等の制限は、このような事業計画の決定に基づく具体的な事業の施行の障害となるおそれのある事態が生ずることを防ぐために法的強制力を伴って設けられているのであり、しかも、施行地区内の宅地所有者等は、換地処分の公告がある日まで、その制限を継続的に課され続けるのである」。

　「そうすると、施行地区内の宅地所有者等は、事業計画の決定がされることによって、前記のような規制を伴う土地区画整理事業の手続に従って換地処分を受けるべき地位に立たされるものということができ、その意味で、その法的地位に直接的な影響が生ずるものというべきであり、事業計画の決定に伴う法的効果が一般的、抽象的なものにすぎないということはできない」。

　「もとより、換地処分を受けた宅地所有者等やその前に仮換地の指定を受けた宅地所有者等は、当該換地処分等を対象として取消訴訟を提起することができるが、換地処分等がされた段階では、実際上、既に工事等も進ちょくし、換地計画も具体的に定められるなどしており、その時点で事業計画の違法を理由として当該換地処分等を取り消した場合には、事業全体に著しい混乱をもたらすことになりかねない。それゆえ、換地処分等の取消訴訟において、宅地所有者等が事業計画の違法を主張し、その主張が認められたとしても、当該換地処分等を取り消すこと

は公共の福祉に適合しないとして事情判決（行政事件訴訟法31条1項）がされる可能性が相当程度あるのであり、換地処分等がされた段階でこれを対象として取消訴訟を提起することができるとしても、宅地所有者等の被る権利侵害に対する救済が十分に果たされるとはいい難い。そうすると、事業計画の適否が争われる場合、実効的な権利救済を図るためには、事業計画の決定がされた段階で、これを対象とした取消訴訟の提起を認めることに合理性があるというべきである」。

「以上によれば、市町村の施行に係る土地区画整理事業の事業計画の決定は、施行地区内の宅地所有者等の法的地位に変動をもたらすものであって、抗告訴訟の対象とするに足りる法的効果を有するものということができ、実効的な権利救済を図るという観点から見ても、これを対象とした抗告訴訟の提起を認めるのが合理的である。したがって、上記事業計画の決定は、行政事件訴訟法3条2項にいう『行政庁の処分その他公権力の行使に当たる行為』に当たると解するのが相当である。

これと異なる趣旨をいう最高裁昭和37年（オ）第122号同41年2月23日大法廷判決・民集20巻2号271頁及び最高裁平成3年（行ツ）第208号同4年10月6日第3小法廷判決・裁判集民事166号41頁は、いずれも変更すべきである」。

[ワンポイント解説]　最高裁は、高円寺駅周辺の土地区画整理事業計画の決定の処分性が争われた事件（最大判昭和41・2・23民集20巻2号271頁・いわゆる青写真判決）では、計画が事業の青写真の性格を持つに過ぎないこと、計画の公告によって一定の行為制限が生じるがそれは法律が特に付与した付随的な効果にとどまっていること、計画決定の段階で訴訟事件でとして取り上げるには事件としての成熟性を欠くことを理由に処分性を否定していた。

しかし、本判決では、浜松市が施行した土地区画整理事業計画に係る事業計画の決定の処分性を肯定し、青写真判決を変更した。この判決は、計画決定の公告によって一定の行為制限が生じることに加えて、整理事業が施行される区域内の宅地所有者らが、換地処分（仮換地指定処分）を受けるべき地位に立たされることに着目し、その点を捉えて宅地所有者らの法的地位に直接的な影響を受けるとして処分性を肯定した。また、換地処分がなされた段階で計画決定の違法性を争っても事情判決がされる可能性が高いことから、「実効的な権利救済を図る」観点から計画決定の段階で取消訴訟の提起を認めるべきであることも示されている。

3-8-3　宜野座村工場誘致政策変更事件（最判昭和56・1・27民集35巻1号35頁）

[事実]　Xは、沖縄県宜野座村（Y）の区域内に製紙工場（以下「本件工場」という）の建設を計画し、昭和45年11月に当時Yの村長であったAに対し上記工場の誘致およびY所有地を工場敷地としてXに譲渡することを陳情した。これに対し、同村長は、本件工場を誘致し上記工場敷地の一部として村有地をXに譲渡する旨のY村議会の議決を経由したうえ、昭和46年3月、Xに対し上記工場建設に

全面的に協力することを言明した。
　そこで、Xは、村長Aおよび村議会議員らの協力の下にY村内に工場敷地を選定したうえ、当時河川を管理していた米国民政府に対し工場操業に必要な水利権設定の申請を行うため、村長Aの同意書を得た。
　Xは、昭和46年8月ごろ、本件工場敷地の一部として予定された村有地の耕作者らに土地明渡しに対する補償料を支払い、さらに昭和47年3月ごろより本件工場にそなえつける機械設備の発注の準備を進めていたが、村長Aは、これを了承していたばかりでなく、引き続き工場建設に協力する意向を示し、そのすみやかな推進を希望し、同年10月には、かねてのXとの約定に基づき、沖縄振興開発金融公庫に対し、Xが機械設備発注のために必要としている融資を促進されたい旨の依頼文書を送付した。同じころ、Xは上記機械設備を発注し、さらに上記工場敷地の整地工事に着手して同年12月はじめにはこれを完了した。
　ところが、同月行われた村長選挙において当選し、昭和48年1月はじめにAに代わってY村の村長に就任したBは、本件工場設置に反対する工場予定地周辺の住民の支持を得て当選したものであるところから、本件工場建設に反対する意向を固め、Xが沖縄県建築基準法施行細則2条1項の規定に基づき同村長のもとに提出した本件工場の建築確認申請書を同条2項の規定に反しその名宛人たる沖縄県の建築主事に送付することなく、Xに対し、工場予定地周辺の住民が工場建設に反対していること、村議会の本件工場誘致の議決後に社会情勢が急変したこと、本件工場の建設は将来付近地域の開発に支障をもたらすおそれがあること、本件工場予定地の上流に農業用ダムの建設計画があることを理由として、同年3月29日付で上記建築確認申請に不同意である旨の通知をした。
　Xは、このようにして本件工場建設に対するYの協力が得られなくなった結果、本件工場の建設ないし操業は不可能となったので、やむなくこれを断念した。
　そこで、Xは、Yの行為はXとの間で形成された信頼関係を不当に破るものであるとして、Yに対し、損害賠償請求を求めて出訴した。
　第1審・第2審ともに、Xの請求を棄却したためXが上告した。
　一部破棄差戻し。一部却下。
［判旨］「地方公共団体の施策を住民の意思に基づいて行うべきものとするいわゆる住民自治の原則は地方公共団体の組織及び運営に関する基本原則であり、また、地方公共団体のような行政主体が一定内容の将来にわたって継続すべき施策を決定した場合でも、右施策が社会情勢の変動等に伴って変更されることがあることはもとより当然であって、地方公共団体は原則として右決定に拘束されるものではない。しかし、右決定が、単に一定内容の継続的な施策を定めるにとどまらず、特定の者に対して右施策に適合する特定内容の活動をすることを促す個別的、具体的な勧告ないし勧誘を伴うものであり、かつ、その活動が相当長期にわたる当該施策の継続を前提としてはじめてこれに投入する資金又は労力に相応する効果を生じうる性質のものである場合には、右特定の者は、右施策が右活動の

基盤として維持されるものと信頼し、これを前提として右の活動ないしその準備活動に入るのが通常である。このような状況のもとでは、たとえ右勧告ないし勧誘に基づいてその者と当該地方公共団体との間に右施策の維持を内容とする契約が締結されたものとは認められない場合であっても、右のように密接な交渉を持つに至った当事者間の関係を規律すべき信義衡平の原則に照らし、その施策の変更にあたってはかかる信頼に対して法的保護が与えられなければならないものというべきである。すなわち、右施策が変更されることにより、前記の勧告等に動機づけられて前記のような活動に入った者がその信頼に反して所期の活動を妨げられ、社会観念上看過することのできない程度の積極的損害を被る場合に、地方公共団体において右損害を補償するなどの代償的措置を講ずることなく施策を変更することは、それがやむをえない客観的事情によるのでない限り、当事者間に形成された信頼関係を不当に破壊するものとして違法性を帯び、地方公共団体の不法行為責任を生ぜしめるものといわなければならない。そして、前記住民自治の原則も、地方公共団体が住民の意思に基づいて行動する場合にはその行動になんらの法的責任も伴わないということを意味するものではないから、地方公共団体の施策決定の基盤をなす政治情勢の変化をもってただちに前記のやむをえない客観的事情にあたるものとし、前記のような相手方の信頼を保護しないことが許されるものと解すべきではない」。

「これを本件についてみるのに、前記事実関係に照らせば、A前村長は、村議会の賛成のもとにXに対し本件工場建設に全面的に協力することを言明したのみならず、その後退任までの二年近くの間終始一貫して本件工場の建設を促し、これに積極的に協力していたものであり、Xは、これによって右工場の建設及び操業開始につきYの協力を得られるものと信じ、工場敷地の確保・整備、機械設備の発注等を行ったものであって、右はYにおいても予想し、期待するところであったといわなければならない。また、本件工場の建設が相当長期にわたる操業を予定して行われ、少なからぬ資金の投入を伴うものであることは、その性質上明らかである。このような状況のもとにおいて、Yの協力拒否により、本件工場の建設がこれに着手したばかりの段階で不可能となったのであるから、その結果としてXに多額の積極的損害が生じたとすれば、右協力拒否がやむをえない客観的事情に基づくものであるか、又は右損害を解消せしめるようななんらかの措置が講じられるのでない限り、右協力拒否はXに対する違法な加害行為たることを免れず、Yに対しこれと相当因果関係に立つ損害としての積極的損害の賠償を求める上告人の請求は正当として認容すべきものといわなければならない」。

「以上によれば、前記の理由によって、Yが前言をひるがえし本件工場建設に対する協力を拒否したことの違法を原因とする本訴請求を排斥した原判決は法令の解釈適用を誤ったものというべく、右違法は判決に影響を及ぼすことが明らかであるから、その余の論旨について判断するまでもなく、原判決中右請求に関する部分は破棄を免れない。右請求については、Yの本件工場建設に対する協力拒否

がやむをえない事情に基づくものであるかどうか、右協力拒否と本件工場の建設ないし操業の不能との因果関係の有無、Xに生じた損害の程度等の点につき更に審理を尽くす必要があると認められるので、本件のうち右請求に関する部分を原審に差し戻すこととする」。

［ワンポイント解説］　普通地方公共団体における政策が選挙結果によって変更されたことによって、事業者に損害が生じた場合に、不法行為に基づく損害賠償請求ができることを認めた判決である。

　選挙による政策変更自体の適法性は肯定しながらも、補償等の代替的措置を講じることなく政策変更をしたことは、信頼関係を破壊すると構成している。

第9章 行政調査

第1節　行政調査の意義・種類

1　意　　義

　行政調査は、行政の情報収集活動を総称する概念（広義）であるが、一般的には、行政機関が、行政処分などの権限を行使するにあたって、その要件に該当する事実の有無や、権限を行使すべきか否かの判断材料となる資料収集をすることを意味している（狭義）。行政機関が的確な行政活動を行うには、その判断に必要な情報を収集することが不可欠であり、行政調査は、さまざまな行政活動を支える行政情報収集のための重要な手段である。

　広義の行政調査の例としては、国勢調査や各種統計調査などがあげられるが、狭義の行政調査の例としては、課税処分の前提としてなされる税務調査や、飲食店施設の改善命令の前提としてなされる立入検査などがあげられる。

2　種　　類

　行政調査の種類としては、相手方の任意の協力の下になされる任意調査と、何らかの強制力の下になされる強制調査がある。強制調査は、その強制の内容や程度によって、さらに分類することができる。

　強制の程度がもっとも強いのが、臨検・捜索・押収等（出入国管理及び難民認定法31条1項・32条、国税犯則取締法2条1項）などの実力行使を伴う調査である。これは相手方の抵抗を実力で排除して調査をするものであるため、裁判官の許可が必要である。

第3部　行政作用法

図表15　行政調査に関する整理

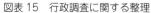

```
         ┌ 任意調査 ⇒ 相手方の承諾を得て行う調査
         │           ┌ 自動車の一斉検問 ⇒ 警察官職務執行法・道路交通法に規定なし
         │           ┤ 職務質問に付随する所持品検査
         │           └   ⇒ 警察官職務執行法2条1項に規定なし（裁判例3-9-2）
         │
         │         ┌ ①実力行使を伴う調査 ⇒ 臨検・捜索・押収
         │         │                    ⇒ 裁判官の許可必要
         │         │    （出入国管理法31条1項・32条、国税犯則取締法2条1項）
         │         │
         │         │ ②罰則によって担保される調査 ⇒ 立入り・質問検査権
         │         │    （国税通則法74条の2以下）
         └ 強制調査┤
                   │ ・川崎民商事件（裁判例3-9-1）
                   │    ⇒ 憲法35条（令状主義）・38条（供述拒否権）の保障が及ぶか
                   │ ・荒川民商事件
                   │    ⇒ 事前通知、調査理由や必要性の告知の必要性など
                   │
                   │ ③罰則以外のペナルティがある調査
                   └   ⇒ 生活保護法28条4項（保護の廃止等のペナルティ）
```

　立入り検査権（消防法4条）や質問検査権（国税通則法74条の2以下）など、相手方の抵抗を実力で排除することはできないが、立入り検査や質問検査を拒否すると罰則（消防法44条2号、国税通則法127条2号）が科されるという間接的な強制力の下になされる行政調査がある。なお、罰則による裏づけではないが、一定の不利益が課されることが予定されている調査もある（生活保護法28条4項）。

　任意調査と強制調査については、**図表15**のように整理することができる。

第2節　法 的 統 制

1　行政調査に対する法的統制

　行政調査が、いかなる場合に、いかなる手続に基づいて行うことができるかについて定める一般的な法令はなく、個別行政法の具体的な規定に応じて

検討することになる。行政手続法でも、行政調査について「報告又は物件の提出を命ずる処分その他その職務の遂行上必要な情報の収集を直接の目的としてなされる処分及び行政指導」を適用除外として（3条1項14号）、行政調査手続に関する規律を定めていない。

2　任意調査に対する法的統制

　任意調査は、相手方の任意の協力の下になされるものであるから、法律上の根拠は必ず必要とされるわけではないが、相手方の任意の協力があれば、どのような調査でも許されるわけではなく、調査の範囲、手法、時期、場所など社会通念上相当なものであることが必要であろう。

　任意調査において一定の有形力の行使が問題となったものとして、自動車の一斉検問に関する事件（最決昭和55・9・22刑集34巻5号272頁）や警察官職務執行法（以下、警職法という）による所持品検査が問題となった事件（**裁判例3-9-2**）などがある。

　前者の事件について最高裁は、「警察法2条1項が『交通の取締』を警察の責務として定めていることに照らすと、交通の安全及び交通秩序の維持などに必要な警察の諸活動は、強制力を伴わない任意手段による限り、一般的に許容される」としたうえで、自動車の一斉検問は「相手方の任意の協力を求める形で行われ、自動車の利用者の自由を不当に制約することにならない方法、態様で行われる限り、適法なものと解すべきである」とした。自動車の一斉検問は、道路交通法に規定がなく、警職法2条1項の職務質問の要件を満たしているわけではないため、いわゆる行政作用法にその根拠を求めることが難しい問題であり、立法的解決が必要との指摘もされている。

3　強制調査に対する法的統制

(1)　個別法による統制

　1)　臨検・捜索・差押収などの実力行使を伴う行政調査については、個別行政法に、その発動要件や可能な調査内容が規定されている。

　たとえば、国税犯則取締法2条の行政調査では、調査の主体は「収税官

吏」、実体的要件は「犯則事件ヲ調査スル為必要アルトキ」であり、手続的要件は「其ノ所属官署ノ所在地ヲ管轄スル地方裁判所又ハ簡易裁判所ノ裁判官ノ許可」となる。そして、可能となる調査の内容は「臨検、捜索又ハ差押」である。

2）　立入り検査権や質問検査権などの間接強制調査も、個別行政法に、その発動要件や可能な調査内容が規定されている。

たとえば、消防法4条の行政調査では、調査の主体は「消防長又は消防署長」、実体的要件は「火災予防のために必要があるとき」であり、可能となる調査の内容は、関係者に対する、①資料の提出、②報告徴収、③当該消防職員に、仕事場・工場等へ立ち入って消防対象物の位置、構造、設備および管理の状況を検査させること、④関係者への質問である。手続的要件については、立入りの際に消防職員の証票の携帯とその提示（同条2項）について定めるほかに規定がなく、調査目的や場所、調査理由などの事前の通知等は特に必要がない。

これに対して、平成23年に改正された国税通則法では、納税義務者に対する調査について、調査の日時、場所、目的、対象となる税目・期間・帳簿書類その他の物件を事前に通知することを義務づけている（74条の9）。また、質問検査権等の権限は、犯罪捜査のために認められたものと解してはならないと規定（74条の8）する。

荒川民商事件（最決昭和48・7・10刑集27巻7号1205頁）において最高裁は、旧所得税法234条1項の質問検査権は、「当該調査の目的、調査すべき事項、申請、申告の体裁内容、帳簿等の記入保存状況、相手方の事業の形態等諸般の具体的事情にかんがみ、客観的な必要性があると判断される場合」に認められることを示した。もっとも、「この場合の質問検査の範囲、程度、時期、場所等実定法上特段の定めのない実施の細目については、右にいう質問検査の必要があり、かつ、これと相手方の私的利益との衡量において社会通念上相当な限度にとどまるかぎり、権限ある税務職員の合理的な選択に委ねられている」として事前通知や調査理由や必要性の具体的・個別的な告知は一律に必要ないことも示している。

(2) 憲法による統制

間接強制調査は、調査の実効性を罰則によって担保しているため、刑事手続と同様に、令状主義（憲法35条）や供述拒否権（憲法38条）が保障されるのではないかが問題となった。この点が問題となった川崎民商事件（**裁判例3-9-1**）において最高裁は、所得税法の質問検査について、いずれも一般論としては行政手続にも適用されることを肯定しながらも、直接、刑事責任の追及を目的とするものではないことなどを理由に質問検査には適用がないと判断した。

4　行政調査と犯罪捜査

任意調査であれ強制調査であれ、行政調査の権限を犯罪捜査のために認められたものと解してはならない。行政調査は、特定の行政目的を達成するために認められるものであるから、刑事責任追及という他の目的達成のために利用することは脱法行為となるからである。

しかし、たとえば、税務調査によって得られた証拠資料から脱税が発覚し、犯罪捜査のきっかけとなることはあり、そのこと自体を否定的に捉えるのも問題がある。このように、行政調査によって得られた証拠資料を、結果として犯罪捜査のために利用することは必ずしも否定する必要はないといえる。

この点が問題となった事件（最判平成16・1・20刑集58巻1号26頁）において、最高裁は、「質問又は検査の権限の行使に当たって、取得収集される証拠資料が後に犯則事件の証拠として利用されることが想定できたとしても、そのことによって直ちに、上記質問又は検査の権限が犯則事件の調査あるいは捜査のための手段として行使されたことにはならない」としている。

5　行政調査の瑕疵と行政処分の効力

違法な行政調査により収集された証拠資料に基づいて行政処分等がなされたときに、当該行政処分等も違法となるかについては議論がある。

行政調査とそれに基づきなされた行政処分とは別個の行為であり、行政調査に違法があったとしても収集された証拠資料が真実で行政処分が内容的に

も正しいのであれば、行政処分の効力に影響を及ぼす必要はないともいえる。

しかし、適正手続の保障の観点からは、行政調査に重大な違法があるときは、行政処分も違法となると解すべきであろう。

● 裁　判　例
3-9-1　川崎民商事件（最大判昭和47・11・22刑集26巻9号554頁）
[事実]　Xは、神奈川県川崎市で食肉販売業を営むものであり、川崎民主商工会の会員であった。所管する川崎税務署長宛に、昭和37年度分の所得税の確定申告書を提出したところ、その内容に過少申告の疑いが認められたことから、昭和38年10月、その調査のため、同税務署所得税第二課に所属し所得税の賦課徴収事務に従事する職員3名が派遣された。職員らが、Xに対し、売上帳、仕入帳等の提示を求めたところ、Xは、事前通知がなければ調査には応じられないなどと主張して、これを拒否した。

当時の所得税法は、収税官吏が所得税の調査を行うために必要があるときは納税義務者等に対して質問・検査をすることができる旨を規定し（63条）、当該検査を拒否した者等に対して1年以下の懲役または20万円以下の罰金に処する旨の規定（70条10号・12号）をしていたため、Xは、これらの規定に基づき起訴された。

第1審・第2審ともに、Xに罰金1万円の有罪判決を下したため、Xが上告した。

上告棄却。

[判旨]　「所論のうち、憲法35条違反をいう点は、旧所得税法70条10号、63条の規定が裁判所の令状なくして強制的に検査することを認めているのは違憲である旨の主張である。

たしかに、旧所得税法70条10号の規定する検査拒否に対する罰則は、同法63条所定の収税官吏による当該帳簿等の検査の受忍をその相手方に対して強制する作用を伴なうものであるが、同法63条所定の収税官吏の検査は、もっぱら、所得税の公平確実な賦課徴収のために必要な資料を収集することを目的とする手続であって、その性質上、刑事責任の追及を目的とする手続ではない。

また、右検査の結果過少申告の事実が明らかとなり、ひいて所得税逋脱の事実の発覚にもつながるという可能性が考えられないわけではないが、そうであるからといって、右検査が、実質上、刑事責任追及のための資料の取得収集に直接結びつく作用を一般的に有するものと認めるべきことにはならない。けだし、この場合の検査の範囲は、前記の目的のため必要な所得税に関する事項にかぎられており、また、その検査は、同条各号に列挙されているように、所得税の賦課徴収手続上一定の関係にある者につき、その者の事業に関する帳簿その他の物件のみを対象としているのであって、所得税の逋脱その他の刑事責任の嫌疑を基準に右の範囲が定められているのではないからである。

さらに、この場合の強制の態様は、収税官吏の検査を正当な理由がなく拒む者に対し、同法70条所定の刑罰を加えることによって、間接的心理的に右検査の受忍を強制しようとするものであり、かつ、右の刑罰が行政上の義務違反に対する制裁として必ずしも軽微なものとはいえないにしても、その作用する強制の度合いは、それが検査の相手方の自由な意思をいちじるしく拘束して、実質上、直接的物理的な強制と同視すべき程度にまで達しているものとは、いまだ認めがたいところである。国家財政の基本となる徴税権の適正な運用を確保し、所得税の公平確実な賦課徴収を図るという公益上の目的を実現するために収税官吏による実効性のある検査制度が欠くべからざるものであることは、何人も否定しがたいものであるところ、その目的、必要性にかんがみれば、右の程度の強制は、実効性確保の手段として、あながち不均衡、不合理なものとはいえないのである。
　憲法35条1項の規定は、本来、主として刑事責任追及の手続における強制について、それが司法権による事前の抑制の下におかれるべきことを保障した趣旨であるが、当該手続が刑事責任追及を目的とするものでないとの理由のみで、その手続における一切の強制が当然に右規定による保障の枠外にあると判断することは相当ではない。しかしながら、前に述べた諸点を総合して判断すれば、旧所得税法70条10号、63条に規定する検査は、あらかじめ裁判官の発する令状によることをその一般的要件としないからといって、これを憲法35条の法意に反するものとすることはできず、前記規定を違憲であるとする所論は、理由がない」。
　「所論のうち、憲法38条違反をいう点は、旧所得税法70条10号、12号、63条の規定に基づく検査、質問の結果、所得税逋脱（旧所得税法69条）の事実が明らかになれば、税務職員は右の事実を告発できるのであり、右検査、質問は、刑事訴追をうけるおそれのある事項につき供述を強要するもので違憲である旨の主張である。
　しかし、同法70条10号、63条に規定する検査が、もっぱら所得税の公平確実な賦課徴収を目的とする手続であって、刑事責任の追及を目的とする手続ではなく、また、そのための資料の取得収集に直接結びつく作用を一般的に有するものでもないこと、および、このような検査制度に公益上の必要性と合理性の存することは、前示のとおりであり、これらの点については、同法70条12号、63条に規定する質問も同様であると解すべきである。そして、憲法38条1項の法意が、何人も自己の刑事上の責任を問われるおそれのある事項について供述を強要されないことを保障したものであると解すべきことは、当裁判所大法廷の判例（昭和27年（あ）第838号同32年2月20日判決・刑集11巻2号802頁）とするところであるが、右規定による保障は、純然たる刑事手続においてばかりではなく、それ以外の手続においても、実質上、刑事責任追及のための資料の取得収集に直接結びつく作用を一般的に有する手続には、ひとしく及ぶものと解するのを相当とする。しかし、旧所得税法70条10号、12号、63条の検査、質問の性質が上述のようなものである以上、右各規定そのものが憲法38条1項にいう『自己に不利益な

供述』を強要するものとすることはできず、この点の所論も理由がない」。

[ワンポイント解説] 旧所得税法63条の収税官吏の検査（検査拒否について罰則が科せられているいわゆる間接強制調査にあたる）について、令状を必要としていなくても憲法35条（令状主義）に反しないこと、また不利益供述拒否権を定める憲法38条にも反しないとした判決である。

現在、国税通則法に税務署等の職員の質問検査権が定められ（74条の2以下）、検査拒否についての罰則も規定されている（127条2号）。また、税務調査の事前告知についても定めがなされている（74条の9など）。

3-9-2 警職法による所持品検査（最判昭和53・9・7刑集32巻6号1672頁）

[事実] 本件証拠物の差押えの経過は、次の通りである。(1) 昭和49年10月30日午前0時35分ごろ、パトカーで警ら中のB巡査、A巡査長の両名は、ホテルC付近路上にX運転の自動車が停車しており、運転席の右横に遊び人風の3、4人の男がいてXと話しているのを認めた。(2) パトカーが後方から近づくと、Xの車はすぐ発進右折してホテルCの駐車場に入りかけ、遊び人風の男たちもこれについて右折していった。(3) B巡査らは、Xの右不審な挙動に加え、同所は連込みホテルの密集地帯で、覚せい剤事犯や売春事犯の検挙例が多く、Xに売春の客引きの疑いもあったので、職務質問をすることにし、パトカーを下車してXの車を駐車場入口付近で停止させ、窓ごしに運転免許証の提示を求めたところ、XはD名義の免許証を提示した（免許証が偽造であることは後に警察署において判明）。(4) 続いて、B巡査が車内をみると、ヤクザの組の名前と紋の入ったふくさ様のものがあり、中に賭博道具の札が10枚くらい入っているのがみえたので、ほかにも違法な物を持っているのではないかと思い、かつまた、Xの落ち着きのない態度、青白い顔色などからして覚せい剤中毒者の疑いもあったので、職務質問を続行するため降車を求めると、Xは素直に降車した。(5) 降車したXに所持品の提示を求めると、Xは、「見せる必要はない」といって拒否し、前記遊び人風の男が近づいてきて、「お前らそんなことする権利あるんか」などと罵声を浴びせ、挑戦的態度に出てきたので、B巡査らはほかのパトカーの応援を要請したが、応援が来るまでの2、3分の間、B巡査と応対していたXは何となく落ち着かない態度で所持品の提示の要求を拒んでいた。(6) 応援の警官4名くらいが来てから後、B巡査の所持品提示要求に対して、Xはぶつぶついいながらも右側内ポケットから「目薬とちり紙（覚せい剤でない白色粉末が在中）」を取り出して同巡査に渡した。(7) B巡査は、さらに他のポケットを触らせてもらうといって、これに対して何もいわなかったXの上衣とズボンのポケットを外から触ったところ、上衣左側内ポケットに「刃物ではないが何か堅い物」が入っている感じでふくらんでいたので、その提示を要求した。(8) 上記提示要求に対し、Xは黙ったままであったので、B巡査は、「いいかげんに出してくれ」と強くいったが、それにも答えないので、「それなら出してみるぞ」といったところ、Xは何かぶつぶついって不服らしい

態度を示していたが、同巡査がXの上衣左側内ポケット内に手を入れて取り出してみると、それは「ちり紙の包、プラスチックケース入りの注射針1本」であり、「ちり紙の包」をXの面前で開披してみると、本件証拠物である「ビニール袋入りの覚せい剤ようの粉末」が入っていた。さらに応援のE巡査が、Xの上衣の内側の脇の下に挟んであった万年筆型ケース入り注射器を発見して取り出した。(9) そこで、B巡査は、Xをパトカーに乗せ、その面前でマルキース試薬を用いて上記「覚せい剤ようの粉末」を検査した結果、覚せい剤であることが判明したので、パトカーの中で被告人を覚せい剤不法所持の現行犯人として逮捕し、本件証拠物を差し押えた。

第1審は、本件証拠物は違法収集証拠にあたるとして、これを証拠から排除してXを無罪とした。第2審もこの判決を支持したので、検察官が上告した。

破棄差戻し。

[判旨]「警職法2条1に基づく職務質問に附随して行う所持品検査は、任意手段として許容されるものであるから、所持人の承諾を得てその限度でこれを行うのが原則であるが、職務質問ないし所持品検査の目的、性格及びその作用等にかんがみると、所持人の承諾のない限り所持品検査は一切許容されないと解するのは相当でなく、捜索に至らない程度の行為は、強制にわたらない限り、たとえ所持人の承諾がなくても、所持品検査の必要性、緊急性、これによって侵害される個人の法益と保護されるべき公共の利益との権衡などを考慮し、具体的状況のもとで相当と認められる限度において許容される場合があると解すべきである(最高裁判所昭和52年(あ)第1435号同53年6月20日第3小法廷判決参照)」。

「これを本件についてみると、原判決の認定した事実によれば、B巡査がXに対し、Xの上衣左側内ポケットの所持品の提示を要求した段階においては、Xに覚せい剤の使用ないし所持の容疑がかなり濃厚に認められ、また、同巡査らの職務質問に妨害が入りかねない状況もあったから、右所持品を検査する必要性ないし緊急性はこれを肯認しうるところであるが、Xの承諾がないのに、その上衣左側内ポケットに手を差し入れて所持品を取り出したうえ検査した同巡査の行為は、一般にプライバシイ侵害の程度の高い行為であり、かつ、その態様において捜索に類するものであるから、上記のような本件の具体的な状況のもとにおいては、相当な行為とは認めがたいところであって、職務質問に附随する所持品検査の許容限度を逸脱したものと解するのが相当である。してみると、右違法な所持品検査及びこれに続いて行われた試薬検査によってはじめて覚せい剤所持の事実が明らかとなった結果、Xを覚せい剤取締法違反被疑事実で現行犯逮捕する要件が整った本件事案においては、右逮捕に伴い行われた本件証拠物の差押手続は違法といわざるをえないものである。これと同旨の原判決の判断は、その限りにおいて相当であり、所論は採ることができない」。

[ワンポイント解説] 上記判示部分によると、上告棄却の判断をすべきであるように思われるが、結論としては破棄差戻しとしている。その理由は、本件所持品

検査が、「所持品検査として許容される限度をわずかに超えて行われたに過ぎないのであって、もとより同巡査において令状主義に関する諸規定を潜脱しようとの意図があったものではなく、また、他に右所持品検査に際し強制等のされた事跡も認められないので、本件証拠物の押収手続の違法は必ずしも重大であるとはいえないのであり、これをＸの罪証に供することが、違法な捜査の抑制の見地に立ってみても相当でないとは認めがたいから、本件証拠物の証拠能力はこれを肯定すべきである」として、原判決を破棄して、本件を第１審裁判所に差し戻した。

第10章　行政裁量

第1節　行政裁量の概念

1　行政裁量の概念

(1) 概　　念

1) 意　　義　行政裁量とは、法律が、行政機関に対して多数の判断または行為の選択可能性を与えていることをいう。法律による行政の原理の観点からすれば、すべての行政活動は法律による拘束を受けているのが望ましいが、実際上は法律の根拠がない場合もあるし、また法律による拘束があったとしても、その程度には強弱の違いがある。

行政裁量は、これまで行政行為における裁量の問題として扱われてきており、本書においても行政行為における行政裁量を中心に論じる。もっとも、行政裁量は、他の行為形式においても存在する。たとえば、行政立法を制定するか否か、どのような内容で制定するかについての裁量、行政上の強制執行を実施するか否かについての裁量、誰とどのような内容の行政契約を締結するかの裁量、どのような行政指導を誰に対して行うかの裁量、どのような行政計画を打ち立てるかに関する裁量などである。

2) 行政裁量が認められる理由　行政裁量が認められる理由は、公益を図るために柔軟かつ円滑な行政活動が不可欠であるという点に求められる。すなわち、法律はあらゆる場合を想定して、事前に細かく規定を設けておくことが実際上不可能であり、しかも、行政は公益を実現するために具体的な問題ごとに適切な対応が要請されるのであって、それには行政機関に一定の

幅の選択可能性を与える必要があるからである。具体的には、政治的判断が必要な事項、専門的技術的判断が必要な事項、全国一律ではなく地方の特性等に配慮すべき事項、予測できない事態へ臨機応変な対応をすべき事項などについては行政裁量を広く認める必要がある。

もっとも、行政裁量を広く認めるときは、恣意的な行政活動の危険性を招来しかねないことから、行政裁量は認めながら、これをいかに適切に統制するかが重要となる。

(2) 古典的な裁量概念

1) 行政裁量に対する古典的な考え方は、まず、行政行為を覊束行為と裁量行為に分けたうえで、裁量行為を法規裁量行為と自由裁量行為に分類して、裁判所による司法審査の対象か否かを決めるものである（図表16）。

a) **覊束行為**　覊束行為とは、行政行為の要件と効果が法律によって一義的で明確に定められており、行政庁はこの法律を機械的に執行するにとどまるものである。そのため覊束行為については、当該行政行為が法律に違反するかについて裁判所による事後的な司法審査の対象となる。

b) **法規裁量行為**　行政行為の要件や効果が一義的で明確に定められていないため、一定の範囲で行政機関に選択可能性が与えられているけれども、その内容が社会通念や経験則によって客観的に確定することが可能な概念である場合を、法規裁量行為または覊束裁量行為と呼んでいる。この場合、裁判所は、法律の定める要件や効果について社会通念や経験則によって客観的に判断することが可能となるから、当該行政行為の法令適合性を事後的に司法審査できることになる。

c) **自由裁量行為**　行政行為の要件や効果が一義的で明確に定められて

図表16　古典的な裁量概念

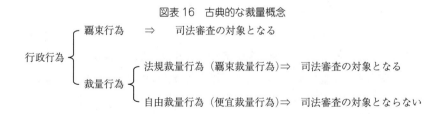

おらず、しかも、その内容が、政治的判断が必要な事項であったり、専門的技術的判断が必要な事項であったりするなど、行政庁の判断を最終的な判断とせざるをえない場合を、自由裁量行為または便宜裁量行為と呼んでいる。この場合は、客観的な判断基準によって違法か適法かの判断ができないから、当該行政行為について事後的な司法審査は原則として許されないことになる。ただし、法律によって付与された裁量権の逸脱・濫用があった場合は、例外的に違法となり裁判所による司法審査の対象となる。

2) 古典的な裁量概念によった場合、具体的にはどのような場合が自由裁量行為となるのかについて、要件裁量説と効果裁量説が対立していた。

a) **要件裁量説** 要件裁量説は、行政行為の要件の解釈と認定事実のあてはめの段階に裁量があり、その要件の定め方が「公益のため」といった抽象的なものであるときや、そもそも要件が規定されていない場合に自由裁量を認めるというものである。

b) **効果裁量説** 効果裁量説は、行政行為の要件の解釈や認定事実のあてはめの段階には裁量を否定して、行政庁が行政行為を行うか否か（効果）の判断について裁量の有無を考えて、①国民の権利や自由を制限する行政処分については自由裁量を否定し、②国民の権利や自由と無関係な行政処分や、③国民に権利・利益を付与する行政処分については原則として自由裁量を認めるという考え方である（これを美濃部三原則と呼んでいる）。

国民の権利・利益との関係で裁量の幅・程度を考える効果裁量説（美濃部三原則）の基本的な部分は、現在でも引き継がれているといえるが、実定法が定めるさまざまな行政処分には、要件の解釈や認定事実のあてはめ、行政処分を行うか否か、どのような行政処分を行うかについて、行政庁に選択可能性を与えている場合があり、自由裁量が認められるのを要件裁量か効果裁量のどちらか一方に限るという上記学説の争いはもはや妥当性を欠いているといえよう。

2 行政決定における判断過程と裁量

(1) 行政決定における判断過程

　現在では、具体的な行政決定の判断過程（行政過程）に着目して裁量の問題を考察するのが一般的である。行政庁が行政処分を行う場合には、通常、1）事実の認定、2）法律要件の解釈と認定した事実のあてはめ（要件の認定）、3）行為の選択、4）手続の選択、5）時の選択という過程を経て行われる。多くの場合、行政処分は、「○○の要件をみたした場合には、△△又は××の行政処分をすることができる」という法律の規定に基づいて行われる。たとえば、国家公務員法82条1項は、「国民全体の奉仕者たるにふさわしくない非行のあつた場合」（同項3号）には、その職員に対して、「免職、停職、減給又は戒告の処分をすることができる」と規定している。

　そこで、休日にドライブをしていた国家公務員Aが、ひき逃げ事故を起こした場合に懲戒処分をする場合の行政過程を検討してみよう。

　1）事実の認定　まず、懲戒処分の前提となるひき逃げ事故について事実認定をすることになる。Aが道路交通法違反の容疑で逮捕・起訴されていても、A自身はひき逃げの事実を否認しているような場合は、行政庁としては事実認定に慎重な判断が求められることになる。

　2）法律要件の解釈と認定した事実のあてはめ　行政庁がひき逃げの事実を認定した場合、この事実が「国民全体の奉仕者たるにふさわしくない非行のあつた場合」（法律要件）にあてはまるか否かを検討することになる。

　この法律要件の意味内容について法律は明示していないので、行政庁としては、「非行」の意味を解釈したうえで、ひき逃げ事故がこれにあてはまるかを判断しなければならない。

　3）行為の選択　行政庁は、2）のあてはめにおいて非行の事実に該当すると判断したときは、懲戒処分を行うか否か（行為裁量）、懲戒処分を行うとして免職、停職、減給、戒告のうちいずれの処分をするか（選択裁量）を選択しなければならない。この判断においても、どのような事実があったときは、どのような処分をすべきかについて法律に明示的な基準がないため、

行政庁としては適切妥当な判断が求められることになる。

4) **手続の選択**　上記の1) から3) の判断を経て、何らかの懲戒処分を行うときは、国家公務員法89条1項に規定する処分事由説明書の交付の手続を行う必要がある。行政手続法は、不利益処分を行う場合には聴聞または弁明の機会の付与を必要と規定するが、同法では、国家公務員の懲戒処分については適用除外となっている（3条1項9号）。

5) **時の選択**　上記の例では、たとえば減給処分を行う場合、いつその処分を行うかの判断も必要となる。

(2) **各判断過程における裁量**

上記の例からも明らかなように、2) 法律要件の解釈と認定した事実のあてはめ（要件の認定）、3) 行為の選択、4) 手続の選択、5) 時の選択の各段階で、それぞれ行政裁量を観念することができる。特に2) 法律要件の解釈と認定した事実のあてはめ（要件の認定）に認められる裁量を「要件裁量」といい、3) の行為の選択において認められる行為裁量と選択裁量を合わせて「効果裁量」と呼んでいる。

なお、1) の事実の認定については、裁判所が審理・判断をすべき事項であることから、行政裁量を否定するのが一般的であるが、要件の認定と事実の認定が不可分に結びつくような専門的科学的問題（たとえば原子炉設置の安全判断など）については、行政庁の事実認定にも一定の裁量が認められると理解されている。

これらの各過程における裁量について、どのような法的統制がなされるべきかは、第2節で後述する。

3　裁量の有無の判断基準

行政裁量が認められるか否かは、何を基準にして判断されるのであろうか。この点については、①法律の規定振り（法律の文言）と②行政処分の性質を総合的に考慮して判断するのが一般的である。

(1) **法律の文言**

行政処分を定める法律の規定は、一般的には、「○○の要件をみたした場

合には」という処分要件の部分と、「△△又は××の行政処分をすることができる」という効果の部分に分けることができる。

　処分要件の規定の仕方が「営業者が法令に違反したとき」とか「構造又は設備が法令で定める基準に適合するとき」といったような文言のように、その内容が一義的に明確なときは原則として裁量がないと考えることができる。

　これに対して、「公安を害する行為を行うおそれがある」とか「善良な風俗を害するおそれ」というような不確定概念で一定の政治的判断や専門技術的判断などが求められるときは、要件裁量が認められることになる。

　また効果を定める規定の仕方が、「命じることができる」とか「営業の停止又は営業許可を取消すことができる」というように、行政処分を行うか否か、または処分の内容に複数の選択肢が置かれているような場合は、効果裁量が認められるが、「取り消さなければならない」とか「許可をしてはならない」といった規定の場合には裁量がないと考えることができる。

　なお、行政行為の処分要件の中に、裁量がない部分と、裁量がある部分が混在する場合もあるため、個別行政法の処分要件の文言に注意を払う必要がある（図表17）。

(2) 処分（行政活動）の性質

　美濃部三原則として取り上げたように、国民の権利・自由を制限する侵害処分については裁量が認められないか裁量の幅が小さくなり、国民に権利・自由を付与する授益処分については裁量が認められる方向となる。また、政治的判断が必要な行政処分や、専門的技術的判断が必要な行政処分について

図表17　処分要件・効果の文言と裁量

	処分要件の文言	効果の文言
裁量あり	「公安を害する行為を行うおそれがあると認めるとき」「善良な風俗を害するおそれがあると認めるとき」	「改善措置を命じることができる」「営業の許可を取り消し、又は期間を定めて営業の全部又は一部の停止を命じることができる」
裁量なし	「営業が法令に違反したとき」「構造又は設備が法令で定める基準に適合するとき」	「取り消さなければならない」「許可をしてはならない」

も裁量が認められることが多い。

(3) 総合的な判断

行政裁量の有無は、法律の文言と処分の性質をふまえて、具体的な行政処分ごとに判断していくことになる。

国家公務員の懲戒処分における効果裁量の有無が問題となった神戸税関職員懲戒事件（**裁判例3-10-2**）において最高裁は、次のように判示している。

1)　「懲戒処分をするときにいかなる処分を選択すべきかを決するについては、公正であるべきこと（国家公務員法74条1項）を定め、平等取扱いの原則（同法27条）及び不利益取扱いの禁止（同法98条3項）に違反してはならないことを定めている以外に、具体的な基準を設けていない」として「法律の文言」の規定振りを指摘する。

2)　そのうえで、「懲戒処分をすべきかどうか、また、懲戒処分をする場合にいかなる処分を選択すべきか、を決定することができるものと考えられるのであるが、その判断は、右のような広範な事情を総合的に考慮してされるものである以上、平素から庁内の事情に通暁し、都下職員の指揮監督の衝にあたる者の裁量に任せるのでなければ、とうてい適切な結果を期待することができないものといわなければならない」として、「懲戒処分の性質」を示した。

3)　そして裁量の有無について、「公務員につき、国公法に定められた懲戒事由がある場合に、懲戒処分を行うかどうか、懲戒処分を行うときにいかなる処分を選ぶかは、懲戒権者の裁量に任されているものと解すべきである」と結論づけている。

第2節　裁量行為に対する法的統制

1　裁判所による行政処分に対する法的統制

(1)　行政事件訴訟法における行政処分への司法審査

前述した判断過程を経てなされた行政処分の適法性は、取消訴訟等の抗告

訴訟において裁判所によって審理されるのが原則である。なお、抗告訴訟の対象となる「行政庁の処分その他公権力の行使に当たる行為」（行政事件訴訟法3条2項）は、講学上の行政行為の概念とほぼ同義であるが、条例制定行為や行政計画決定など本来行政行為とはいえない行為も含まれる場合もあることから、ここでは、行政行為に代えて「行政処分」の用語を使用する。

取消訴訟等の抗告訴訟において、裁判所がどのように行政処分の違法性を判断するかについて、行政事件訴訟法は、裁量処分の取消し（同法30条）について定めるだけで、それ以外にどのような方法で判断するのかについて明文を置いていない。

(2) 判断代置による審査と裁量権の逸脱・濫用の審査

裁判所が行政処分の違法性を判断する方法には、大きく分けて、判断代置による審査と裁量権の逸脱・濫用の審査の2つの方法があるといわれる。

1) 判断代置による審査 判断代置による審査とは、裁判所が行政庁と同じ立場に立って、前述した1) 事実の認定、2) 法律要件の解釈と認定した事実のあてはめ（要件の認定）、3) 行為の選択、4) 手続の選択、5) 時の選択という行政過程のそれぞれを判断して、裁判所の判断と行政庁の判断が一致しないときに、行政処分を違法と判断する審査方法である。つまり、裁判所の判断を行政庁の判断に置き代えるという意味で「判断代置」と呼ばれている。

この判断方法は、裁判所の判断を行政庁の判断に置き代えることができなければならないから、行政処分の要件・効果を定めている法律が一義的に明確な概念で定めている場合か、あるいは不確定な概念を定めているときでも社会通念や経験則などで客観的に判断できることが可能な場合であることが必要である。その意味で、この判断方法が機能するのは、覊束行為と法規裁量行為（覊束裁量行為）の場合である。

2) 裁量権の逸脱・濫用の審査 裁量権の逸脱・濫用の審査とは、裁判所が行政庁と同じ立場に立つのではなく、行政庁の判断に一定の裁量があることを尊重し、行政庁の判断に裁量権の逸脱・濫用があった場合に限り、行政処分を違法と判断する審査方法であり、行政事件訴訟法30条が定めるも

のである。この判断方法では、行政庁に一定の裁量が認められるのが、前述した1) 事実の認定、2) 法律要件の解釈と認定した事実のあてはめ（要件の認定）、3) 行為の選択、4) 手続の選択、5) 時の選択という行政過程の、どの部分なのかを明らかにすることが重要となる。

また、これは裁判所の判断を行政庁の判断に置き換えることができない場合、すなわち行政処分の要件・効果を定めている法律が、不確定な概念を定めており、しかも行政庁の判断を最終的なものとせざるをえない内容でなければならない。つまり、政治的判断や専門的技術的判断が必要な事項などである。その意味で、この判断方法が機能するのは、自由裁量行為（便宜裁量行為）の場合となる。

3) **行政過程における裁量の有無の判断**　行政過程の各段階で、いかなる行政裁量が認められるかは、前述のように、法律の文言と処分の性質を考慮したうえで総合的に判断されることになる。

「要件裁量」を認めた代表的な判例としては、マクリーン事件（**裁判例3-10-1**）、伊方原発訴訟（最判平成4・10・29民集46巻7号1174頁）、生活保護法基準改定事件（最判平成24・2・28民集66巻3号1240頁、最判平成24・4・2民集66巻6号2367頁）をあげることができる。

マクリーン事件は、出入国管理行政における政治的判断の必要性から「在留期間の更新を適当と認めるに足りる相当の理由」（出入国管理令〔当時〕21条3項）という法律要件の判断についての「政治的裁量」を認めたものである。伊方原発訴訟は、原子炉設置許可については多方面にわたる高度な最新の科学的、専門技術的知見に基づく総合的判断が必要であるとして、設置許可基準の判断についての「専門技術的裁量」を認めたものと理解されている（もっとも判決文では裁量の用語は使われていない）。

生活保護法基準改定事件では、法規命令としての性質を持つ生活保護基準の改定には、厚生労働大臣による専門技術的かつ政策的な判断が必要であるとして、「専門技術的な観点と政策的な観点からの裁量」を認めている。

また「効果裁量」を認めた代表的な判例としては、前述の神戸税関職員懲戒事件（**裁判例3-10-2**）、教職員国旗国歌訴訟（**裁判例3-10-3**）などをあげ

ることができる。いずれも公務員の懲戒処分が問題となった事件である。

なお、「時の裁量」については、中野区特殊車両通行認定事件（最判昭和57・4・23民集36巻4号727頁）をあげることができる。これは、車両制限令12条に基づく特殊車両通行認定の申請に対する応答の留保について、認定の性質について基本的には裁量の余地のない確認的行為としながらも、一定の範囲で、時の裁量（いつ行政行為を行うかという行政裁量）を認めたものである。

もっとも、現代の多様かつ複雑化した行政では裁量の余地のないものはそれほど多くなく、裁量の有無の問題よりも、どの程度の裁量があり、それに対してどの程度の統制を加えるべきかという司法審査の密度の問題へと関心は移っている。

2　裁量権の逸脱・濫用の審査の具体的な方法

裁量権の逸脱・濫用の有無は、どのように判断されるのかについて、現在では、おおむね次の3つの裁量審査の方法がとられている。それが、(1) 社会観念審査、(2) 判断過程審査、(3) 手続的審査である。

(1)　社会観念審査

1)　社会観念審査とは、行政庁の判断がまったく事実の基礎を欠き、または社会観念上著しく相当性を欠く場合に限り、当該行政処分を違法と判断する方法である。裁判所は、行政庁の判断を最大限尊重し、社会観念上著しく相当性を欠く場合というきわめて例外的な場合に限って違法と判断するというものなので、最小限審査とも呼ばれている。この審査方法は裁判所の行政権の行使に対する基本的態度を示すもので、古典的ではあるが、現在でも基本的な考え方といってよい。なお行政庁の判断が、社会観念上著しく相当性を欠くときは違法となるというものだから、行政庁の下した判断の結果に着目した審査方法ということができる。

マクリーン事件（**裁判例3-10-1**）では、「これを出入国管理令21条3項に基づく法務大臣の『在留期間の更新を適当と認めるに足りる相当の理由』があるかどうかの判断の場合についてみれば、右判断に関する前述の法務大臣

の裁量権の性質にかんがみ、その判断がまったく事実の基礎を欠き又は社会通念上著しく妥当性を欠くことが明らかである場合に限り、裁量権の範囲をこえ又はその濫用があったものとして違法となるものというべきである」と判示し、神戸税関職員懲戒事件（**裁判例3-10-2**）や教職員国旗国歌訴訟（**裁判例3-10-3**）などでは、「懲戒権者の裁量権の行使に基づく処分が社会観念上著しく妥当を欠き、裁量権を濫用したと認められる場合に限り違法であると判断すべきものである」、あるいは「その判断は、それが社会観念上著しく妥当を欠いて裁量権の範囲を逸脱し、又はこれを濫用したと認められる場合に、違法となるものと解される」と繰り返し判示する通りである。

2）　社会観念審査における「社会観念上著しく相当性を欠く場合」とは、具体的にどういう場合を指すかが問題となるが、これには、a）重大な事実誤認、b）目的・動機違反、c）信義則違反、d）平等原則違反、e）比例原則違反などをあげることができる。

a）　**重大な事実誤認**　　行政処分は、正しい事実認定のうえに成り立つものであるから、重大な事実誤認があったときは、行政処分の正当性の根拠を欠くことになるから違法となるのは当然のことである。なお、最高裁は、「全く事実の基礎を欠き」というように、「全く」という文言を加えているが、行政処分の処分要件に該当する事実は、さまざまに考えられる（たとえば、いつ、どこで、誰が、何を、なぜ、どのように行ったかという事実）ところ、どの事実について誤認がある必要があるのか、それともすべての事実について誤認があることが必要なのかなど、肝心の部分が明らかではない。

近時、呉市学校施設使用不許可事件（**裁判例3-10-6**）において最高裁は、「その判断が、重要な事実の基礎を欠くか、又は社会通念に照らし著しく妥当性を欠くものと認められる場合に限って、裁量権の逸脱又は濫用として違法となるとすべきものと解するのが相当である」と判示し、また、小田急事件（**裁判例3-8-1**）でも「裁判所が都市施設に関する都市計画の決定又は変更の内容の適否を審査するに当たっては、当該決定又は変更が裁量権の行使としてされたことを前提として、その基礎とされた重要な事実に誤認があること等により重要な事実の基礎を欠くこととなる場合、又は、事実に対する

評価が明らかに合理性を欠くこと、判断の過程において考慮すべき事情を考慮しないこと等によりその内容が社会通念に照らし著しく妥当性を欠くものと認められる場合に限り、裁量権の範囲を逸脱し又はこれを濫用したものとして違法となる」と判示するなど、従来の「全く事実の基礎を欠く」という文言の使用に慎重な姿勢も示し始めている。

　b)　**目的・動機違反**　法律の趣旨や目的とは異なる目的・動機の下で裁量権が行使されて行政処分が行われた場合には違法となる。行政庁の恣意によって裁量権を行使することが許されないことは当然であるが、行政庁の目的や動機を立証するのは実際上困難であるといえよう。

　もっとも、個室つき浴場の開業を阻止する目的でなされた児童遊園施設の設置認可処分の適法性が争われた余目町個室つき浴場事件（**裁判例3-10-4**）において最高裁は、「被告会社のトルコぶろ営業の規制を主たる動機、目的とする余目町の若竹児童遊園設置の認可申請を容れた本件認可処分は、行政権の濫用に相当する違法性があ」ると判断している。

　c)　**信義則違反**　信義誠実の原則（信義則）は、私法における基本原則の1つである（民法1条2項）が、行政上の法律関係においても妥当性を持つ一般原則ということができる。したがって、当該行政処分が行われた具体的な事実関係のもとで、信義則に違反すると判断される場合もある。

　中国国籍の外国人の在留資格が、当該外国人の意思によらずに、行政側が勝手に在留更新の申請内容を変更して短期滞在資格での更新許可をした後に、在留期間の更新不許可処分をしたという事件（最判平成8・7・2判時1578号51頁）において、最高裁は、信義則をふまえて、本人の意思によらずに在留更新の申請内容を変更して短期滞在資格での更新許可をした扱いを不当であるとしたうえで、その後になされた在留期間の更新不許可処分が裁量権を逸脱・濫用した違法があると判断した。

　d)　**平等原則違反**　平等原則は、憲法14条を根拠とする行政法の一般原則の1つであり、当該行政処分が結果として、他の同種事案とは合理的な理由がないのにその扱いが異なるときは、裁量権の逸脱・濫用があるとして違法となる。

平等原則違反が直接認められて違法となった例はあまりみないが、たとえば、法律が定める遵守義務に違反した営業者に対して営業許可取消処分がなされた場合、同種の事案では、短期間の営業停止処分にとどまっているような場合には、異なる取扱いに合理的な理由がないときは違法と判断されることになる。

　e）　**比例原則違反**　　比例原則も、行政法の重要な一般原則の1つであり、当該行政処分の内容が、違反行為の程度や態様からみて過大に重い処分であるような場合である。たとえば、軽微な義務違反が、一度しかないのに、営業許可を取り消される場合などである。

　前述した教職員国旗国歌訴訟（**裁判例3-10-3**）では、国家公務員の懲戒処分について、懲戒権者の効果裁量を認め、裁量権の逸脱・濫用の判断基準について社会観念審査によることを前提としつつも、より具体的な事情を考慮に丁寧な検討を行い、過去に1回の戒告処分歴のあることのみを理由に行った減給処分について、社会観念上著しく妥当を欠くとして違法であるとして、比例原則に従って判断したものと解することができる。

(2)　判断過程審査

1）　**内　　容**　　判断過程審査とは、行政処分がなされる判断の形成過程に着目して、その判断過程の合理性の有無を審査する方法である。

　判断過程の合理性の有無を審査するとは、行政処分の決定過程にあたって、考慮すべき事項を考慮しているか（考慮遺脱）、あるいは十分に考慮しているか（考慮不尽）、考慮すべきでない事項を考慮していないか（他事考慮）などを検討するものである。何が考慮すべき事項で、何が考慮すべきでない事項かは、当該行政処分の根拠法令の文言だけでなく、法令の趣旨・目的や処分の性質等を考慮して総合的に決められるものといえる。

　この判断過程の合理性の検証を緻密に行えば、裁判所による審査の密度を高めることができ、裁量統制のあり方が、より判断代置による審査に近づくことになる。しかし、合理性の検証が、抽象的・概括的であったりすると審査密度は低くなり、社会観念審査に近づくことになる。

2）　**判　　例**　　判断過程審査によって行政処分の違法性判断を行って

いる裁判例は、増えつつあるが、判例の基本的なスタンスは、社会観念審査にあり、判断過程審査もその延長線上にあるものとされている。

エホバの証人剣道実技拒否事件（**裁判例3-10-5**）では、神戸高専の校長が行った原級留置処分・退学処分について教育的見地からの裁量（要件裁量と効果裁量）を肯定した判決である。裁量権の逸脱・濫用の判断基準については、一般論としては社会観念審査の判断枠組みを示しているものの、「考慮すべき事項を考慮しておらず、又は考慮された事実に対する評価が明白に合理性を欠き、その結果、社会観念上著しく妥当を欠く処分をした」と判断しており、実質的には判断過程審査によるべきことが示されている。

前述の呉市学校施設使用不許可事件（**裁判例3-10-6**）では、学校施設の使用不許可処分について施設管理者としての裁量（要件裁量と効果裁量）を肯定したうえで、裁量権の逸脱・濫用の判断基準については、「その裁量権の行使が逸脱濫用に当たるか否かの司法審査においては、その判断が裁量権の行使としてされたことを前提とした上で、その判断要素の選択や判断過程に合理性を欠くところがないかを検討し、その判断が、重要な事実の基礎を欠くか、又は社会通念に照らし著しく妥当性を欠くものと認められる場合に限って、裁量権の逸脱又は濫用として違法となる」と判断しており、実質的には判断過程審査によるべきことが示されている。

都市計画決定の裁量統制が問題となった小田急事件（**裁判例3-8-1**）の本案審理では、都市計画決定は、政策的、技術的な見地からの判断が不可欠であるとして行政庁の広範な裁量を認めつつも、「裁判所が都市施設に関する都市計画の決定又は変更の内容の適否を審査するに当たっては、当該決定又は変更が裁量権の行使としてされたことを前提として、その基礎とされた重要な事実に誤認があること等により重要な事実の基礎を欠くこととなる場合、又は、事実に対する評価が明らかに合理性を欠くこと、判断の過程において考慮すべき事情を考慮しないこと等によりその内容が社会通念に照らし著しく妥当性を欠くものと認められる場合に限り、裁量権の範囲を逸脱し又はこれを濫用したものとして違法となるとすべきものと解するのが相当である」として判断過程審査によるべきことを示した。

さらに、林試の森事件（**裁判例3-10-7**）は、小田急事件と同じく都市計画法による都市計画決定について裁量（計画裁量）を肯定したが、計画裁量の審査にあたっては、民有地に代えて公有地の利用が可能であることも考慮して判断すべきであるとしたうえで、建設大臣の判断が合理的か否かを判断するためには、詳細な具体的事実の確定がなされていないとして原審に差し戻したものである。

　また、一般公共海岸区域の占用不許可事件（最判平成19・12・7民集61巻9号3290頁）では、行政財産である一般公共海岸区域の占用許可処分について、当該海岸区域の用途または目的を妨げない場合であっても、許可・不許可の判断について効果裁量を肯定したうえで、裁量権の逸脱・濫用の判断については、「考慮すべきでない事項を考慮し、他方、当然考慮すべき事項を十分考慮しておらず、その結果、社会通念に照らし著しく妥当性を欠いた」か否かを判断するとしており、判断過程審査によるべきことが示されている。

　3）　判断過程審査の発展　　もともと判断過程審査は、日光太郎杉事件（東京高判昭和48・7・13行集24巻6＝7号533頁）のように、当該事業計画が土地の適正かつ合理的な利用に寄与するという土地収用法20条3号所定の要件を満たすか否かという専門的・政策的判断が求められる要件裁量の判断の局面において、裁判所による裁量統制を実現するために意図された審査方法であったといえる。しかし、上記の各事件にみられるように、要件裁量だけでなく効果裁量が問題となるケースにこの審査方法が使われるようになっており、より密度の高い審査方法として発展することが期待されている。

(3)　手続的審査

　行政処分の実体面での適法性を審査する社会観念審査や判断過程審査とは異なり、判断過程における手続面での適法性を審査する手法が、手続的審査である。

　個人タクシー事件（最判昭和46・10・28民集25巻7号1037頁）では、旧道路運送法に基づく個人タクシー事業の免許申請手続において、審査基準の設定とそれを前提とした主張と証拠提出の機会を保障することの必要性を示して、これを十分に実施しなかった行政処分（不許可処分）は違法であると判示して

いる。

　行政庁の事前手続による裁量統制として重要なのが裁量基準の設定・公表である。行政手続法は、審査基準や処分基準の設定・公表を法的に義務づけあるいはその努力義務を規定する（行政手続法5条・8条）。裁量基準としての審査基準等を設定・公開することを義務づけるのは、行政庁の判断の慎重と公正・妥当を担保して恣意を抑制するためであるから、裁量基準の設定・公表は、行政機関内部における裁量統制の1つの方法である。

　酒類販売業免許事件（最判平成10・7・16判時1652号52頁）において最高裁は、酒税法に基づく酒類販売業の免許申請手続において取扱要領のような裁量基準が定められている場合、当該裁量基準に合理性が認められれば、当該裁量基準に適合した行政処分（申請拒否処分）は原則として適法であると判断した。

● 裁　判　例
3-10-1　マクリーン事件（要件裁量、最大判昭和53・10・4民集32巻7号1223頁）

［事実］　Xは、アメリカ合衆国国籍を有する外国人であるが、昭和44年4月21日、その所持する旅券に在韓国日本大使館発行の査証を受けたうえで本邦に入国し、同年5月10日、下関入国管理事務所入国審査官から出入国管理令4条1項16号、特定の在留資格及びその在留期間を定める省令1項3号に該当する者としての在留資格をもって在留期間を1年とする上陸許可の証印を受けて本邦に上陸した。

　Xは、昭和45年5月1日1年間の在留期間の更新を申請したところ、法務大臣（Y）は、同年8月10日「出国準備期間として同年5月10日から同年9月7日まで120日間の在留期間更新を許可する」との処分をした。そこで、Xは、更に、同年8月27日、Yに対し、同年9月8日から1年間の在留期間の更新を申請したところ、Yは、同年9月5日付で、Xに対し、右更新を適当と認めるに足りる相当な理由があるものとはいえないとして右更新を許可しないとの処分（以下「本件処分」という）をした。Yが在留期間の更新を適当と認めるに足りる相当な理由があるものとはいえないとしたのは、Xの在留期間中の無届転職と政治活動のゆえであった。

　Xは、本件処分は違法であるとして、その取消しを求めて出訴した。第1審は、Yの裁量権の逸脱を認めてXの請求を認容した。第2審は、裁量権の範囲内であるとして請求を棄却したので、Xが上告した。

上告棄却。

[**判旨**]「憲法22条1項は、日本国内における居住・移転の自由を保障する旨を規定するにとどまり、外国人がわが国に入国することについてはなんら規定していないものであり、このことは、国際慣習法上、国家は外国人を受け入れる義務を負うものではなく、特別の条約がない限り、外国人を自国内に受け入れるかどうか、また、これを受け入れる場合にいかなる条件を付するかを、当該国家が自由に決定することができるものとされていることと、その考えを同じくするものと解される（最高裁昭和29年（あ）第3594号同32年6月19日大法廷判決・刑集11巻6号1663頁参照）。したがって、憲法上、外国人は、わが国に入国する自由を保障されているものでないことはもちろん、所論のように在留の権利ないし引き続き在留することを要求しうる権利を保障されているものでもないと解すべきである。

右のように出入国管理令が原則として一定の期間を限って外国人のわが国への上陸及び在留を許しその期間の更新は法務大臣がこれを適当と認めるに足りる相当の理由があると判断した場合に限り許可することとしているのは、法務大臣に一定の期間ごとに当該外国人の在留中の状況、在留の必要性・相当性等を審査して在留の許否を決定させようとする趣旨に出たものであり、そして、在留期間の更新事由が概括的に規定されその判断基準が特に定められていないのは、更新事由の有無の判断を法務大臣の裁量に任せ、その裁量権の範囲を広汎なものとする趣旨からであると解される。すなわち、法務大臣は、在留期間の更新の許否を決するにあたっては、外国人に対する出入国の管理及び在留の規制の目的である国内の治安と善良の風俗の維持、保健・衛生の確保、労働市場の安定などの国益の保持の見地に立って、申請者の申請事由の当否のみならず、当該外国人の在留中の一切の行状、国内の政治・経済・社会等の諸事情、国際情勢、外交関係、国際礼譲など諸般の事情をしんしゃくし、時宜に応じた的確な判断をしなければならないのであるが、このような判断は、事柄の性質上、出入国管理行政の責任を負う法務大臣の裁量に任せるのでなければとうてい適切な結果を期待することができないものと考えられる。このような点にかんがみると、出入国管理令21条3項所定の『在留期間の更新を適当と認めるに足りる相当の理由』があるかどうかの判断における法務大臣の裁量権の範囲が広汎なものとされているのは当然のことであって、所論のように上陸拒否事由又は退去強制事由に準ずる事由に該当しない限り更新申請を不許可にすることは許されないと解すべきものではない。

ところで、行政庁がその裁量に任された事項について裁量権行使の準則を定めることがあっても、このような準則は、本来、行政庁の処分の妥当性を確保するためのものなのであるから、処分が右準則に違背して行われたとしても、原則として当不当の問題を生ずるにとどまり、当然に違法となるものではない。処分が違法となるのは、それが法の認める裁量権の範囲をこえ又はその濫用があった場合に限られるのであり、また、その場合に限り裁判所は当該処分を取り消すことができるものであって、行政事件訴訟法30条の規定はこの理を明らかにしたもの

にほかならない。もっとも、法が処分を行政庁の裁量に任せる趣旨、目的、範囲は各種の処分によって一様ではなく、これに応じて裁量権の範囲をこえ又はその濫用があったものとして違法とされる場合もそれぞれ異なるものであり、各種の処分ごとにこれを検討しなければならないが、これを出入国管理令21条3項に基づく法務大臣の『在留期間の更新を適当と認めるに足りる相当の理由』があるかどうかの判断の場合についてみれば、右判断に関する前述の法務大臣の裁量権の性質にかんがみ、その判断が全く事実の基礎を欠き又は社会通念上著しく妥当性を欠くことが明らかである場合に限り、裁量権の範囲をこえ又はその濫用があったものとして違法となるものというべきである。したがって、裁判所は、法務大臣の右判断についてそれが違法となるかどうかを審理、判断するにあたっては、右判断が法務大臣の裁量権の行使としてされたものであることを前提として、その判断の基礎とされた重要な事実に誤認があること等により右判断が全く事実の基礎を欠くかどうか、又は事実に対する評価が明白に合理性を欠くこと等により右判断が社会通念に照らし著しく妥当性を欠くことが明らかであるかどうかについて審理し、それが認められる場合に限り、右判断が裁量権の範囲をこえ又はその濫用があったものとして違法であるとすることができるものと解するのが、相当である」。

[ワンポイント解説] 外国人の在留期間の更新について政策的判断・政治的判断が求められることから要件裁量を肯定した判決である。裁量権の逸脱・濫用の判断基準については、いわゆる社会観念審査（重要な事実に誤認があること等により右判断がまったく事実の基礎を欠くかどうか、または事実に対する評価が明白に合理性を欠くこと等により右判断が社会通念に照らし著しく妥当性を欠くことが明らかである場合）によるべきことが示されている。

3-10-2 神戸税関職員懲戒事件（効果裁量、最判昭和52・12・20民集31巻7号1101頁）

[事実] Xらは、神戸税関職員であり、かつ全国税労働組合神戸支部の役員であったが、神戸税関長（Y）は、Xらに対して、懲戒免職処分を行った。その理由としては、Xらの同僚組合員に対する懲戒処分の抗議活動、勤務時間内の職場集会の続行、輸出為替職場の人員増加要求活動、超過勤務命令撤回闘争の各組合活動が、国家公務員法で定める職務命令遵守義務・争議行為禁止・職務専念義務の違反・人事院規則で定める勤務時間中の組合活動の禁止にそれぞれ違反し、国家公務員法82条1号および3号に該当するというものであった。

Xらは、懲戒処分の取消しを求めて出訴した。

第1審・第2審ともに、Xらの行為は違法であり懲戒事由には該当するが、免職処分は過酷に過ぎるとして懲戒免職処分を取り消したため、Yが上告した。

破棄自判（Xらの請求を棄却）。

[判旨] 「公務員に対する懲戒処分は、当該公務員に職務上の義務違反、その他、

単なる労使関係の見地においてではなく、国民全体の奉仕者として公共の利益のために勤務することをその本質的な内容とする勤務関係の見地において、公務員としてふさわしくない非行がある場合に、その責任を確認し、公務員関係の秩序を維持するため、科される制裁である。ところで、国公法は、同法所定の懲戒事由がある場合に、懲戒権者が、懲戒処分をすべきかどうか、また、懲戒処分をするときにいかなる処分を選択すべきかを決するについては、公正であるべきこと（74条1項）を定め、平等取扱いの原則（27条）及び不利益取扱いの禁止（98条3項）に違反してはならないことを定めている以外に、具体的な基準を設けていない。したがって、懲戒権者は、懲戒事由に該当すると認められる行為の原因、動機、性質、態様、結果、影響等のほか、当該公務員の右行為の前後における態度、懲戒処分等の処分歴、選択する処分が他の公務員及び社会に与える影響等、諸般の事情を考慮して、懲戒処分をすべきかどうか、また、懲戒処分をする場合にいかなる処分を選択すべきか、を決定することができるものと考えられるのであるが、その判断は、右のような広範な事情を総合的に考慮してされるものである以上、平素から庁内の事情に通暁し、都下職員の指揮監督の衝にあたる者の裁量に任せるのでなければ、とうてい適切な結果を期待することができないものといわなければならない。それ故、公務員につき、国公法に定められた懲戒事由がある場合に、懲戒処分を行うかどうか、懲戒処分を行うときにいかなる処分を選ぶかは、懲戒権者の裁量に任されているものと解すべきである。もとより、右の裁量は、恣意にわたることを得ないものであることは当然であるが、懲戒権者が右の裁量権の行使としてした懲戒処分は、それが社会観念上著しく妥当を欠いて裁量権を付与した目的を逸脱し、これを濫用したと認められる場合でない限り、その裁量権の範囲内にあるものとして、違法とならないものというべきである。したがって、裁判所が右の処分の適否を審査するにあたっては、懲戒権者と同一の立場に立って懲戒処分をすべきであったかどうか又はいかなる処分を選択すべきであったかについて判断し、その結果と懲戒処分とを比較してその軽重を論ずべきものではなく、懲戒権者の裁量権の行使に基づく処分が社会観念上著しく妥当を欠き、裁量権を濫用したと認められる場合に限り違法であると判断すべきものである」。

[ワンポイント解説]　国家公務員の懲戒処分について、懲戒権者の効果裁量を認めた判決である。裁量権の逸脱・濫用の判断基準については、いわゆる社会観念審査（懲戒権者の裁量権の行使に基づく処分が社会観念上著しく妥当を欠き、裁量権を濫用したと認められる場合）によるべきことが示されている。

3-10-3　**教職員国旗国歌訴訟**（効果裁量、最判平成24・1・16判時2147号127頁）

[事実]　東京都立高等学校または東京都立養護学校の教職員Xらは、各所属校の卒業式、入学式または記念式典において国歌斉唱の際に国旗に向かって起立して

斉唱すること(以下「起立斉唱行為」ともいう)または国歌のピアノ伴奏を行うこと(以下「伴奏行為」ともいう)を命ずる旨の各校長の職務命令に従わなかったことから、東京都教育委員会からそれぞれ懲戒処分(1名は減給処分、その余は戒告処分・以下「本件各処分」という)を受けたため、上記職務命令は違憲、違法であり上記各処分は違法であるなどとして、東京都(Y)を被告として、上記各処分の取消しおよび国家賠償法1条1項に基づく損害賠償を求めた。

第1審は、Xらの請求をいずれも棄却したが、第2審は、本件各処分について裁量権の逸脱・濫用があるとして取消請求を認容したため、XらおよびYも上告した。

一部上告棄却。一部破棄自判。

[判旨] ①「公務員に対する懲戒処分について、懲戒権者は、懲戒事由に該当すると認められる行為の原因、動機、性質、態様、結果、影響等のほか、当該公務員の上記行為の前後における態度、懲戒処分等の処分歴、選択する処分が他の公務員及び社会に与える影響等、諸般の事情を考慮して、懲戒処分をすべきかどうか、また、懲戒処分をする場合にいかなる処分を選択すべきかを決定する裁量権を有しており、その判断は、それが社会観念上著しく妥当を欠いて裁量権の範囲を逸脱し、又はこれを濫用したと認められる場合に、違法となるものと解される(最高裁昭和47年(行ツ)第52号同52年12月20日第3小法廷判決・民集31巻7号1101頁、最高裁昭和59年(行ツ)第46号平成2年1月18日第1小法廷判決・民集44巻1号1頁参照)」。

②「本件において、上記①の諸事情についてみるに、不起立行為等の性質、態様は、全校の生徒等の出席する重要な学校行事である卒業式等の式典において行われた教職員による職務命令違反であり、当該行為は、その結果、影響として、学校の儀式的行事としての式典の秩序や雰囲気を一定程度損なう作用をもたらすものであって、それにより式典に参列する生徒への影響も伴うことは否定し難い」。

③「他方、不起立行為等の動機、原因は、当該教職員の歴史観ないし世界観等に由来する『君が代』や『日の丸』に対する否定的評価等のゆえに、本件職務命令により求められる行為と自らの歴史観ないし世界観等に由来する外部的行動とが相違することであり、個人の歴史観ないし世界観等に起因するものである。また、不起立行為等の性質、態様は、上記アのような面がある一方で、積極的な妨害等の作為ではなく、物理的に式次第の遂行を妨げるものではない。そして、不起立行為等の結果、影響も、上記②のような面がある一方で、当該行為のこのような性質、態様に鑑み、当該式典の進行に具体的にどの程度の支障や混乱をもたらしたかは客観的な評価の困難な事柄であるといえる(原審によれば、本件では、具体的に卒業式等が混乱したという事実は主張立証されていないとされている。)」。

④「本件職務命令は、……憲法19条に違反するものではなく、学校教育の目標や卒業式等の儀式的行事の意義、在り方等を定めた関係法令等の諸規定の趣旨に沿って、地方公務員の地位の性質及びその職務の公共性を踏まえ、生徒等への配

慮を含め、教育上の行事にふさわしい秩序の確保とともに式典の円滑な進行を図るものであって（前掲最高裁平成23年6月6日第1小法廷判決等参照）、このような観点から、その遵守を確保する必要性があるものということができる。このことに加え、前記②においてみた事情によれば、本件職務命令の違反に対し、教職員の規律違反の責任を確認してその将来を戒める処分である戒告処分をすることは、学校の規律や秩序の保持等の見地からその相当性が基礎付けられるものであって、法律上、処分それ自体によって教職員の法的地位に直接の職務上ないし給与上の不利益を及ぼすものではないことも併せ考慮すると、……基本的に懲戒権者の裁量権の範囲内に属する事柄ということができると解される」。

⑤「以上によれば、本件職務命令の違反を理由として、第1審原告らのうち過去に同種の行為による懲戒処分等の処分歴のない者に対し戒告処分をした都教委の判断は、社会観念上著しく妥当を欠くものとはいえず、上記戒告処分は懲戒権者としての裁量権の範囲を超え又はこれを濫用したものとして違法であるとはいえないと解するのが相当である」。

⑥「他方、前示のように、③においてみた事情によれば、不起立行為等に対する懲戒において戒告を超えてより重い減給以上の処分を選択することについては、本件事案の性質等を踏まえた慎重な考慮が必要となるものといえる。そして、減給処分は、処分それ自体によって教職員の法的地位に一定の期間における本給の一部の不支給という直接の給与上の不利益が及び、将来の昇給等にも相応の影響が及ぶ上、本件通達を踏まえて毎年度2回以上の卒業式や入学式等の式典のたびに懲戒処分が累積して加重されると短期間で反復継続的に不利益が拡大していくこと等を勘案すると、上記のような考慮の下で不起立行為等に対する懲戒において戒告を超えて減給の処分を選択することが許容されるのは、過去の非違行為による懲戒処分等の処分歴や不起立行為等の前後における態度等（以下、併せて「過去の処分歴等」という。）に鑑み、学校の規律や秩序の保持等の必要性と処分による不利益の内容との権衡の観点から当該処分を選択することの相当性を基礎付ける具体的な事情が認められる場合であることを要すると解すべきである。したがって、不起立行為等に対する懲戒において減給処分を選択することについて、上記の相当性を基礎付ける具体的な事情が認められるためには、例えば過去の1回の卒業式等における不起立行為等による懲戒処分の処分歴がある場合に、これのみをもって直ちにその相当性を基礎付けるには足りず、上記の場合に比べて過去の処分歴に係る非違行為がその内容や頻度等において規律や秩序を害する程度の相応に大きいものであるなど、過去の処分歴等が減給処分による不利益の内容との権衡を勘案してもなお規律や秩序の保持等の必要性の高さを十分に基礎付けるものであることを要するというべきである」。

⑦「これを本件についてみるに、……学校の規律や秩序の保持等の必要性と処分による不利益の内容との権衡の観点から、なお減給処分を選択することの相当性を基礎付ける具体的な事情があったとまでは認め難いというべきである。そう

すると、……過去に入学式の際の服装等に係る職務命令違反による戒告1回の処分歴があることのみを理由に……懲戒処分として減給処分を選択した都教委の判断は、減給の期間の長短及び割合の多寡にかかわらず、処分の選択が重きに失するものとして社会観念上著しく妥当を欠き、上記減給処分は懲戒権者としての裁量権の範囲を超えるものとして違法の評価を免れないと解するのが相当である」
（上記①～⑦は筆者）。

[ワンポイント解説]　国家公務員の懲戒処分について、懲戒権者の効果裁量を認め、裁量権の逸脱・濫用の判断基準について社会観念審査によるとした判決（**裁判例3-10-4**）の考え方をふまえつつも、より具体的な事情を考慮に丁寧な検討を行い、過去に1回の戒告処分歴のあることのみを理由に行った減給処分について、社会観念上著しく妥当を欠くとして違法であると判断した判決である。

3-10-4　余目町個室つき浴場事件（行政権の濫用、最判昭和53・6・16刑集32巻4号605頁）

[事実]　被告会社Xの代表者であるAは、個室つき浴場の営業を行うために、昭和42年3月ごろ、山形県余目町（現・庄内町）に土地を購入し、同年5月11日、同町を経由して山形県土木部建設課に個室つき浴場用建物の建築確認を申請し、同月23日、同建物にかかる建築確認を得たうえで、建物の建築に着手した。

ところが、この個室つき浴場の開業について付近住民らの反対運動が起こり、余目町や山形県の当局もこの個室つき浴場の開業を阻止することとした。

同県は、開業予定地から約134.5m離れた場所にある余目町の町有地を、児童遊園施設として認可する方針を立てた。余目町は、同年6月4日、県知事に対して児童遊園施設の設置認可申請を行い、同月10日にはこの申請に対する認可がなされた。

これは、風俗営業等取締法4条の4第1項には、児童福祉法所定の児童福祉施設の周辺200mの範囲内では個室つき浴場の営業が禁止されることに着目してなされた対応であった。

Aは、同年6月6日にX会社を設立するのに伴い、すでにA名義で同年5月11日に行っていた公衆浴場経営許可申請を改めてX会社名義で行い、同年7月31日に経営許可を得たことから、Xは、8月8日に個室つき浴場の営業を開始した。

個室つき浴場の開業時には、すでに児童遊園施設はすでに設置された状態であったことから、昭和44年2月25日、県公安委員会は、Xに対し、風俗営業等取締法4条の4第1項違反を理由に60日間の営業停止処分を行うとともに、Xも風営法違反で起訴された。

第1審・第2審はともに、Xに罰金7000円の有罪判決を下したため、Xは上告した。

破棄自判（Xは無罪）。

[判旨]　「本件の争点は、山形県知事の若竹児童遊園設置認可処分（以下「本件認

可処分」という。）の適法性、有効性にある。すなわち、風俗営業等取締法は、学校、児童福祉施設などの特定施設と個室付浴場業（いわゆるトルコぶろ営業）の一定区域内における併存を例外なく全面的に禁止しているわけではない（同法4条の4第3項参照）ので、被告会社のトルコぶろ営業に先立つ本件認可処分が行政権の濫用に相当する違法性を帯びているときには、若竹児童遊園の存在を被告会社のトルコぶろ営業を規制する根拠にすることは許されないことになるからである」。

「ところで、原判決は、余目町が山形県の関係部局、同県警察本部と協議し、その示唆を受けて被告会社のトルコぶろ営業の規制をさしあたっての主たる動機、目的として本件認可の申請をしたこと及び山形県知事もその経緯を知りつつ本件認可処分をしたことを認定しながら、若竹児童遊園を認可施設にする必要性、緊急性の有無については具体的な判断を示すことなく、公共の福祉による営業の自由の制限に依拠して本件認可処分の適法性、有効性を肯定している。また、記録を精査しても、本件当時余目町において、被告会社のトルコぶろ営業の規制以外に、若竹児童遊園を無認可施設から認可施設に整備する必要性、緊急性があったことをうかがわせる事情は認められない。

本来、児童遊園は、児童に健全な遊びを与えてその健康を増進し、情操をゆたかにすることを目的とする施設（児童福祉法40条参照）なのであるから、児童遊園設置の認可申請、同認可処分もその趣旨に沿ってなされるべきものであって、前記のような、被告会社のトルコぶろ営業の規制を主たる動機、目的とする余目町の若竹児童遊園設置の認可申請を容れた本件認可処分は、行政権の濫用に相当する違法性があり、被告会社のトルコぶろ営業に対しこれを規制しうる効力を有しないといわざるをえない（なお、本件認可処分の適法性、有効性が争点となっていた被告会社対山形県間の仙台高等裁判所昭和47年（行コ）第3号損害賠償請求控訴事件において被告会社のトルコぶろ営業に対する関係においての本件認可処分の違法・無効を認めた控訴審判決が、最高裁判所昭和49年（行ツ）第92号の上告棄却判決（本件認可処分は行政権の著しい濫用によるものとして違法であるとした。）により確定していることは、当裁判所に顕著である。）」。

「そうだとすれば、被告会社の本件トルコぶろ営業については、これを規制しうる児童福祉法7条に規定する児童福祉施設の存在についての証明を欠くことになり、被告会社に無罪の言渡をすべきものである。したがって、原判決及び第1審判決は、犯罪構成要件に関連する行政処分の法的評価を誤って被告会社を有罪としたものにほかならず、右の違法は判決に影響を及ぼすもので、これを破棄しなければ著しく正義に反するものと認める」。

[ワンポイント解説]　特定の風俗営業者への規制のためになされた行政処分（児童遊園施設の設置認可）が行政権の濫用（裁量権の濫用ではないことに注意）にあたるとして、無罪を下した判決である。本件では、Xによって県公安委員会による60日間の営業停止処分の取消訴訟も提起されたが、営業停止期間が徒過したため、後に国家賠償請求に訴えの変更を行った。第1審はXの請求を棄却したが、第2審

は請求を認容し、最高裁も「本件児童遊園設置認可処分は行政権の著しい濫用によるものとして違法であ」ると判断して、上告を棄却した。

3-10-5 エホバの証人剣道実技拒否事件（判断過程審査、最判平成8・3・8民集50巻3号469頁）

[事実]　神戸市立工業高等専門学校（以下「神戸高専」という）では、保健体育が全学年の必修科目とされており、第1学年の体育科目の授業の種目として剣道が採用された。

神戸高専に入学したXは、両親が、聖書に固く従うという信仰を持つキリスト教信者である「エホバの証人」であったこともあって、自らも「エホバの証人」となった。

Xは、その教義に従い、格技である剣道の実技に参加することは自己の宗教的信条と根本的に相いれないとの信念の下に、神戸高専入学直後に他の「エホバの証人」である学生らとともに、体育担当教員らに対し、宗教上の理由で剣道実技に参加することができないことを説明し、レポート提出等の代替措置を認めて欲しい旨申し入れたが、右教員らは、これを即座に拒否し、同校の校長（Y）もこれを拒否した。Xは、剣道の授業のうち、準備体操等には参加したものの、剣道実技には参加せず、その結果、Xは2度にわたって進級不認定・原級留置処分を受け、同処分を前提として退学処分を受けることとなった。

Xは、原級留置処分・退学処分の取消しを求めて出訴し、併せて執行停止を申し立てた。執行停止の申立てについては、いずれも排斥されたが、各本案について、第1審は原告の請求はいずれも棄却された。第2審は、Yの裁量権の逸脱を認めて、Xの請求を認容したため、Yが上告した。

上告棄却。

[判旨]　「高等専門学校の校長が学生に対し原級留置処分又は退学処分を行うかどうかの判断は、校長の合理的な教育的裁量にゆだねられるべきものであり、裁判所がその処分の適否を審査するに当たっては、校長と同一の立場に立って当該処分をすべきであったかどうか等について判断し、その結果と当該処分とを比較してその適否、軽重等を論ずべきものではなく、校長の裁量権の行使としての処分が、全く事実の基礎を欠くか又は社会観念上著しく妥当を欠き、裁量権の範囲を超え又は裁量権を濫用してされたと認められる場合に限り、違法であると判断すべきものである（最高裁昭和28年（オ）第525号同29年7月30日第3小法廷判決・民集8巻7号1463頁、最高裁昭和28年（オ）第745号同29年7月30日第3小法廷判決・民集8巻7号1501頁、最高裁昭和42年（行ツ）第59号同49年7月19日第3小法廷判決・民集28巻5号790頁、最高裁昭和47年（行ツ）第52号同52年12月20日第3小法廷判決・民集31巻7号1101頁参照）。しかし、退学処分は学生の身分をはく奪する重大な措置であり、学校教育法施行規則13条3項も4個の退学事由を限定的に定めていることからすると、当該学生を学外に排除することが教育上やむを得ない

と認められる場合に限って退学処分を選択すべきであり、その要件の認定につき他の処分の選択に比較して特に慎重な配慮を要するものである（前掲昭和49年7月19日第3小法廷判決参照）。また、原級留置処分も、学生にその意に反して1年間にわたり既に履修した科目、種目を再履修することを余儀なくさせ、上級学年における授業を受ける時期を延期させ、卒業を遅らせる上、神戸高専においては、原級留置処分が2回連続してされることにより退学処分にもつながるものであるから、その学生に与える不利益の大きさに照らして、原級留置処分の決定に当たっても、同様に慎重な配慮が要求されるものというべきである。そして、前記事実関係の下においては、以下に説示するとおり、本件各処分は、社会観念上著しく妥当を欠き、裁量権の範囲を超えた違法なものといわざるを得ない」。

「公教育の教育課程において、学年に応じた一定の重要な知識、能力等を学生に共通に修得させることが必要であることは、教育水準の確保等の要請から、否定することができず、保健体育科目の履修もその例外ではない。しかし、高等専門学校においては、剣道実技の履修が必須のものとまではいい難く、体育科目による教育目的の達成は、他の体育種目の履修などの代替的方法によってこれを行うことも性質上可能というべきである」。

「他方、前記事実関係によれば、Xが剣道実技への参加を拒否する理由は、Xの信仰の核心部分と密接に関連する真しなものであった。Xは、他の体育種目の履修は拒否しておらず、特に不熱心でもなかったが、剣道種目の点数として35点中のわずか2.25点しか与えられなかったため、他の種目の履修のみで体育科目の合格点を取ることは著しく困難であったと認められる。したがって、Xは、信仰上の理由による剣道実技の履修拒否の結果として、他の科目では成績優秀であったにもかかわらず、原級留置、退学という事態に追い込まれたものというべきであり、その不利益が極めて大きいことも明らかである。また、本件各処分は、その内容それ自体においてXに信仰上の教義に反する行動を命じたものではなく、その意味では、Xの信教の自由を直接的に制約するものとはいえないが、しかし、Xがそれらによる重大な不利益を避けるためには剣道実技の履修という自己の信仰上の教義に反する行動を採ることを余儀なくさせられるという性質を有するものであったことは明白である」。

「Yの採った措置が、信仰の自由や宗教的行為に対する制約を特に目的とするものではなく、教育内容の設定及びその履修に関する評価方法についての一般的な定めに従ったものであるとしても、本件各処分が右のとおりの性質を有するものであった以上、Yは、前記裁量権の行使に当たり、当然そのことに相応の考慮を払う必要があったというべきである。また、Xが、自らの自由意思により、必修である体育科目の種目として剣道の授業を採用している学校を選択したことを理由に、先にみたような著しい不利益をXに与えることが当然に許容されることになるものでもない」。

「本件各処分の前示の性質にかんがみれば、本件各処分に至るまでに何らかの代

替措置を採ることの是非、その方法、態様等について十分に考慮するべきであったということができるが、本件においてそれがされていたとは到底いうことができない」。

「所論は、神戸高専においては代替措置を採るにつき実際的な障害があったというう。しかし、信仰上の理由に基づく格技の履修拒否に対して代替措置を採っている学校も現にあるというのであり、他の学生に不公平感を生じさせないような適切な方法、態様による代替措置を採ることは可能であると考えられる。また、履修拒否が信仰上の理由に基づくものかどうかは外形的事情の調査によって容易に明らかになるであろうし、信仰上の理由に仮託して履修拒否をしようという者が多数に上るとも考え難いところである。さらに、代替措置を採ることによって、神戸高専における教育秩序を維持することができないとか、学校全体の運営に看過することができない重大な支障を生ずるおそれがあったとは認められないとした原審の認定判断も是認することができる。そうすると、代替措置を採ることが実際上不可能であったということはできない」。

「以上によれば、信仰上の理由による剣道実技の履修拒否を、正当な理由のない履修拒否と区別することなく、代替措置が不可能というわけでもないのに、代替措置について何ら検討することもなく、体育科目を不認定とした担当教員らの評価を受けて、原級留置処分をし、さらに、不認定の主たる理由及び全体成績について勘案することなく、2年続けて原級留置となったため進級等規程及び退学内規に従って学則にいう『学力劣等で成業の見込みがないと認められる者』に当たるとし、退学処分をしたというYの措置は、考慮すべき事項を考慮しておらず、又は考慮された事実に対する評価が明白に合理性を欠き、その結果、社会観念上著しく妥当を欠く処分をしたものと評するほかなく、本件各処分は、裁量権の範囲を超える違法なものといわざるを得ない」。

[ワンポイント解説]　神戸高専の校長が行った原級留置処分・退学処分について教育的見地からの裁量（要件裁量と効果裁量）を肯定した判決である。裁量権の逸脱・濫用の判断基準については、一般論としては社会観念審査の判断枠組みを示しているものの、「考慮すべき事項を考慮しておらず、又は考慮された事実に対する評価が明白に合理性を欠き、その結果、社会観念上著しく妥当を欠く処分をした」と判断しており、実質的には判断過程審査によるべきことが示されている。

3-10-6　呉市学校施設使用不許可事件（判断過程審査、最判平成18・2・7民集60巻2号401頁）

[事実]　呉市立学校施設使用規則（昭和40年呉市教育委員会規則第4号。以下「本件使用規則」という）2条は、学校施設を使用しようとする者は、使用日の5日前までに学校施設使用許可申請書を当該校長に提出し、市教委の許可を受けなければならないとしている。本件使用規則は、4条で、学校施設は、市教委が必要やむをえないと認めるときその他所定の場合に限り、その用途または目的を妨げない限

第10章 行政裁量

度において使用を許可することができるとしているが、5条において、施設管理上支障があるとき（1号）、営利を目的とするとき（2号）、その他市教委が、学校教育に支障があると認めるとき（3号）のいずれかに該当するときは、施設の使用を許可しない旨定めている。

広島県の公立小中学校等に勤務する教職員によって組織された職員団体である広島県教職員組合（X）は、第49次広島県教育研究集会（以下「本件集会」という）を、平成11年11月13日（土）と翌14日（日）の2日間開催することとし、同年9月10日、呉市立二河中学校（以下「本件中学校」という）の校長（以下、単に「校長」という）に学校施設の使用許可を口頭で申し込んだところ、校長は、同月16日、職員会議においても使用について特に異議がなかったので、使用は差し支えないとの回答をした。

呉市教育委員会（以下「市教委」という）の教育長は、同月17日、Xからの使用申込みの事実を知り、校長を呼び出して、市教委事務局学校教育部長と3人で本件中学校の学校施設の使用の許否について協議をし、従前、同様の教育研究集会の会場として学校施設の使用を認めたところ、右翼団体の街宣車が押しかけてきて周辺地域が騒然となり、周辺住民から苦情が寄せられたことがあったため、本件集会に本件中学校の学校施設を使用させることは差し控えてもらいたい旨切り出した。しばらくのやりとりの後、校長も使用を認めないとの考えに達し、同日、校長からXに対して使用を認めることができなくなった旨の連絡をした。

X側と市教委側とのやりとりを経た後、Xから同月10日付の使用許可申請書が同年10月27日に提出されたのを受けて、同月31日、市教委において、この使用許可申請に対し、本件使用規則5条1号、3号の規定に該当するため不許可にするとの結論に達し、同年11月1日、市教委からXに対し、同年10月31日付の学校施設使用不許可決定通知書が交付された（以下、この使用不許可処分を「本件不許可処分」という）。同通知書には、不許可理由として、本件中学校およびその周辺の学校や地域に混乱を招き、児童生徒に教育上悪影響を与え、学校教育に支障を来すことが予想されるとの記載があった。

本件集会は、結局、呉市福祉会館ほかの呉市および東広島市の7つの公共施設を会場として開催された。

Xは、本件不許可処分は違法であるとして、呉市（Y）を被告として、国家賠償法に基づく損害賠償を求めて出訴した。第1審・第2審ともに、Xの請求を一部認容したため、Yが上告した。

上告棄却。

[判旨]「地方自治法238条の4第4項、学校教育法85条の……文言に加えて、学校施設は、一般公衆の共同使用に供することを主たる目的とする道路や公民館等の施設とは異なり、本来学校教育の目的に使用すべきものとして設置され、それ以外の目的に使用することを基本的に制限されている（学校施設令1条、3条）ことからすれば、学校施設の目的外使用を許可するか否かは、原則として、管理者

の裁量にゆだねられているものと解するのが相当である。すなわち、学校教育上支障があれば使用を許可することができないことは明らかであるが、そのような支障がないからといって当然に許可しなくてはならないものではなく、行政財産である学校施設の目的及び用途と目的外使用の目的、態様等との関係に配慮した合理的な裁量判断により使用許可をしないこともできるものである」。

「学校教育上の支障とは、物理的支障に限らず、教育的配慮の観点から、児童、生徒に対し精神的悪影響を与え、学校の教育方針にもとることとなる場合も含まれ、現在の具体的な支障だけでなく、将来における教育上の支障が生ずるおそれが明白に認められる場合も含まれる。また、管理者の裁量判断は、許可申請に係る使用の日時、場所、目的及び態様、使用者の範囲、使用の必要性の程度、許可をするに当たっての支障又は許可をした場合の弊害若しくは影響の内容及び程度、代替施設確保の困難性など許可をしないことによる申請者側の不都合又は影響の内容及び程度等の諸般の事情を総合考慮してされるものであり、その裁量権の行使が逸脱濫用に当たるか否かの司法審査においては、その判断が裁量権の行使としてされたことを前提とした上で、その判断要素の選択や判断過程に合理性を欠くところがないかを検討し、その判断が、重要な事実の基礎を欠くか、又は社会通念に照らし著しく妥当性を欠くものと認められる場合に限って、裁量権の逸脱又は濫用として違法となるとすべきものと解するのが相当である」。

「教職員の職員団体は、教職員を構成員とするとはいえ、その勤務条件の維持改善を図ることを目的とするものであって、学校における教育活動を直接目的とするものではないから、職員団体にとって使用の必要性が大きいからといって、管理者において職員団体の活動のためにする学校施設の使用を受忍し、許容しなければならない義務を負うものではないし、使用を許さないことが学校施設につき管理者が有する裁量権の逸脱又は濫用であると認められるような場合を除いては、その使用不許可が違法となるものでもない。また、従前、同一目的での使用許可申請を物理的支障のない限り許可してきたという運用があったとしても、そのことから直ちに、従前と異なる取扱いをすることが裁量権の濫用となるものではない。もっとも、従前の許可の運用は、使用目的の相当性やこれと異なる取扱いの動機の不当性を推認させることがあったり、比例原則ないし平等原則の観点から、裁量権濫用に当たるか否かの判断において考慮すべき要素となったりすることは否定できない」。

「以上の見地に立って本件を検討するに、原審の適法に確定した前記事実関係等の下において、以下の点を指摘することができる。
ア 教育研究集会は、Xの労働運動としての側面も強く有するものの、その教育研究活動の一環として、教育現場において日々生起する教育実践上の問題点について、各教師ないし学校単位の研究や取組みの成果が発表、討議の上、集約される一方で、その結果が、教育現場に還元される場ともなっているというのであって、教員らによる自主的研修としての側面をも有しているところ、その

側面に関する限りは、自主的で自律的な研修を奨励する教育公務員特例法19条、20条の趣旨にかなうものというべきである。Xが本件集会前の第48次教育研究集会まで1回を除いてすべて学校施設を会場として使用してきており、広島県においては本件集会を除いて学校施設の使用が許可されなかったことがなかったのも、教育研究集会の上記のような側面に着目した結果とみることができる。このことを理由として、本件集会を使用目的とする申請を拒否するには正当な理由の存在をYにおいて立証しなければならないとする原審の説示部分は法令の解釈を誤ったものであり是認することができないものの、使用目的が相当なものであることが認められるなど、Xの教育研究集会のための学校施設使用許可に関する上記経緯が……大きな考慮要素となることは否定できない。

イ　過去、教育研究集会の会場とされた学校に右翼団体の街宣車が来て街宣活動を行ったことがあったというのであるから、抽象的には街宣活動のおそれはあったといわざるを得ず、学校施設の使用を許可した場合、その学校施設周辺で騒じょう状態が生じたり、学校教育施設としてふさわしくない混乱が生じたりする具体的なおそれが認められるときには、それを考慮して不許可とすることも学校施設管理者の裁量判断としてあり得るところである。しかしながら、本件不許可処分の時点で、本件集会について具体的な妨害の動きがあったことは認められず（なお、記録によれば、本件集会については、実際には右翼団体等による妨害行動は行われなかったことがうかがわれる。）、本件集会の予定された日は、休校日である土曜日と日曜日であり、生徒の登校は予定されていなかったことからすると、仮に妨害行動がされても、生徒に対する影響は間接的なものにとどまる可能性が高かったということができる。

ウ　Xの教育研究集会の要綱などの刊行物に学習指導要領や文部省の是正指導に対して批判的な内容の記載が存在することは認められるが、いずれも抽象的な表現にとどまり、本件集会において具体的にどのような討議がされるかは不明であるし、また、それらが本件集会において自主的研修の側面を排除し、又はこれを大きくしのぐほどに中心的な討議対象となるものとまでは認められないのであって、本件集会をもって人事院規則14-7所定の政治的行為に当たるものということはできず、また、これまでの教育研究集会の経緯からしても、上記の点から、本件集会を学校施設で開催することにより教育上の悪影響が生ずるとする評価を合理的なものということはできない。

エ　教育研究集会の中でも学校教科項目の研究討議を行う分科会の場として、実験台、作業台等の教育設備や実験器具、体育用具等、多くの教科に関する教育用具及び備品が備わっている学校施設を利用することの必要性が高いことは明らかであり、学校施設を利用する場合と他の公共施設を利用する場合とで、本件集会の分科会活動にとっての利便性に大きな差違があることは否定できない。

オ　本件不許可処分は、校長が、職員会議を開いた上、支障がないとして、いったんは口頭で使用を許可する意思を表示した後に、上記のとおり、右翼団体に

よる妨害行動のおそれが具体的なものではなかったにもかかわらず、市教委が、過去の右翼団体の妨害行動を例に挙げて使用させない方向に指導し、自らも不許可処分をするに至ったというものであり、しかも、その処分は、県教委等の教育委員会とXとの緊張関係と対立の激化を背景として行われたものであった」。

「上記の諸点その他の前記事実関係等を考慮すると、本件中学校及びその周辺の学校や地域に混乱を招き、児童生徒に教育上悪影響を与え、学校教育に支障を来すことが予想されるとの理由で行われた本件不許可処分は、重視すべきでない考慮要素を重視するなど、考慮した事項に対する評価が明らかに合理性を欠いており、他方、当然考慮すべき事項を十分考慮しておらず、その結果、社会通念に照らし著しく妥当性を欠いたものということができる」。

［ワンポイント解説］　学校施設の使用不許可処分について施設管理者としての裁量（要件裁量と効果裁量）を肯定した判決である。裁量権の逸脱・濫用の判断基準については、「その裁量権の行使が逸脱濫用に当たるか否かの司法審査においては、その判断が裁量権の行使としてされたことを前提とした上で、その判断要素の選択や判断過程に合理性を欠くところがないかを検討し、その判断が、重要な事実の基礎を欠くか、又は社会通念に照らし著しく妥当性を欠くものと認められる場合に限って、裁量権の逸脱又は濫用として違法となる」と判断しており、実質的には判断過程審査によるべきことが示されている。

3-10-7　**林試の森事件**（判断過程審査、最判平成 18・9・4 判時 1948 号 26 頁）
［事実］　建設大臣（Y）は、旧都市計画法（昭和 43 年法律第 100 号による廃止前のもの。以下同じ）3 条の規定により、東京都市計画公園第 23 号目黒公園（昭和 62 年の都市計画の変更以降の名称は「東京都市計画公園第 5・5・25 号目黒公園」である。以下「本件公園」という）に関する都市計画の決定（以下「本件都市計画決定」という）をし、昭和 32 年 12 月 21 日付でその旨を告示した。

本件公園は、都市計画法（平成 11 年法律第 160 号による改正前のもの。以下同じ）4 条 5 項所定の都市施設であり、農林省の附属機関である林業試験場の本場（以下、単に「林業試験場」という）の跡地を利用して設置されるものである。本件都市計画決定は、林業試験場の南門の位置に本件公園の南門を設けるものとして、南門と区道との接続部分として利用するため、Xらの所有等に係る土地（以下「本件民有地」という）を本件公園の区域に含むものと定めていた。

東京都が本件民有地に南門と区道との接続部分を整備することを内容とする本件公園の認可の申請をしたのを受け、Yは、都市計画法 59 条 2 項の規定により、同申請に係る都市計画事業の認可（以下「本件事業認可」という）をし、平成 8 年 12 月 2 日付でその旨を告示した。

本件民有地は、林業試験場の跡地と区道とに挟まれた土地であり、南門の南に所在するものである。本件都市計画決定の告示がされた昭和 32 年当時、本件民有地の上には少なくとも 4 棟の建物が存在していた。本件民有地の西隣には、国家

公務員宿舎の敷地として利用されている国有地（以下「本件国有地」という）があるところ、本件国有地も、本件民有地と同様に、林業試験場の跡地と区道とに挟まれた土地である。昭和32年当時、本件国有地の上には同24年3月に農林本省が所管する農林本省宿舎として建築された木造平家建の建物25棟が存在していた。

　Yが本件都市計画決定において本件民有地を本件公園の区域と定めた理由は、これを直接明らかにする資料はないが、①林業試験場には奇木等を含む貴重な樹木が多いことから、その保全のため、大規模な伐採等は行わず、園路についても既存のものを活用することとすると、南門の位置は現状の通りとすることになる。②しかし、南門は接道状況が悪いので、これを区道と直接に接続させる必要があるところ、本件民有地を入口部分とすれば、区道から南門までほぼ最短距離で見通しがよく間口の広い入口を設けることができる、③公園には災害時における避難場所としての機能も求められ、上記の点はこの目的にも合致する、という考慮に基づくものであったと推認される。

　Xらは、Yの事務承継者を被告として、本件事業認可の取消しを求めて出訴した。

　第1審はXの請求を認容したが、第2審はXの請求を棄却したので、Xが上告した。

　破棄差戻し。

[判旨]　「旧都市計画法は、都市施設に関する都市計画を決定するに当たり都市施設の区域をどのように定めるべきであるかについて規定しておらず、都市施設の用地として民有地を利用することができるのは公有地を利用することによって行政目的を達成することができない場合に限られると解さなければならない理由はない。しかし、都市施設は、その性質上、土地利用、交通等の現状及び将来の見通しを勘案して、適切な規模で必要な位置に配置することにより、円滑な都市活動を確保し、良好な都市環境を保持するように定めなければならないものであるから、都市施設の区域は、当該都市施設が適切な規模で必要な位置に配置されたものとなるような合理性をもって定められるべきものである。この場合において、民有地に代えて公有地を利用することができるときには、そのことも上記の合理性を判断する1つの考慮要素となり得ると解すべきである」。

　「原審は、Yが林業試験場には貴重な樹木が多いことからその保全のため南門の位置は現状のとおりとすることになるという前提の下に本件民有地を本件公園の区域と定めたことは合理性に欠けるものではないとして、本件都市計画決定について裁量権の範囲を逸脱又はこれを濫用してしたものであるということはできないとする。しかし、原審は、南門の位置を変更し、本件民有地ではなく本件国有地を本件公園の用地として利用することにより、林業試験場の樹木に悪影響が生ずるか、悪影響が生ずるとして、これを樹木の植え替えなどによって回避するのは困難であるかなど、樹木の保全のためには南門の位置は現状のとおりとするのが望ましいというYの判断が合理性を欠くものであるかどうかを判断するに

足りる具体的な事実を確定していないのであって、原審の確定した事実のみから、南門の位置を現状のとおりとする必要があることを肯定し、Yがそのような前提の下に本件国有地ではなく本件民有地を本件公園の区域と定めたことについて合理性に欠けるものではないとすることはできないといわざるを得ない」。

「原審は、Yが林業試験場には貴重な樹木が多いことからその保全のため南門の位置は現状のとおりとすることになるという前提の下に本件民有地を本件公園の区域と定めたことは合理性に欠けるものではないとして、本件都市計画決定について裁量権の範囲を逸脱し又はこれを濫用してしたものであるということはできないとする。しかし、原審は、南門の位置を変更し、本件民有地ではなく本件国有地を本件公園の用地として利用することにより、林業試験場の樹木に悪影響が生ずるか、悪影響が生ずるとして、これを樹木の植え替えなどによって回避するのは困難であるかなど、樹木の保全のためには南門の位置は現状のとおりとするのが望ましいというYの判断が合理性を欠くものであるかどうかを判断するに足りる具体的な事実を確定していないのであって、原審の確定した事実のみから、南門の位置を現状のとおりとする必要があることを肯定し、Yがそのような前提の下に本件国有地ではなく本件民有地を本件公園の区域と定めたことについて合理性に欠けるものではないとすることはできないといわざるを得ない」。

［ワンポイント解説］　都市計画法による都市計画決定について裁量（計画裁量）を肯定した判決である。計画裁量にあたっては、民有地に代えて公有地の利用が可能であることも考慮して判断すべきであるとしたうえで、Yの判断が合理的か否かを判断するためには具体的事実の確定が必要であるとして第2審に差し戻したものである。

第 11 章　行政手続

第 1 節　行政活動に対する手続的統制の必要性

(1)　憲法 31 条と行政手続

　憲法 31 条は、主として刑事手続の適正を定めているが、行政活動も公権力の行使の 1 つである以上は、刑事手続と同様に、適正な手続に基づいて行使されなければならない。行政活動における手続の適正さを確保するためには、行政活動の過程に国民を何らかの形で参加させることが必要であり、そのことによって行政運営の公正さと透明性の確保をし、より国民の権利利益を保護することができるからである。

　成田新法事件（最大判平成 4・7・1 民集 46 巻 5 号 437 頁）において最高裁は、「憲法 31 条の定める法定手続の保障は、直接には刑事手続に関するものであるが、行政手続については、それが刑事手続ではないとの理由のみで、そのすべてが当然に同条による保障の枠外にあると判断することは相当ではない。しかしながら、同条による保障が及ぶと解すべき場合であっても、一般に、行政手続は、刑事手続とその性質においておのずから差異があり、また、行政目的に応じて多種多様であるから、行政処分の相手方に事前の告知、弁解、防御の機会を与えるかどうかは、行政処分により制限を受ける権利利益の内容、性質、制限の程度、行政処分により達成しようとする公益の内容、程度、緊急性等を総合較量して決定されるべきものであって、常に必ずそのような機会を与えることを必要とするものではないと解するのが相当である」と判示して、憲法 31 条が定める適正手続の保障は、刑事手続だけでなく行政手続にも及ぶとしながらも、工作物使用禁止命令に際して、成田新法に格別の

事前手続を定めていなくても違法ではないことを示した。

(2) 行政手続への国民の参加

日本では、行政庁が職権によって一方的に証拠資料を収集し、その精査を経て事実を認定し、これに関係法令を適用して行政処分を行い、これに不服のある者は、事後的に不服申立てや行政訴訟を行うことで権利救済をはかるという形が1つの特徴であった。しかし、行政庁が一方的に証拠資料を収集して事実を認定するだけでは、恣意的な認定判断がなされるおそれを排除できず、行政処分の公正性に対する信頼を十分に確保することができない。また、不服申立てや行政訴訟などの事後的な救済では、すべての違法な行政を是正することができず、国民の権利利益の保護としても十分とはいえない。そこで、行政処分がなされる過程に、国民が参加する機会を設けることで、恣意的な判断がなされる可能性をできる限り排除し、決定過程の透明を確保することが必要となるのである。

主として行政処分などの行政活動に国民が参加する場合の具体的手続としては、主として4つの点が指摘されることが多い（適正手続四原則と呼ばれることもある）。

1) 告知・聴聞の機会の付与 行政処分をする前に、相手方たる国民に処分（となりうべきもの）の内容および理由を知らせ、相手方たる国民の側の主張を聴くことによって、処分の適法性や妥当性を確保するとともに、国民の権利利益を保護しようとするものである。元来、統治機関が、その意思決定の際に当事者や利害関係人に対して口頭審理をするという意味である。

2) 文書閲覧 聴聞に際して行政処分の相手方たる国民が、問題となっている事案に関する行政側の文書などの記録を閲覧することを認めることである。行政処分（となりうべきもの）の証拠を国民が知ることを意味し、聴聞の際に国民の側が的確な反論や意見を述べるうえにおいて大変重要な意義を持ち、聴聞を実質化する意味をも有する。

3) 理由付記 行政処分をなす際に、その理由を書面に付記して相手方たる国民に知らせることである（口頭による場合もある）。許可申請に対して不許可処分や許可の取消しなどの不利益処分を行う場合に、その理由を明示

することで、行政庁の恣意的処分を防止し、相手方たる国民に不服申立ての便宜を付与するためである。

4) 基準の設定・公表　処分などの性質を問わず、また、解釈基準か裁量基準かを問わず、設定・公表することにより、国民の側の予測可能性を担保することになり、同時に行政側の恣意的判断や独断を防ぐ意味がある。また、公表することにより、無用な争いを避ける意味合いもある（所得税などの基本通達が公開されているのも、こうした理由によるものと考えられる）。

(3) 個別行政法の行政手続

さまざまな行政活動に対して、その手続的な統制をどのように実現するかは、これまでは、個別の行政法令において、告知・聴聞等の手続が個々に規定されてはいたが、行政手続を一般的に規律する法令はこれまで存在しなかった。個別の行政法に基づく手続違反が問題となったものとしては、次の2つの事件が参考になる。

旧道路運送法に基づく個人タクシーの免許申請に関する事件（最判昭和46・10・28民集25巻7号1037頁）において最高裁は、「道路運送法においては、個人タクシー事業の免許申請の許否を決する手続について、同法122条の2の聴聞の規定のほか、特に、審査、判定の手続、方法等に関する明文規定は存しない。しかし、同法による個人タクシー事業の免許の許否は個人の職業選択の自由にかかわりを有するものであり、このことと同法6条及び前記122条の2の規定等とをあわせ考えれば、本件におけるように、多数の者のうちから少数特定の者を、具体的個別的事実関係に基づき選択して免許の許否を決しようとする行政庁としては、事実の認定につき行政庁の独断を疑うことが客観的にもっともと認められるような不公正な手続をとつてはならないものと解せられる」と判示したうえで、審査基準の設定とそれを前提とした主張と証拠提出の機会を保障することが必要であるとの判断を示した。

また、バスの事業免許の申請に関する群馬バス事件（最判昭和50・5・29民集29巻5号662頁）において最高裁は、道路運送法では、バス路線延長の免許申請手続において運輸審議会への諮問を必要とする旨の規定をしているが、その諮問手続に瑕疵がある場合には、これを経てなされた処分（申請却下処

分)も違法となり取消事由を構成すると判示した。

　しかし、法治行政の実現の観点から、行政活動に対する法的統制を強化し、国民の権利利益を保護するためには、行政手続に関する一般法の制定が不可欠であったことから、この要請を実現するために、ようやく行政手続法が制定された（平成5年法律88号）。

第2節　行政手続法による法的統制

1　行政手続法の目的・対象

(1)　目　　的

　行政手続法は、処分、行政指導、届出に関する手続および命令等を定める手続に関し、共通する事項を定めることによって、行政運営における公正の確保と透明性の向上をはかり、もって国民の権利利益の保護に資することを目的としている（1条）。

　行政処分、行政指導、届出に関する手続および命令等を定める手続については、個別の行政法において別々に定められ、統一的な仕組みとはなっていなかったこともあり、国民にも行政庁にも使い難いものであったことから、共通する事項を定めることとしたのである。

　行政運営における公正の確保の意味は、条文上明らかではないが、恣意的な行政活動を未然に防止し、慎重で適正な行政運営を確保するために、行政処分等の決定を行う前に審査や処分の基準が設定・公表されていること、相手方たる国民に適切な主張立証の機会が与えられていることを理解されている。透明性の意味については、行政上の意思決定について、その内容および過程が国民にとって明らかなことであると、条文上明らかにされている。行政手続法は、この行政運営における公正の確保と透明性の向上をはかることによって、国民の権利利益を保護しようとしている。

(2)　対　　象

　行政の活動は多種多様であることから、行政手続法はすべての行政作用を

対象としているわけではなく、行政処分、行政指導、届出、行政立法等の定立などを対象とし、これらに該当する行政作用であっても、特定の機関が行うものや一定の性質を持つものについては適用を除外している（3条1項）。また地方公共団体の機関がする行政処分等については適用が除外され（同条3項）、国の機関等に対する処分についても適用除外とされている（4条）。

もっとも、行政手続法の対象外となっている行政上の義務履行確保、行政契約、行政計画などの行為形式に対する手続的統制が不要というわけではない。これらの行政活動については、行政代執行法、国税徴収法、地方自治法、都市計画法等の個別の行政法において、それぞれ手続的な統制がなされている。また地方公共団体の機関がする行政処分等についても、行政手続法と同様の趣旨・内容で、行政手続条例が制定されている。

2 申請に対する処分の手続

申請に対する処分とは、法令に基づき、行政上の許可、認可、免許その他自己に対し何らかの利益を付与する処分を求める行為（申請）に対して、行政庁が諾否の応答をすること（処分）である（行政手続法2条1項3号）。すなわち、許可・不許可、認可・不認可などの処分のことである。

申請に対する処分の手続について、行政手続法は次のように定めている。

(1) 審査基準の設定・公表

行政庁は、審査基準を定めなければならず（5条1項）、その内容は許認可等の性質に照らしてできる限り具体的なものとしなければならない（同条2項）。設定した審査基準は、行政上特別の支障があるときを除き、適当な方法によって公表しなければならない（同条3項）。これは審査基準の設定・公表を法的義務とすることで、行政機関による恣意的な判断を防止し、申請者にも諾否の判断に対する予測可能性を与えるためである。

(2) 標準処理期間

行政庁は、申請がその事務所に到達してから当該処分をするまでに通常要すべき標準的な期間を定めるように努めなければならず、これを定めたときは、公にしなければならない（6条）。これは、申請者に処理期間の目安を示

すとともに、行政庁に申請処理の迅速性を担保するためである。

(3) 申請に対する審査・応答

行政庁は、申請がその事務所に到達したときは遅滞なく当該申請の審査を開始し、申請の諾否について速やかに応答をしなければならない（7条）。これは行政庁が申請の受理を拒否したり、行政指導を口実にして審査を開始しなかったことがあったためにこれを防止するためである。

行政庁は、申請者の求めに応じ、当該申請者に係る申請の審査の進行状況や処分の時期についての見通しを示すように努めなければならず（9条1項）、また申請に必要な情報の提供に努めなければならない（同条2項）。また、申請者以外の者の利害を考慮すべきことが当該法令において許認可等の要件とされているものを行う場合には、必要に応じ、公聴会の開催など当該申請者以外の者の意見を聴く機会を設けるように努めなければならない（10条）。

(4) 理由の提示

行政庁が申請により求められた許認可等を拒否する場合は、原則として、申請者に対して、その理由を提示しなければならない（8条1項）。許認可等の拒否処分を書面で行うときは、その理由も書面で示さなければならない（同条2項）。これは、行政庁の判断の慎重と公正妥当を担保するとともに、処分理由を申請者に知らせることによってその不服申立てに便宜を与えるためである。

行政手続法制定以前の事件ではあるが、旅券発給拒否事件（**裁判例3-11-1**）において最高裁は、理由付記を必要とする旅券法14条の趣旨について、「拒否事由の有無についての外務大臣の判断の慎重と公正妥当を担保してその恣意を抑制するとともに、拒否の理由を申請者に知らせることによって、その不服申立てに便宜を与える」ことにあることを示したうえで、「いかなる事実関係に基づきいかなる法規を適用して一般旅券の発給が拒否されたかを、申請者においてその記載自体から了知しうるものでなければならず、単に発給拒否の根拠規定を示すだけでは、それによって当該規定の適用の基礎となった事実関係をも当然知りうるような場合を別として、旅券法の要求する理由付記として十分でない」として理由付記の程度についても判断してい

る。

3 不利益処分の手続

不利益処分とは、行政庁が、法令に基づき、特定の者を名宛人として、直接に、これに義務を課し、またはその権利を制限する処分をいう(行政手続法2条1項4号)。

具体例としては、義務を課す不利益処分としては建築物の除却命令(建築基準法9条)、施設の改善命令(食品衛生法56条)などが、その権利を制限する処分としては営業許可の取消しや営業の停止(同法55条1項)、生活保護の停止や廃止(生活保護法26条)などがある。

なお、行政上の強制執行や土地建物への立入などの事実上の行為などは、名宛人に一定の不利益を与えるものではあるが、不利益処分の定義から除外されている(行政手続法2条4号イ～ニ)。

不利益処分に対する手続について、行政手続法は次のように定めている。

(1) 処分基準の設定・公表

処分庁は、処分基準を定め、かつこれを公にしておくよう努めなければならず(12条1項)、その内容は不利益処分の性質に照らしできる限り具体的なものとしなければならない(同条2項)。処分基準の設定・公表が、法的義務ではなく努力義務にとどまるのは、各不利益処分に応じた個別具体的な判断が必要であるため、あらかじめ画一的な基準を定めておくことが困難だからである。

(2) 不利益処分をしようとする場合の手続

行政庁が不利益処分をしようとする場合には、聴聞または弁明の機会の付与のいずれかの意見陳述のための手続をとらなければならない(13条1項)。

許認可の取消しなどの名宛人の資格や地位を剥奪する重い処分を行う場合には聴聞の手続が必要となる。営業の一時停止や改善命令などのそれ以外の不利益処分を行う場合には弁明の機会の付与が必要となる。もっとも個別行政法によって特例が設けられている場合もある(たとえば風俗営業等の規制及び業務の適正化等に関する法律41条など)。

(3) 聴聞手続・弁明の機会の付与手続

行政手続法は、詳細な聴聞手続を定めているが（15条～28条）、基本的な流れは、①行政庁が、予定される不利益処分の内容等を明らかにして名宛人となるべき者に通知する（15条1項）、②行政庁の指名する主宰者が法定の手続に従って聴聞を実施する（19条以下）、③行政庁による不利益処分がなされる（26条）というものである。なお、聴聞がなされた処分については不服申立てができない（27条）。

弁明の機会の付与手続は、聴聞手続の略式手続である（29条～31条）。すなわち、行政庁が、不利益処分の内容等を明らかにして名宛人となるべき者に通知することは同じであるが（30条）、行政庁が口頭ですることを認めたときを除き、名宛人となるべき者から提出された弁明書の書面審理（29条）によって不利益処分がなされる。

(4) 理由の提示

行政庁が不利益処分をする場合、当該理由を示さないで処分をすべき差し迫った必要があるときを除き、その名宛人に対してその理由を提示しなければならない（14条1項）。不利益処分を書面で行うときは、その理由も書面で示さなければならない（同条3項）。これは、行政庁の判断の慎重と公正妥当を担保するとともに、処分理由を申請者に知らせることによってその不服申立てに便宜を与えるためである。

耐震偽装免許取消事件（**裁判例**3-11-2）において最高裁は、行政手続法14条1項で必要とされる不利益処分における理由付記の趣旨を「名宛人に直接に義務を課し又はその権利を制限するという不利益処分の性質に鑑み、行政庁の判断の慎重と合理性を担保してその恣意を抑制するとともに、処分の理由を名宛人に知らせて不服の申立てに便宜を与える趣旨に出たもの」としたうえで、「同項本文に基づいてどの程度の理由を提示すべきかは、上記のような同項本文の趣旨に照らし、当該処分の根拠法令の規定内容、当該処分に係る処分基準の存否及び内容並びに公表の有無、当該処分の性質及び内容、当該処分の原因となる事実関係の内容等を総合考慮してこれを決定すべきである」と判断した。

第11章　行政手続

図表18　行政手続に関する整理

	申請に対する処分	不利益処分
基準の設定・公表	審査基準（5条） ⇒設定・公表は法的義務	処分基準（12条） ⇒設定・公表は努力義務
手続	標準処理期間（6条）	意見陳述の手続（13条） ・聴聞（1号）⇒手続（15〜28条） ・弁明の機会の付与（2号） ⇒手続（29〜31条）
	審査・応答（7条） ⇒申請の受付拒否や返戻は違法	
理由提示とその程度	理由の提示（8条） 行政庁の恣意を抑制、争訟の便宜を図る	理由の提示（14条） 行政庁の恣意を抑制、争訟の便宜を図る
	事実関係と適用法条を明示	総合考慮で判断

なお、申請に対する処分と不利益処分についての手続的規律の違いは**図表18**のように整理することができる。

4　行政指導の手続

行政指導とは、行政機関がその任務または所掌事務の範囲内において一定の範囲内において一定の行政目的を実現するため特定の者に一定の作為または不作為を求める指導、勧告、助言その他の行為であって処分に該当しないものをいう（行政手続法2条1項6号）。

行政指導について、行政手続法は次のように定めている。

(1)　行政指導の一般原則

行政指導に携わる者は、当該行政機関の任務または所掌事務の範囲を逸脱してはならないこと、行政指導は相手方の任意の協力によってのみ実現されるものであることに留意しなければならない（32条1項）。また、行政指導に従わなかったことを理由として不利益な取扱いをしてはならない（同条2項）。

(2)　申請に関連する行政指導

申請の取下げまたは内容の変更を求める行政指導にあっては、申請者が当該行政指導に従う意思がない旨を表明したときには、当該行政指導を継続すること等により当該申請者の権利の行使を妨げるようなことをしてはならない（33条）。

(3) 許認可の権限に関する行政指導

許認可等をする権限または許認可等に関する処分をする行政機関は、その権限のあることを背景にして、相手方に当該行政指導に従うことを余儀なくさせるようなことをしてはならない（34条）。

(4) 行政指導の方式

行政指導は、その趣旨および内容ならびに責任者を明確に示さなければならず（35条1項）、相手方から求めがあったときは、行政上特別の支障がない限り、これらの内容を示した書面を交付しなければならない（35条）。

(5) 複数の者を対象とする行政指導

同一の行政目的を実現するために一定の条件に該当する複数の者に対して行政指導をするときは、あらかじめ、事案に応じ、行政指導指針を定め、行政上特別の支障がない限り、これを公表しなければならない（36条）。

(6) 行政指導の中止等の求め

平成26年の行政手続法改正によって、法令に違反する行為の是正を求める行政指導の相手方は、当該行政指導が当該法律に規定する要件に適合しないと思料するときは、当該行政指導をした行政機関に対し、その旨を申し出て、当該行政指導の中止その他必要な措置をとることを求めることができることが明示された（36条の2）。これは、事後救済手続を定める平成26年の行政不服審査法の改正に合わせて、国民の権利利益の保護の充実のために整備されたものである。

5　処分等の求め

平成26年の行政手続法改正によって、何人も、法令に違反する事実がある場合において、その是正のためにされるべき処分または行政指導（その根拠となる規定が法律に規定されているものに限る）がされていないと思料するときは、当該処分をする権限を有する行政庁または当該行政指導をする権限を有する行政機関に対し、その旨を申し出て、当該処分または行政指導をすることを求めることができることになった（行政手続法36条の3）。

これも、事後救済手続を定める平成26年の行政不服審査法の改正に合わ

せて、国民の権利利益の保護の充実のために整備されたものである。

6 届出の手続

　届出とは、行政庁に対し、一定の事項の通知をする行為（申請に該当するものを除く）であって、法令により直接に当該通知が義務づけられているもの（自己の期待する一定の法律上の効果を発生させるためには当該通知をすべきこととされているものを含む）をいう（行政手続法2条1項7号）。

　届出には、一定の行為を行ったことを事後的に通知するという届出と、一定の行為を行うために事前に通知するという届出がある。また、法文上は「届出」とあっても個別行政法の解釈上「申請」と理解されているものもあれば、その逆の場合もあるので個別行政法の仕組みをふまえた解釈が重要である。

　なお、届出は、それが提出先とされている機関の事務所に到達したときに、当該提出をすべき手続上の義務が履行されたものと定められた（同法37条）。届出の効力が生じるのは、事務所に到達したときか、届出が受理されたときかが不明確であったのを明らかにしたものである。

7 意見公募手続

　意見公募手続とは、命令等を定める機関（命令等制定機関）が、命令等を定めようとする場合には、当該命令等の案およびこれに関連する資料をあらかじめ公示し、意見の提出先と意見提出期間を定めて広く一般の意見を求める手続をいう。パブリック・コメント手続とも呼ばれ、平成17年の行政手続法改正によって制度化された。

　意見公募手続の対象となる「命令等」とは、内閣または行政機関が定めるもので、①法令に基づく命令（処分の要件を定める告示を含む）または規則、②審査基準、③処分基準、④行政指導指針である（2条1項8号）。ただし、一定の適用除外が定められている（3条2項・3項）。

　行政手続法は、命令等を定める一般原則として、①根拠となる法令の趣旨に適合するものとなるようにしなければならず（38条1項）、②命令等を定め

た後においても、当該命令等の規定の実施状況、社会経済的情勢の変化等を勘案し、必要に応じ、当該命令等の内容について検討を加え、その適正を確保するように努めなければならない（同条2項）。

意見公募手続の基本的な流れは、①命令等の案と関連資料の公示（38条）、②一般意見の公募（39条）、③提出された意見の考慮（42条）、④結果の公示（43条）というものである。なお、公益上緊急の必要性があるときなど一定の場合には、意見公募手続は適用されない（39条4項各号）。

第3節　行政手続違反と処分の効力

申請に対する処分手続や不利益処分手続など行政処分に関する手続に瑕疵がある場合、行政処分の取消事由・無効事由を構成するかが議論されている。この問題について、行政手続法に規定がなく、考え方が分かれている。

手続的にも実体的にも違法な行政処分が取消事由等を構成することはもちろんであるが、手続的には違法であっても実体的には正しい行政処分がなされたときに、手続的な瑕疵があることを理由に行政処分を違法とすべきかの問題である。

この問題について、行政手続は実体的に正しい内容の決定を担保する手段であるとして、実体的に正しい内容であれば手続的な瑕疵があっても行政処分の取消事由等を構成しないと考えることもできる。

しかし、前述した適正手続四原則の内容を国民の権利であると理解して、これが侵害された以上は違法な行政処分であるとすべきと理解する見解が有力である。

医師国家試験受験資格認定申請事件（東京高判平成13・6・14判時1757号51頁）において、東京高裁は、申請に対する処分に対する手続的規律としての審査基準の設定・公表（行政手続法5条）と理由の提示（同法8条）に違反があるとしたうえで、それが処分の取消事由を構成することを示した。

また、審議会の議決に持ち回り決議があるとして争われた事件（最判昭和46・1・22民集25巻1号45頁）について最高裁は、温泉法に基づく動力設置許

可処分をなすにあたって、知事は温泉審議会の意見を聞くことが温泉法で定められている場合に、持回り決議によってなされた審議会の意見は適法有効ではないものの、無効事由を構成するとまではいえないとした。明確ではないが、取消事由にあたることを否定したわけではないと解される。

合議体の議事に利害関係者が関与した議決に瑕疵があると争われた事件（最判昭和 38・12・12 民集 17 巻 12 号 1682 頁）においても最高裁は、農地買収処分の前提としてなされる市農地委員会による農地買収計画樹立の決議に、当該買収対象農地の小作人が農地委員会長として関与がなされたことから、農地調整法 15 条の 12 違反の瑕疵はあると判断したが、決議自体は特段の事情がない限り無効にはならないとした。

● 裁 判 例
3-11-1 旅券発給拒否事件（理由提示の意義、最判昭和 60・1・22 民集 39 巻 1 号 1 頁）
[事実] X は、昭和 52 年 1 月 8 日、外務大臣（Y）に対し、渡航先をサウジアラビアとする一般旅券の発給を申請したところ、Y は X に対し「旅券法 13 条 1 項 5 号に該当する」との理由を付した同年 2 月 16 日付の書面により、右申請に係る一般旅券を発給しない旨を通知（以下「本件処分」という）した。X は異議申立てをしたが、Y は、X が過激派集団と連携関係を有するとして棄却決定を行った。

X は、本件処分の取消しを求めて出訴した。第 1 審は請求を認容したが、第 2 審は、請求を棄却したので、X が上告した。

破棄自判（Y の控訴棄却）。
[判旨]「旅券法 14 条は、外務大臣が、同法 13 条の規定に基づき一般旅券の発給をしないと決定したときは、すみやかに、理由を付した書面をもって一般旅券の発給を申請した者にその旨を通知しなければならないことを規定している。一般に、法律が行政処分に理由を付記すべきものとしている場合に、どの程度の記載をなすべきかは、処分の性質と理由付記を命じた各法律の規定の趣旨・目的に照らしてこれを決定すべきである（最高裁昭和 36 年（オ）第 84 号同 38 年 5 月 31 日第 2 小法廷判決・民集 17 巻 4 号 617 頁）。旅券法が右のように一般旅券発給拒否通知書に拒否の理由を付記すべきものとしているのは、一般旅券の発給を拒否すれば、憲法 22 条 2 項で国民に保障された基本的人権である外国旅行の自由を制限することになるため、拒否事由の有無についての外務大臣の判断の慎重と公正妥当を担保してその恣意を抑制するとともに、拒否の理由を申請者に知らせることによって、その不服申立てに便宜を与える趣旨に出たものというべきであり、このような理由付記制度の趣旨にかんがみれば、一般旅券発給拒否通知書に付記すべき理由と

しては、いかなる事実関係に基づきいかなる法規を適用して一般旅券の発給が拒否されたかを、申請者においてその記載自体から了知しうるものでなければならず、単に発給拒否の根拠規定を示すだけでは、それによって当該規定の適用の基礎となった事実関係をも当然知りうるような場合を別として、旅券法の要求する理由付記として十分でないといわなければならない」。

「この見地に立って旅券法13条1項5号をみるに、同号は『前各号に掲げる者を除く外、外務大臣において、著しく且つ直接に日本国の利益又は公安を害する行為を行う虞があると認めるに足りる相当の理由がある者』という概括的、抽象的な規定であるため、一般旅券発給拒否通知書に同号に該当する旨付記されただけでは、申請者において発給拒否の基因となった事実関係をその記載自体から知ることはできないといわざるをえない。したがって、外務大臣において旅券法13条1項5号の規定を根拠に一般旅券の発給を拒否する場合には、申請者に対する通知書に同号に該当すると付記するのみでは足りず、いかなる事実関係を認定して申請者が同号に該当すると判断したかを具体的に記載することを要すると解するのが相当である。そうであるとすれば、単に『旅券法13条1項5号に該当する。』と付記されているにすぎない本件一般旅券発給拒否処分の通知書は、同法14条の定める理由付記の要件を欠くものというほかはなく、本件一般旅券発給拒否処分に右違法があることを理由としてその取消しを求める上告人の本訴請求は、正当として認容すべきである」。

[ワンポイント解説] 理由付記を必要とする旅券法14条の趣旨について、「拒否事由の有無についての外務大臣の判断の慎重と公正妥当を担保してその恣意を抑制するとともに、拒否の理由を申請者に知らせることによって、その不服申立てに便宜を与える」ことにあることを示した判決である。加えて、「いかなる事実関係に基づきいかなる法規を適用して一般旅券の発給が拒否されたかを、申請者においてその記載自体から了知しうるものでなければならず、単に発給拒否の根拠規定を示すだけでは、それによって当該規定の適用の基礎となった事実関係をも当然知りうるような場合を別として、旅券法の要求する理由付記として十分でない」として、理由付記の程度についても判断している。

3-11-2 **耐震偽装免許取消事件**(理由提示の意義、最判平成23・6・7民集65巻4号2081頁)

[事実] X_1は、一級建築士として建築士事務所の管理建築士を務めていたが、国土交通大臣から、建築士法(平成18年法律第92号による改正前のもの。以下同じ)10条1項2号および3号に基づく一級建築士免許取消処分(以下「本件免許取消処分」という)を受け、これに伴い、同事務所の開設者であったX_2も、北海道知事から、同法26条2項4号に基づく建築士事務所登録取消処分(以下「本件登録取消処分」という)を受けた。

X_1に対する本件免許取消処分の通知書には、処分の理由として、「あなたは、北

海道札幌市（中略。7箇所の地番が記載されている）を敷地とする建築物の設計者として、建築基準法令に定める構造基準に適合しない設計を行い、それにより耐震性等の不足する構造上危険な建築物を現出させた。また、北海道札幌市（中略。5箇所の地番が記載されている）を敷地とする建築物の設計者として、構造計算書に偽装がみられる不適切な設計を行った。このことは、建築士法10条1項2号及び3号に該当し、一級建築士に対し社会が期待している品位及び信用を著しく傷つけるものである」と記載されていた。

　X_1、X_2は、国（Y_1）、北海道（Y_2）を被告として、本件免許取消処分は、公にされている処分基準の適用関係が理由として示されておらず、行政手続法14条1項本文の定める理由提示の要件を欠いた違法な処分であり、これを前提とする本件登録取消処分も違法な処分であるなどとして、これらの各処分の取消しを求めて出訴した。

　第1審・第2審ともに、Xらの請求を棄却したので、Xらは上告した。

　破棄自判（請求認容）。

[判旨]　「行政手続法14条1項本文が、不利益処分をする場合に同時にその理由を名宛人に示さなければならないとしているのは、名宛人に直接に義務を課し又はその権利を制限するという不利益処分の性質に鑑み、行政庁の判断の慎重と合理性を担保してその恣意を抑制するとともに、処分の理由を名宛人に知らせて不服の申立てに便宜を与える趣旨に出たものと解される。そして、同項本文に基づいてどの程度の理由を提示すべきかは、上記のような同項本文の趣旨に照らし、当該処分の根拠法令の規定内容、当該処分に係る処分基準の存否及び内容並びに公表の有無、当該処分の性質及び内容、当該処分の原因となる事実関係の内容等を総合考慮してこれを決定すべきである」。

　「この見地に立って建築士法10条1項2号又は3号による建築士に対する懲戒処分について見ると、同項2号及び3号の定める処分要件はいずれも抽象的である上、これらに該当する場合に同項所定の戒告、1年以内の業務停止又は免許取消しのいずれの処分を選択するかも処分行政庁の裁量に委ねられている。そして、建築士に対する上記懲戒処分については、処分内容の決定に関し、本件処分基準が定められているところ、本件処分基準は、意見公募の手続を経るなど適正を担保すべき手厚い手続を経た上で定められて公にされており、しかも、その内容は、……多様な事例に対応すべくかなり複雑なものとなっている。

　そうすると、建築士に対する上記懲戒処分に際して同時に示されるべき理由としては、処分の原因となる事実及び処分の根拠法条に加えて、本件処分基準の適用関係が示されなければ、処分の名宛人において、上記事実及び根拠法条の提示によって処分要件の該当性に係る理由は知り得るとしても、いかなる理由に基づいてどのような処分基準の適用によって当該処分が選択されたのかを知ることは困難であるのが通例であると考えられる」。

　「これを本件について見ると、……本件免許取消処分はX_1の一級建築士として

の資格を直接にはく奪する重大な不利益処分であるところ、その処分の理由として、X_1 が、札幌市内の複数の土地を敷地とする建築物の設計者として、建築基準法令に定める構造基準に適合しない設計を行い、それにより耐震性等の不足する構造上危険な建築物を現出させ、又は構造計算書に偽装が見られる不適切な設計を行ったという処分の原因となる事実と、建築士法10条1項2号及び3号という処分の根拠法条とが示されているのみで、本件処分基準の適用関係が全く示されておらず、その複雑な基準の下では、X_1 において、上記事実及び根拠法条の提示によって処分要件の該当性に係る理由は相応に知り得るとしても、いかなる理由に基づいてどのような処分基準の適用によって免許取消処分が選択されたのかを知ることはできないものといわざるを得ない。このような本件の事情の下においては、行政手続法14条1項本文の趣旨に照らし、同項本文の要求する理由提示としては十分でないといわなければならず、本件免許取消処分は、同項本文の定める理由提示の要件を欠いた違法な処分であるというべきであって、取消しを免れないものというべきである。

そして、上記のとおり本件免許取消処分が違法な処分として取消しを免れないものである以上、これを前提とする本件登録取消処分もまた違法な処分として取消しを免れないものというべきである」。

［ワンポイント解説］　行政手続法14条1項で必要とされる不利益処分における理由付記のあり方について示した判決である。本判決は、理由付記の趣旨を「名宛人に直接に義務を課し又はその権利を制限するという不利益処分の性質に鑑み、行政庁の判断の慎重と合理性を担保してその恣意を抑制するとともに、処分の理由を名宛人に知らせて不服の申立てに便宜を与える趣旨に出たもの」としたうえで、「同項本文に基づいてどの程度の理由を提示すべきかは、上記のような同項本文の趣旨に照らし、当該処分の根拠法令の規定内容、当該処分に係る処分基準の存否及び内容並びに公表の有無、当該処分の性質及び内容、当該処分の原因となる事実関係の内容等を総合考慮してこれを決定すべきである」としている。

第 12 章　行政情報の管理

第 1 節　行政情報を管理する制度

　行政活動を行うためには、関係するさまざまな情報が必要である。これらの情報を適切に収集・管理・利用するための法的仕組みが整備されていることが不可欠である。

　情報収集をする行政活動としては行政調査（第 9 章参照）をあげることができるが、通常は、各種の届出や申請、たとえば営業の許認可申請の際に当該申請者に関係する個人情報・法人情報を得られることが多いといえよう。また行政指導において各種の報告を求められることもある。このように、行政機関には、国民の側から強制的にあるいは任意に提出されるあらゆる分野の膨大な情報が日々蓄積されている。これらの行政情報を、適切に管理し、利用することが求められる。

　そのための法的制度として特に重要なのが、行政が収集した情報の開示を求める情報公開制度と、行政が収集・管理する情報に国民がアクセスすることを内容とする個人情報保護制度である。

　さらに、「公文書等の管理に関する法律」（以下「公文書管理法」という）が平成 21 年に制定され、行政情報が記録されている公文書等の管理に関する包括的な制度が作られた。

第2節　情報公開制度

1　目　　的

　行政機関の保有する情報の公開に関する法律（以下「行政機関情報公開法」という）は、「国民主権の理念にのっとり、行政文書の開示を請求する権利につき定めること等により、行政機関の保有する情報の一層の公開を図り、もって政府の有するその諸活動を国民に説明する責務が全うされるようにするとともに、国民の的確な理解と批判の下にある公正で民主的な行政の推進に資することを目的と」している（1条）。

　主権者である国民が選挙等を通じて政府のさまざまな行政活動を監視するには、政府の行政活動の実態を的確に把握する必要があり、その前提として政府が保有する行政情報を正確に知る必要がある。また国民の信託を受けて活動をしている政府も、自らの行政活動の正当性を国民に説明する責任がある。このように情報公開制度は、国民主権の観点から、一方では国民の知る権利（憲法21条）に資するものとして、他方では政府の説明責任を果たすものとして重要な役割を果たしている。なお、同様の情報公開制度は、地方公共団体でも情報公開条例として定められている。

2　開示請求

　行政機関情報公開法の開示請求の対象となる情報は、「行政機関」が保有する「行政文書」である。「行政機関」には、原則として国の行政機関のすべてが含まれる（行政機関情報公開法2条1項）。また「行政文書」とは、法が定める行政機関の職員が職務上作成し、または取得した文書、図画および電磁的記録であって、当該行政機関の職員が組織的に用いるものとして、当該行政機関が保有しているものである（同法2条2項）。

　行政機関が保有する行政情報の開示請求は、「何人」もすることができる（同法3条）。これは開示を求める行政情報と利害関係がなくても開示請求を

行うことができることを意味する。また未成年者や外国人であっても請求ができる。

開示請求は、開示請求書を行政機関の長に提出して行われ（同法4条）、行政機関の長は、開示請求をされた行政情報が、法が定める不開示情報（同法5条1項各号）に該当するときを除き、原則として開示決定をしなければならない（同法5条）。

愛知万博情報公開請求事件（最判平成19・4・17判時1971号109頁）において最高裁は、愛知県公文書公開条例所定の非公開情報に該当しない公務員の懇談会出席に関する情報と、非公開情報に該当する公務員以外の者の懇談会出席に関する情報とが記録され両情報に共通する記載部分がある場合において、前者の公務員の懇談会出席に関する情報に係る記載部分がすべて公開すべきものとされた。

行政文書の開示は、閲覧や写しの交付等の方法によって行われ（同法14条）、一定の手数料の支払が必要となる（同法16条）。

3 不開示情報

何を不開示情報とするかはきわめて重要な問題であるが、行政機関情報公開法は次の6種類をあげている。すなわち、(1) 個人に関する情報（5条1項1号）、(2) 法人等に関する情報（同項2号）、(3) 国の安全等に関する情報（同項3号）、(4) 公共の安全等に関する情報（同項4号）、(5) 審議、検討または協議に関する情報（同項5号）、(6) 事務または事業に関する情報（同項6号）である。

(1) 個人に関する情報（5条1項1号）

個人に関する情報が不開示とされるのは、プライバシーを中核とする当該個人の権利利益を保護するためである。もっとも、プライバシーなど他人に知られたくない情報に限定されるわけではなく、個人を識別することができるもの、または公にすることにより個人の権利利益を害するおそれがあるものであれば足りる。

この個人識別情報の判断基準が問題となったのは大阪市食糧費情報公開請

求事件（**裁判例3-12-1**）である。最高裁は、大阪市公文書公開条例6条2号で非公開情報とされている「個人に関する情報」の意義について、「個人の思想、信条、健康状態、所得、学歴、家族構成、住所等の私事に関する情報に限定されるものではなく、個人にかかわりのある情報であれば、原則として同号にいう『個人に関する情報』に当たると解するのが相当である」と示したうえで、公務員や法人等の職務の遂行に関する情報が、これに該当するかについて判断したものである。

(2) 法人等に関する情報（5条1項2号）

会社や学校法人、宗教法人などの法人その他の団体に関する情報が不開示とされるのは、当該法人等の権利や競争上の地位など正当な利益を保護するためである。また、行政機関の要請を受けて、公にしないとの条件で提供された情報は、その条件に一定の合理性があるものも不開示とされる。

(3) 国の安全等に関する情報（5条1項3号）

国の安全や外交上の交渉経過等に関わる情報なども、公にすることにより国の安全等が害されるおそれがあると行政機関の長が認めたことにつき相当の理由があるときは、不開示とされている。この不開示情報については、他の不開示情報とは異なり、その該当性の判断について行政機関の長に一定の裁量が認められている点に特徴がある。

(4) 公共の安全等に関する情報（5条1項4号）

国の安全等に関する情報（3号）と同様に、犯罪の予防・鎮圧等の公共の安全に関わる情報なども、公にすることにより公共の安全などが害されるおそれがあると行政機関の長が認めたことにつき相当の理由があるときは、不開示とされている。

(5) 審議、検討または協議に関する情報（5条1項5号）

国、地方公共団体の内部または相互間における審議・検討または協議に関する情報も、公にすることにより、率直な意見交換、意思決定の中立性が不当に損なわれるおそれがあるもの、不当に国民の間に混乱を生じさせるおそれがあるもの、特定の者に不当に利益・不利益を及ぼすおそれがあるものは不開示とされている。

(6) 事務または事業に関する情報（5条1項6号）

　国・地方公共団体の事務や事業に関する情報についても、公にすることにより事務・事業の目的を損なうおそれや、事務・事業の適正な遂行に支障が生じるおそれがあるものは不開示とされている。

4　第三者の保護

　行政機関情報公開法は、開示の対象となっている行政文書に、行政機関や開示請求者以外の第三者の情報が記録されている場合には、行政機関の長は、第三者に意見書を提出する機会を付与すると規定する（13条1項・2項）。もっとも第三者が開示について反対意見を提出したときでも開示決定をすることができる（同条3項）。

　那覇市自衛隊基地情報公開請求事件（**裁判例 3-12-2**）において最高裁は、住民の情報公開請求に応じて那覇市が行った情報公開決定に対して、第三者としての国がその取消しを求めた訴訟について、法律上の争訟性を肯定したうえで、那覇市情報公開条例には、国が主張する利益を個別的利益として保護する趣旨を含まないとして、原告適格を否定した。

5　法的救済制度

　開示請求に対する開示決定・不開示決定について不服がある場合には、行政上の不服申立ておよび行政事件訴訟法に基づく行政訴訟によって争うことができる。行政上の不服申立ての審理にあたっては、情報公開・個人情報保護審査会への諮問が義務づけられている（行政機関情報公開法18条以下）。

　情報公開訴訟におけるインカメラ審理が認められるかについて争われた事件（最決平成21・1・15民集63巻1号46頁）において最高裁は、民事訴訟の基本原則に反すること、民事訴訟法や情報公開法にもこれを許容する規定が存在しないことを理由にこれを否定した。

第3節　個人情報保護制度

1　個人情報保護制度の概要

　個人情報保護の法的制度としては、個人情報保護の基本原則と民間部門での保護制度について定めた「個人情報の保護に関する法律」（以下「個人情報保護法」という）と、国の行政機関における保護について定めた「行政機関の保有する個人情報の保護に関する法律」（以下「行政機関個人情報保護法」という）がある。

　平成27年9月、個人情報保護法と「行政手続における特定の個人を識別するための番号の利用等に関する法律」（以下「マイナンバー法」という）の改正が行われた。

　この改正は、個人情報の保護を図りつつ、パーソナルデータの利活用を促進することによる、新産業・新サービスの創出と国民の安全・安心の向上の実現およびマイナンバーの利用事務拡充のために行われたものである。

　マイナンバー法改正の主なポイントは、金融分野、医療等分野等における利用範囲の拡充にあるが、個人情報保護法改正のポイントは、個人情報の定義の明確化、要配慮個人情報に関する規定の整備、匿名加工情報に関する規定の整備、トレーサビリティの確保（第三者提供に係る確認および記録の作成義務）、不正な利益をはかる目的による個人情報データベース等提供罪の新設、国境を越えた適用などグローバル化に対応した規定整備、本人の同意を得ない第三者提供（オプトアウト）の届出・公表等の厳格化、利用目的の変更を可能とする規定の整備、取り扱う個人情報が5000人以下の小規模取扱事業者への対応など多岐にわたっている。

2　行政機関個人情報保護法

(1)　目　　的

　行政機関個人情報保護法は、「行政機関における個人情報の取扱いに関す

る基本的事項を定めることにより、行政の適正かつ円滑な運営を図りつつ、個人の権利利益を保護することを目的と」している（1条）。

(2) 対　　象

　行政機関個人情報保護法の保護の対象となるのは、「行政機関」が「保有」する「行政文書」に記録された「個人情報」である（2条2項・3項）。

　「行政機関」には、原則として国の行政機関のすべてが含まれる（同法2条1項）。ここにいう「個人情報」とは、生存する個人に関する情報であって、当該情報に含まれる氏名、生年月日その他の記述等により特定の個人を識別することができるものをいう（同条2項）。

　また「保有」するとは、「行政機関の職員が職務上作成し、又は取得した個人情報であって、当該行政機関の職員が組織的に利用するものとして、当該行政機関が保有しているもの」である（同条3項本文）。なお、「行政文書」は、行政機関情報公開法2条2項に規定する行政文書と同義である（同条3項ただし書）。

(3) 取　扱　い

　行政機関個人情報保護法は、行政機関における個人情報の適切な取扱いについて以下のように定める。すなわち、①利用目的を特定した保有（3条）、②書面による利用目的の明示（4条）、③正確性の確保（5条）、④安全確保の措置（6条）、⑤利用および提供の制限（8条）などである。加えて、⑥個人情報の取扱いに従事する行政機関の職員の義務（7条）、⑦行政機関から個人情報の提供を受ける者に対する措置要求（9条）を定めている。

(4) 本人の権利（開示・訂正・利用停止請求権）

　行政機関個人情報保護法は、本人の関与について、①開示請求権（12条以下）、②訂正請求権（27条以下）、③利用停止請求権（36条以下）を法定している。

　1) 開示請求権（12条以下）　　行政機関が保有する個人情報に対する本人の開示請求権を認め、行政機関には開示義務が課されている（14条）。開示請求に関しては行政機関情報公開法の開示請求とほぼ同じ仕組みがとられている。

2) **訂正請求権（27条以下）**　行政機関が保有する個人情報の内容が真実でないと思料するときはその訂正を請求することができる。訂正請求は、訂正請求書を行政機関の長に提出して行い（28条）、行政機関の長は、当該訂正請求に理由があると認めるときは、保有個人情報の利用目的の達成に必要な範囲内で訂正義務を負っている（29条）。

京都市レセプト訂正請求事件（**裁判例3-12-3**）において、最高裁は、京都市がレセプトを保管する趣旨や訂正の前提となる調査権限が市にはないことなどを理由に、京都市長が保管しているレセプトの記載を、個人情報保護条例に基づく自己情報の訂正請求によって訂正することは認められないとした。

3) **利用停止請求権（36条以下）**　自己を本人とする保有個人情報が、不適法な取得、利用、提供があると思料するときは、その利用の停止、消去または提供の停止を求めることができる。利用停止請求は、利用停止請求書を行政機関の長に提出して行い（37条）、行政機関の長は、当該利用停止請求に理由があると認めるときは、保有個人情報の適正な取扱いを確保するために必要な限度で利用停止の義務を負っている（38条）。

(5) 法的救済制度

開示・訂正・利用停止の各請求に対する決定について不服がある場合には、行政上の不服申立ておよび行政事件訴訟法に基づく行政訴訟によって争うことができる。行政上の不服申立ての審理にあたっては、情報公開・個人情報保護審査会への諮問が義務づけられている（行政機関個人情報保護法42条以下）。

第4節　公文書の管理

平成21年に「公文書管理法」が制定され、行政情報が記録されている公文書等の管理に関する包括的な仕組みが作られ、平成23年4月から施行されている。

公文書管理法にいう「公文書等」とは「行政文書」「法人文書」「特定歴史公文書等」をいう（2条8項）。ここに「行政文書」とは、行政機関の職員が職務上作成し、または取得した文書であって、当該行政機関の職員が組織

的に用いるものとして当該行政機関が保有しているもの（2条4項）、「法人文書」とは、独立行政法人等の役員または職員が職務上作成し、または取得した文書であって、当該独立行政法人等の役員または職員が組織的に用いるものとして当該独立行政法人等が保有しているもの（2条5項）、「特定歴史公文書等」とは、歴史資料として重要な公文書その他の文書のうち、公文書管理法8条1項の規定等により国立公文書館等に移管されたもの（2条7項）をそれぞれいう。

　公文書管理法は、行政文書について、その作成・整理（4条・5条）、保存（6条）、行政文書ファイル管理簿への記載・公表（7条）、移管・廃棄（8条）について定めている。法人文書は、行政文書に準じる形で適正に管理され（11条～13条）、「特定歴史的公文書等」についても保存・利用について定めている（14条～27条）。

● 裁　判　例

3-12-1　大阪市食糧費情報公開請求事件（個人識別情報の判断基準、最判平成15・11・11民集57巻10号1387頁）

[事実]　Xらは、平成4年6月15日、大阪市公文書公開条例（昭和63年大阪市条例第11号。以下「本件条例」という）に基づき、本件条例所定の実施機関である大阪市長（Y）に対し、昭和63年7月から平成4年3月までの間の大阪市財政局財務部財務課に係る食糧費の支出関係文書の公開を請求した。Yは、同請求に係る公文書の件名を上記期間における同課の食糧費支出に係る支出決議書、支出命令書および歳出予算差引簿と特定したうえで、上記各文書を全部非公開とする決定（以下「本件処分」という）をした。そのため、Xらは、その取消しを求めて出訴した。なお、Yは、第1審係属中に本件処分の一部を取り消し、Yの補助職員の氏名を含む一部の記載を公開し、第2審係属中に本件処分の一部をさらに取り消し、一部を公開した。第1審・第2審はともに、Xらの請求を認容したため、Yが上告した。

　一部破棄差戻し。一部破棄自判。一部棄却。

[判旨]　「本件条例6条2号は、『個人に関する情報（事業を営む個人の当該事業に関する情報を除く。）』であって、特定の個人が識別され、又は識別され得るものについては、同号ただし書所定の除外事由に当たるものを除き、これが記録されている公文書を公開しないことができると規定している。同号にいう『個人に関する情報』については、『事業を営む個人の当該事業に関する情報』が除外されている以外には文言上何ら限定されていないから、個人の思想、信条、健康状態、所得、

学歴、家族構成、住所等の私事に関する情報に限定されるものではなく、個人にかかわりのある情報であれば、原則として同号にいう『個人に関する情報』に当たると解するのが相当である。そして、法人その他の団体の従業員が職務として行った行為に関する情報は、職務の遂行に関する情報ではあっても、当該行為者個人にとっては自己の社会的活動としての側面を有し、個人にかかわりのあるものであることは否定することができない。そうすると、上記の職務の遂行に関する情報も、原則として、同号にいう『個人に関する情報』に含まれるというべきである」。

「もっとも、同条は、2号において『個人に関する情報』から『事業を営む個人の当該事業に関する情報』を除外した上で、3号において『法人その他の団体（国及び地方公共団体を除く。以下「法人等」という。）に関する情報又は事業を営む個人の当該事業に関する情報』と定めて、個人に関する情報と法人等に関する情報とをそれぞれ異なる類型の情報として非公開事由を規定している。これらの規定に照らせば、本件条例においては、法人等を代表する者が職務として行う行為等当該法人等の行為そのものと評価される行為に関する情報については、専ら法人等に関する情報としての非公開事由が規定されているものと解するのが相当である。したがって、法人等の行為そのものと評価される行為に関する情報は、同条2号の非公開情報に当たらないと解すべきである。そして、このような情報には、法人等の代表者又はこれに準ずる地位にある者が当該法人等の職務として行う行為に関する情報のほか、その他の者の行為に関する情報であっても、権限に基づいて当該法人等のために行う契約の締結等に関する情報が含まれると解するのが相当である」。

「次に、国及び地方公共団体の公務員の職務の遂行に関する情報は、公務員個人の社会的活動としての側面を有するが、公務員個人の私事に関する情報が含まれる場合を除き、公務員個人が同条2号にいう『個人』に当たることを理由に同号の非公開情報に当たるとはいえないものと解するのが相当である。

理由は、次のとおりである。本件条例は、市民の市政参加を推進し、市政に対する市民の理解と信頼の確保を図ることを目的とし、そのために市民に公文書の公開を求める権利を保障することとしており（1条）、実施機関に対し、『個人に関する情報』の保護について最大限の配慮をしつつも、公文書の公開を請求する市民の権利を十分尊重して本件条例を解釈適用する責務を負わせている（3条）。このように、本件条例は、大阪市の市政に関する情報を広く市民に公開することを目的として定められたものであるところ、同市の市政に関する情報の大部分は、同市の公務員（特別職を含む。）の職務の遂行に関する情報ということができる。そうすると、本件条例が、同市の公務員の職務の遂行に関する情報が記録された公文書について、公務員個人の社会的活動としての側面があることを理由に、これをすべて非公開とすることができるものとしているとは解し難いというべきである」。

[ワンポイント解説]　本判決は、本件条例6条2号で非公開情報とされている「個人に関する情報」の意義を明らかにしたうえで、公務員や法人等の職務の遂行に関する情報が、これに該当するかについて判断したものである。具体的には、食糧費の支出された会議等に相手方出席者として出席したことに関する情報のうち、①民間の法人その他の団体の従業員が職務として行った行為に関する情報、②法人等を代表する者が職務として行う行為等法人等の行為そのものと評価される行為に関する情報、③公務員の職務の遂行に関する情報の3点について、①の情報は該当するが、②③の各情報は該当しないと判断した。

3-12-2　那覇市自衛隊基地情報公開請求事件（最判平成13・7・13判自223号22頁）

[事実]　那覇市の住民Aらは、那覇市情報公開条例に基づき、那覇市長（Y）に対して、「航空自衛隊那覇基地内に建設される予定となっている対潜水艦戦作戦センター（ASWOC）に関する建物の設計図及び建築申請に関する資料」の公開を請求した。

公開請求の対象文書は、那覇防衛施設局長が、建築基準法に基づき、那覇市建築主事に提出した海上自衛隊第五航空群司令部庁舎の建築工事に関する計画通知書とその添付文書であった。

Yは、いったんは非公開とする決定を行ったが、Aの異議申立てを受けて公開する決定（以下「本件処分」という）を行った。そこで、国（X）が、公開によって国の秘密保護に係る法的利益および国の適正かつ円滑な行政活動を行う利益が侵害されるとして、本件処分の一部の取消しを求めて出訴した。

第1審・第2審ともに、本件訴訟は法律上の争訟に該当しないとして訴えを却下したので、Xが上告した。

上告棄却。

[判旨]　「原審は、本件においては、Yの本件条例に基づく行政権限の行使とXの防衛行政権限の行使との間に抵触が生じ、これをめぐって両当事者間の権限の行使に関する紛争が発生しているのであるから、本件訴えは裁判所法3条にいう『法律上の争訟』に当たらないと判断し、本件訴えを却下すべきものとした」。

「しかし、……本件文書は、建築基準法18条2項に基づき那覇市建築主事に提出された建築工事計画通知書及びこれに添付された本件建物の設計図面等であり、Xは、本件文書の公開によって国有財産である本件建物の内部構造等が明らかになると、警備上の支障が生じるほか、外部からの攻撃に対応する機能の減殺により本件建物の安全性が低減するなど、本件建物の所有者として有する固有の利益が侵害されることをも理由として、本件各処分の取消しを求めていると理解することができる。そうすると、本件訴えは、法律上の争訟に当たるというべきであ」る。

「本件条例6条1項は、同項各号所定の情報が記録されている公文書は非公開と

することができる旨を定めているが、その趣旨、文言等に照らし、同項がXの主張に係る利益を個別的利益として保護する趣旨を含むものと解することはできず、他に、Xの主張に係る利益を個別的利益として保護する趣旨を含むことをうかがわせる規定も見当たらない。そうすると、Xが本件各処分の取消しを求める原告適格を有するということはできないから、本件訴えは、結局、不適法」である。

[ワンポイント解説]　那覇市が行った情報公開決定に対して、国がその取消しを求めた訴訟について、法律上の争訟性を肯定したうえで、那覇市情報公開条例には、国が主張する利益を個別的利益として保護する趣旨を含まないとして、原告適格（第三者の）を否定した判決である。

3-12-3　**京都市レセプト訂正請求事件**（個人情報の訂正請求、最判平成18・3・10判時1932号71頁）

[事実]　京都市個人情報保護条例（平成5年京都市条例第1号。以下「本件条例」という）は、「個人に関する情報で、個人が識別され、又は識別され得るもの」を個人情報と定めたうえで（2条1号）、本件条例所定の実施機関が請求に基づいて個人情報の開示をする旨の決定をしたときは、遅滞なく、開示請求者に対し、当該決定に係る個人情報の開示をしなければならないと規定するとともに（18条1項）、同項の規定による開示を受けた自己の個人情報の内容に事実についての誤りがあると認める者は、実施機関に対し、その訂正を請求することができ（21条1項。以下、同項の規定に基づく訂正の請求を「訂正請求」という）、実施機関は、訂正請求があったときは、必要な調査をしたうえ、当該請求があった日の翌日から起算して30日以内に、当該請求に係る個人情報の訂正をする旨またはしない旨の決定をしなければならないと規定している（23条1項）。

　Xは、本件条例18条1項の規定により、Xが平成5年10月から同8年2月までに受けた歯科診療に係る国民健康保険診療報酬明細書（以下「本件レセプト」という）の開示を受けたが、本件レセプトに記録されたXの受けた診療に関する情報の内容に事実についての誤りがあるとして、同9年4月30日、本件条例21条1項に基づき、京都市長（Y）に対し、その訂正請求（以下「本件訂正請求」という）をした。

　本件レセプトは、各保険医療機関が、国民健康保険法その他の関係法令の規定に基づいて、Xに対する療養の給付に関する費用を保険者である市に請求するために、診療報酬請求書に添付される明細書として、Xに対して行ったとする診療の内容等を記載して作成し、療養の給付に関する費用の請求の審査および費用の支払に関する事務を市から委託された京都府国民健康保険団体連合会（以下「連合会」という）に提出したものである。連合会は、本件レセプトについて上記の審査を行った後、これを京都市（以下「市」という）に提出し、市は、連合会を通じて上記各保険医療機関に診療報酬を支払った後、本件レセプトが支払われた診療報酬額の明細となることから、歳入歳出の証拠書類としてこれを保管している。

Yは、同年5月30日付で、市には本件レセプトを訂正する権限がなく、市長であるYには本件訂正請求につき調査する権限がないことを理由として、これを訂正しない旨の処分（以下「本件処分」という）をした。

そこで、XはYを被告として、本件処分の取消しを求めて出訴した。

第1審・第2審ともに、Xの請求を認容したため、Yが上告した。

破棄自判（請求棄却）。

[判旨]「本件条例の定める訂正請求の制度は、基本的に、本件条例に基づいて開示を受けた自己の個人情報の内容に事実についての誤りがあると認める者に対し、その訂正を請求する権利を保障することにより、市の管理する誤りのある個人情報が利用されることによる個人の権利利益の侵害を防止することを趣旨目的として設けられたものと解される。そして、本件条例は、訂正請求があったときは、実施機関が必要な調査をした上、当該請求に係る個人情報の訂正をする旨又はしない旨の決定をしなければならないとしているものの、実施機関に対してそのために必要な調査権限を付与する特段の規定を置いておらず、実施機関の有する対外的な調査権限におのずから限界があることは明らかである」。

「前記事実関係等によれば、①本件レセプトは、国民健康保険法に基づく療養の給付に関する費用を請求するために、診療報酬請求書に添付される明細書として、保険医療機関が自ら行ったとする診療の内容を記載して作成し、連合会に提出したものであること、②連合会による審査の後に本件レセプトを取得した市は、これに基づき、連合会を通して保険医療機関に対して診療報酬の支払をしていること、③市においては、その支払の明細に係る歳入歳出の証拠書類として本件レセプトを保管しているものであること、が認められる」。

「上記の事情を踏まえると、保険医療機関が自ら行った診療として本件レセプトに記載した内容が実際のものと異なることを理由として、実施機関が本件レセプトに記録されたXの診療に関する情報を誤りのある個人情報であるとして訂正することは、保険医療機関が請求した療養の給付に関する費用の内容等を明らかにするという本件レセプトの文書としての性格に適さないものというべきである」。

「また、市において、実施機関の収集した個人情報が、当該実施機関内で個人情報を取り扱う事務の目的を達成するために必要な範囲内で利用されるものとして管理されることは、本件条例8条1項の規定に照らして明らかであるところ、本件レセプトについての上記保管目的からすると、本件レセプトに記録されたXの診療に関する情報は、本件訂正請求がされた当時、市においてXの実際に受けた診療内容を直接明らかにするために管理されていたものとは認められず、Xの権利利益に直接係るものということは困難であると考えられる。そして、実施機関が有する個人情報の訂正を行うための対外的な調査権限の内容にもかんがみれば、本件条例は、このような場合にまで、Xの実際に受けた診療内容について必要な調査を遂げた上で本件レセプトにおけるXの診療に関する情報を訂正することを要請しているとはいい難いと考えられる」。

「以上の諸点に照らすと、本件レセプトのXの診療に関する記載を訂正することは、本件条例の定める訂正請求の制度において予定されていないものということができるから、Yが本件処分をしたことが違法であるということはできない」。

[ワンポイント解説] 京都市長が保管しているレセプトの記載を、個人情報保護条例に基づく自己情報の訂正請求によって訂正することは認められないとした判決である。これは市が、レセプトを保管している趣旨や、訂正の前提となる調査権限が市にはないことなどを理由としている。

主要参考文献

《教科書》

阿部泰隆『行政法解釈学Ⅰ』（有斐閣 2008 年）
石川敏行・藤原静雄・大貫裕之・大久保規子・下井康史『はじめての行政法［第 3 版補訂版］』（有斐閣 2015 年）
市橋克哉・榊原秀訓・本多滝夫・平田和一『アクチュアル行政法』（法律文化社 2010 年）
大橋洋一『行政法Ⅰ—現代行政過程論［第 2 版］』（有斐閣 2013 年）
稲葉馨・人見剛・村上裕章・前田雅子『行政法［第 3 版］』（有斐閣 2015 年）
宇賀克也『行政法概説Ⅰ—行政法総論［第 5 版］』（有斐閣 2013 年）
宇賀克也『行政法概説Ⅲ—行政組織法/公務員法/公物法［第 3 版］』（有斐閣 2012 年）
大浜啓吉『行政法総論［第 3 版］』（岩波書店 2012 年）
小早川光郎『行政法 上』（弘文堂 1999 年）
櫻井敬子・橋本博之『行政法［第 4 版］』（弘文堂 2013 年）
塩野宏『行政法Ⅰ—行政法総論［第 6 版］』（有斐閣 2015 年）
塩野宏『行政法Ⅲ—行政組織法［第 4 版］』（有斐閣 2012 年）
芝池義一『行政法読本［第 3 版］』（有斐閣 2013 年）
芝池義一『行政法総論講義［第 4 版増補版］』（有斐閣 2006 年）
曽和俊文・山田洋・亘理格『現代行政法入門［第 3 版］』（有斐閣 2015 年）
曽和俊文『行政法総論を学ぶ』（有斐閣 2014 年）
高木光『プレップ行政法［第 2 版］』（弘文堂 2012 年）
高木光・宇賀克也編『行政法の争点』（有斐閣 2014 年）
高橋滋編著『行政法 Visual Materials』（有斐閣 2014 年）
田中二郎『新版行政法 上巻・中巻・下巻［全訂第 2 版］』（弘文堂 1974～1983 年）
畠山武道・下井康史編著『はじめての行政法［第 2 版］』（三省堂 2012 年）
原田尚彦『行政法要論［全訂第 7 版補訂 2 版］』（学陽書房 2012 年）
藤田宙靖『行政法入門［第 6 版］』（有斐閣 2013 年）
藤田宙靖『行政法総論』（青林書院 2013 年）
藤田宙靖『行政組織法』（有斐閣 2005 年）
南博方『行政法［第 6 版補訂版］』（有斐閣 2012 年）
山下淳・小幡純子・橋本博之『行政法［第 2 版補訂］』（有斐閣 2003 年）
亘理格・北村喜宣編著『重要判例とともに読み解く 個別行政法』（有斐閣 2013 年）

《判例集》

稲葉馨・下井康史・中原茂樹・野呂充編『ケースブック行政法［第 5 版］』（弘文堂 2014 年）
宇賀克也・交告尚史・山本隆司編『別冊ジュリスト 行政判例百選Ⅰ［第 6 版］』（有斐閣 2012 年）
大橋洋一・斎藤誠・山本隆司編『行政法判例集 1—総論・組織法』（有斐閣 2013 年）
橋本博之『行政判例ノート［第 3 版］』（弘文堂 2013 年）

事項索引

ア行

委員会	65-6
意見公募手続	127-8, 277
一部事務組合	94
一般競争入札	191
一般使用	112
一般職公務員	99
一般地方独立行政法人	40
一般的再議権	89
委任命令	123
違法行為（瑕疵）の転換	155
違法性の承継	153
上乗せ条例	82
営造物	108
――法人	38
エルンスト・フォルストホーフ	20
押収	225
オットー・マイヤー	3

カ行

カール・シュミット	71
外局	65
――規則	123
会計検査院	67
外形上一見明白説	151
戒告	173-4
開示請求	284
――権	289
開示・訂正・利用停止請求権	289
解釈基準	124, 129
解職請求	77
閣議	62
確認	141
加算税	171
瑕疵ある行政行為	149
瑕疵の治癒	154
課徴金	171
下命	139-40
簡易代執行	175
換価	178
勧告	202
監査機関	50
監視権	55
間接強制調査	228
間接民主型	43
官庁理論的機関概念	48
関与法定主義	80
管理関係	23-4
議院内閣制	59
議会	85-6
――の解散の請求	77
機関委任事務	83
議決機関	50, 85
期限	144
基準の設定・公表	269
規制規範	29
規制行政	12, 21
規制的行政指導	200
規則	82, 123
覊束行為	236
基本5省（古典的5省）	7
基本法	32
客観的明白説	152
休職	101
給付基準	124
給付行政	12, 21-2
協議	57
強行法規	28
供述拒否権	229
行政委員会	3, 66, 91
行政学	5, 7
行政官庁	48, 50
行政機関	6, 17, 48, 51, 137
行政規則	122, 127
行政救済三法	18
行政救済法	17-8
行政計画	8, 118, 211
行政刑罰	182
行政契約	9, 118, 187

事項索引

行政決定の判断過程（行政過程）	238
行政行為	9, 118, 137
——の職権取消し	155
——の職権による撤回	155
行政財産	108, 111, 193
——の目的外使用	112
行政裁判所	2
行政裁量	5, 235
行政作用法	17, 202
強制執行	10
行政執行法	10, 170
行政指導	9, 118, 138, 200
——指針	124, 128-9
行政主体	6, 17, 38, 48
行政上の義務履行確保	118
行政上の強制執行	169
行政処分	242
行政先例法	32
行政争訟制度	11
行政組織法	17, 202
——の体系	42
行政組織法定主義	45
行政代執行	10, 169
行政庁	6, 49, 87, 137
強制調査	225
行政調査	8, 118, 225
強制徴収	10, 169
行政手続法	4
行政罰	10, 118, 182
行政文書	284, 290
行政法各論	18
行政法総論	17-8
行政立法	9, 118, 122
協働・調整の原理	45
許可	139-40
——使用	113
許認可権（同意承認権）	55
禁止	139-40
金銭給付義務	169
区域	74
国地方係争処理委員会	81
国の安全等に関する情報	286
訓令	56, 124
訓令権（指揮権）	56
訓令的職務命令	106
計画裁量	215
計画担保責任	216
景観協定	188
警察比例の原則	34
形式的意味の行政	19, 25
形式的意味の行政法	31
形成的行政行為	140
現業公務員	99
権限	6
——の委任	52
——の代行	52
——の代理	53
権限争議の決定権	57
権限濫用の禁止原則	33
建築協定	188
権力関係	23-4
権力行政	21
権力留保説	30
広域連合	94
公害防止協定	189
効果裁量	239
効果裁量説	237
公企業	108
合議制（型）	43-4, 49, 66
公共組合	40-1
公共工事入札契約適正化法	194
公共工事の入札	194
公共の安全等に関する情報	286
公共用物	109-10, 112
公権力の行使	138
抗告訴訟	195, 242
公証	141
公正の確保	270
交通反則金制度	184
公定力	9, 147
降任	101
公物	108
——の消滅	110
——の成立	110
公法契約	187
公法契約説	190

299

公法私法一元論	25
公法私法二元論	24-5
公務員	7
——の義務	105
——の権利	104
——の責任	107
公有財産	193
公用開始行為	109-10
公用廃止行為	111
公用物	109-10, 112
考慮遺脱	247
効力発生要件	145
考慮不尽	247
告示	124
告知・聴聞の機会	268
国土利用計画	212
国務大臣	61
国有財産	193
国立大学法人	39
個人識別情報	285
個人情報	289
個人に関する情報	285
国家公務員	99
国家補償制度	11
固有権説	70-1
根拠規範	29

サ 行

財産区	94
財産の差押え	178
最小組織の原理	44
財務会計行為	195
裁量基準	124, 129
裁量権の逸脱・濫用の審査	242
裁量行為	236
作用法的機関概念	48
3条機関	65
参与機関	50
ジェームズ・ブライス	70
指揮監督権	55
私経済関係	23
私経済的行政	21
自然公物	109

自治行政権	84
自治権	74-5, 82
自治財政権	84
自治事務	79-80
自治組織権	83
自治紛争処理委員	81
自治立法権	82
執行機関	50, 85, 87
——の多元主義	85, 90
執行罰（間接強制）	10, 169, 175, 182
執行命令	123
執行力	148
実質的意味の行政	19, 25
失職	102
質問検査権	226
指定管理者	41
指定代理	54
指定都市（政令指定都市）	92
指定法人	41
自動車の一斉検問	227
私法契約説	190
司法的執行	177
事務の監査の請求	77
事務の嘱託	58
事務配分的機関概念	49
事務または事業に関する情報	287
指名競争入札	192
氏名等の公表	171
諮問機関	50
社会観念審査	244
社会留保説	30
自由裁量	5
——行為	236
重大説	150
重大な事実誤認	245
重大明白説	150
住民	75
——監査請求	77-8, 195
——自治	71
——訴訟	77-8, 195
重要事項留保説	30
授益処分	142, 240
授益的行政	21

授権代理	53-4	成文法中心主義	31
首長制	84, 89	税務調査	225
受理	141	成立要件	145
準司法的権限	66, 68, 91	政令	123
準備行政	188	積極説	19-20, 25
準法律行為的行政行為	139	選挙権・被選挙権	76
準立法的権限	66, 68, 91	専決	54
省	64-5	全部留保説	30
消極説（控除説）	19-20	専門的技術的判断	236
条件	144	総合区	93
情勢適応の原則	100	捜索	225
承認	138	即時強制	8, 170
承認説	70-1	組織規範	29
情報公開・個人情報保護審査会	287	組織法的機関概念	49

タ　行

省令	123		
条例	82	代決	54
――の制定改廃の請求	76	代執行権	56
条例制定権の範囲	82	代執行令書による通知	174
職員団体	105	対人処分	143
職業公務員制	45	大臣政務官	65
職務命令	124	代替的作為義務	169
所持品検査	227	滞納処分	170
助成的行政指導	200	対物処分	143
処分基準	124, 128	代理	140
――の設定・公表	273	宅地開発協定	189
自力執行力	9	他事考慮	247
侵害処分	142, 240	立入検査	225
侵害的行政	21	立入り検査権	226
侵害留保説	30	田中二郎	16, 20, 23
侵害留保の原則	84	団体自治	71
審議、検討または協議に関する情報	286	秩序罰	182, 184
信義則違反	246	地方公共団体の組合	94
人工公物	109	地方公共団体の長	87
審査基準	124, 128	地方公務員	99
――の設定・公表	271	地方自治の本旨	71
人事院	68	地方支分部局	67
申請に対する処分	143, 271	地方的・民衆的慣習法	32
信頼保護の原則	33	地方出先機関	67
随意契約	192	地方独立行政法人	40
政治的判断	236	地方分権型	43
成績本位の原則	100	中央集権型	43
制度的保障説	70-1	中核市	93
政府契約支払遅延防止法	194		

庁	65-6
懲戒	102
——処分	103
調整会議	93
調整的行政指導	200
長に対する不信任議決権	90
長の解散権	90
長の再議権（拒否権）	89
長の専決処分	90
聴聞	273
直接強制	10, 169, 176
直接請求権	76
直接民主型	43
通告処分制度	184
通達	56, 124, 138
通知	138, 141, 173
訂正請求権	290
撤回権の留保	144
手続的審査	244
伝来的公法関係	24
同意	138
透明性	270
登録法人	41
時の裁量	244
特殊契約説	190
特殊法人	38-9
督促	178
特定地方独立行政法人	40
特定独立行政法人	39
特定歴史公文書等	290
独任制（型）	43, 44, 49
特別行政主体	38
特別区	93
特別再議権	89
特別職公務員	99
特別地方公共団体	73
特別の代執行	175
独立行政機関	67
独立行政法人	39
特例公務員	99
都市計画	211, 213
土地利用基本計画	212
特許	140

——使用	114
届出	277
取り消しうる行政行為	149
取消訴訟	9
取消・停止権	56-7

ナ　行

内閣官房	62
内閣総理大臣	60
内閣府	63-4
内閣府令	123
内部部局	65
二重効果的行政	21
二重処罰の禁止	183
任意調査	225
認可	140
任用	100
納税の告知	178
能率性の原理	44

ハ　行

配当	178
8条機関	66
剥権行為	140
判断過程審査	244
判断代置による審査	242
非訓令的職務命令	106
非現業公務員	99
非権力行政	22
非訟事件手続法	185
非代替的作為義務	169
非特定独立行政法人	39
標準処理期間	271
平等原則	33-4
——違反	246
平等取扱の原則	100
費用納付命令	173
比例原則	33-4
——違反	247
不開示情報	285
不可争力	148
不可変更力	148
附款	143

事項索引

複効的行政	21	——の原則	3, 28
複効的処分	142	補助機関	50
副大臣	65	本来的公法関係	24
不作為義務	169		
付属機関	66	**マ 行**	
負担	144	マイナンバー法	288
普通財産	193	みなし公務員	98
普通地方公共団体	73-4	民事訴訟	195
不利益処分	143, 273	民主制の原理	44
分限	101	無効な行政行為	149
——処分	103	明白性補充要件説	152
文書閲覧	268	命令	32
分担管理原則	60	命令的行政行為	139
併科	183	免除	139-40
弁明の機会の付与	273	免職	102
法規裁量	5	目的・動機違反	246
——行為	236		
法規命令	122-3	**ヤ 行**	
報告	138	有効要件（効力要件）	146
報償契約	187	要件裁量	239
法人処罰	184	要件裁量説	237
法人等に関する情報	286	横出し条例	82
法人文書	290		
法定受託事務	79-80	**ラ 行**	
法定代理	54	理由の提示	272
法律行為	6	理由付記	268
——的行政行為	139	利用停止請求権	290
法律による行政の原理	3, 28	両罰規定	183-4
法律の先占論	83	緑地協定	188
法律の法規創造力の原則	3, 28	臨検	225
法律の優位（優先）の原則	3, 28	令状主義	229
法律の留保	29	連携協約	91

303

判例索引

最高裁判所

最判昭和 25・9・15 民集 4 巻 9 号 404 頁	154
最大判昭和 28・2・18 民集 7 巻 2 号 157 頁	**24-5**
最大判昭和 28・12・23 民集 7 巻 13 号 1561 頁	113
最判昭和 29・1・21 民集 8 巻 1 号 102 頁	148
最大判昭和 29・7・19 民集 8 巻 7 号 1387 頁	155
最判昭和 29・7・30 民集 8 巻 7 号 1463 頁	258
最判昭和 29・7・30 民集 8 巻 7 号 1501 頁	258
最判昭和 30・2・24 民集 9 巻 2 号 217 頁	159
最判昭和 30・12・26 民集 9 巻 14 号 2070 頁	147
最判昭和 31・4・24 民集 10 巻 4 号 417 頁	**25-6**
最大判昭和 32・2・20 刑集 11 巻 2 号 802 頁	231
最判昭和 32・5・10 民集 11 巻 5 号 699 頁	103
最判昭和 32・6・19 刑集 11 巻 6 号 1663 頁	251
最大判昭和 32・11・27 刑集 11 巻 12 号 3113 頁	184
最大判昭和 32・12・28 刑集 11 巻 14 号 3461 頁	33
最判昭和 33・3・28 民集 12 巻 4 号 624 頁	129
最大判昭和 33・4・30 民集 12 巻 6 号 938 頁	183
最判昭和 33・5・1 刑集 12 巻 7 号 1272 頁	125
最判昭和 34・1・29 民集 13 巻 1 号 32 頁	138
最判昭和 34・6・26 民集 13 巻 6 号 846 頁	102
最判昭和 34・9・22 集 13 巻 11 号 1426 頁	151, 164
最判昭和 35・3・31 民集 14 巻 4 号 663 頁	27
最判昭和 35・7・12 民集 14 巻 9 号 1744 頁	138
最判昭和 36・3・7 民集 15 巻 3 号 381 頁	**151, 163**
最判昭和 36・4・21 民集 15 巻 4 号 850 頁	160-1
最大判昭和 37・5・30 刑集 16 巻 5 号 577 頁	83
最大判昭和 38・3・27 刑集 17 巻 2 号 121 頁	94
最判昭和 38・5・31 民集 17 巻 4 号 617 頁	279
最判昭和 38・12・12 民集 17 巻 12 号 1682 頁	279
最判昭和 39・1・16 民集 18 巻 1 号 1 頁	113
最判昭和 39・10・29 民集 18 巻 8 号 1809 頁	**137-8, 158**
最大判昭和 41・2・23 民集 20 巻 2 号 271 頁	216, 221
最大判昭和 41・2・23 民集 20 巻 2 号 320 頁	**177, 179**
最判昭和 42・9・26 民集 21 巻 7 号 1887 頁	148
最判昭和 43・11・7 民集 22 巻 12 号 2421 頁	157
最判昭和 43・12・24 民集 22 巻 13 号 3147 頁	**129-30, 135, 138**
最判昭和 45・12・24 民集 24 巻 13 号 2234 頁	142
最大判昭和 46・1・20 民集 25 巻 1 号 1 頁	138
最判昭和 46・1・22 民集 25 巻 1 号 45 頁	278

最判昭和 46・10・28 民集 25 巻 7 号 1037 頁	249, 269
最大判昭和 47・11・22 刑集 26 巻 9 号 554 頁	226, 229-30
最判昭和 47・12・5 民集 26 巻 10 号 1795 頁	154
最判昭和 48・4・26 民集 27 巻 3 号 629 頁	152, 164
最決昭和 48・7・10 刑集 27 巻 7 号 1205 頁	228
最判昭和 49・2・5 民集 28 巻 1 号 1 頁	112
最判昭和 49・7・19 民集 28 巻 5 号 790 頁	258-9
最判昭和 50・2・25 民集 29 巻 2 号 143 頁	24
最判昭和 50・5・29 民集 29 巻 5 号 662 頁	269
最判昭和 50・6・27 民集 29 巻 6 号 867 頁	146
最大判昭和 50・9・10 刑集 29 巻 8 号 489 頁	83, 95
最判昭和 51・12・24 民集 30 巻 11 号 1104 頁	111
最判昭和 52・12・20 民集 31 巻 7 号 1101 頁	241, 243, 245, 252, 254, 258
最判昭和 53・5・26 民集 32 巻 3 号 689 頁	257
最判昭和 53・6・16 刑集 32 巻 4 号 605 頁	246, 256
最判昭和 53・6・20 刑集 32 巻 4 号 670 頁	233
最判昭和 53・9・7 刑集 32 巻 6 号 1672 頁	226-7, 232
最大判昭和 53・10・4 民集 32 巻 7 号 1223 頁	243-4, 250
最判昭和 53・12・8 民集 32 巻 9 号 1617 頁	138
最判昭和 53・12・21 民集 32 巻 9 号 1723 頁	82
最判昭和 54・12・25 民集 33 巻 7 号 753 頁	138
最決昭和 55・9・22 刑集 34 巻 5 号 272 頁	29, 227
最判昭和 56・1・27 民集 35 巻 1 号 35 頁	216, 221
最判昭和 56・2・26 民集 35 巻 1 号 117 頁	141
最判昭和 56・4・7 民集 35 巻 3 号 443 頁	181
最判昭和 57・4・23 民集 36 巻 4 号 727 頁	244
最判昭和 57・7・15 民集 36 巻 6 号 1146 頁	145
最判昭和 57・7・15 民集 36 巻 6 号 1169 頁	184, 186
最大判昭和 58・6・22 民集 37 巻 5 号 793 頁	131
最判昭和 59・2・24 刑集 38 巻 4 号 1287 頁	202
最判昭和 60・1・22 民集 39 巻 1 号 1 頁	272, 279
最判昭和 60・7・16 民集 39 巻 5 号 989 頁	203, 205
最判昭和 60・12・17 民集 39 巻 8 号 1821 頁	216
最判昭和 61・2・13 民集 40 巻 1 号 1 頁	216
最判昭和 62・3・20 民集 41 巻 2 号 189 頁	193, 195
最判昭和 62・5・19 民集 41 巻 4 号 687 頁	193
最判昭和 62・11・20 裁判集民事 152 号 209 頁	133
最判昭和 63・6・17 判時 1289 号 39 頁	158, 166
最決昭和 63・10・28 刑集 42 巻 8 号 1239 頁	148
最決平成元・11・7 裁判集刑事 253 号 399 頁	209
最決平成 1・11・8 判時 1328 号 16 頁	205, 210
最判平成 2・1・18 民集 44 巻 1 号 1 頁	124, 254
最判平成 2・2・1 民集 44 巻 2 号 369 頁	126, 130, 132

最判平成 3・3・8 民集 45 巻 3 号 164 頁	29, 34
最判平成 3・7・9 民集 45 巻 6 号 1049 頁	126
最大判平成 4・7・1 民集 46 巻 5 号 437 頁	267
最判平成 4・10・6 裁判集民事 166 号 41 頁	221
最判平成 4・10・29 民集 46 巻 7 号 1174 頁	243
最判平成 4・11・26 民集 46 巻 8 号 2658 頁	216
最判平成 5・2・18 民集 47 巻 2 号 574 頁	205, 208
最大判平成 7・2・22 刑集 49 巻 2 号 1 号	60, 68
最判平成 7・11・7 民集 49 巻 9 号 2829 頁	141
最判平成 8・3・8 民集 50 巻 3 号 469 頁	248, 258
最判平成 8・7・2 判時 1578 号 51 頁	246
最判平成 10・7・16 判時 1652 号 52 頁	250
最判平成 10・10・13 判時 1662 号 83 頁	183
最判平成 11・1・21 民集 53 巻 1 号 13 頁	191
最判平成 11・10・22 民集 53 巻 7 号 1270 頁	146
最判平成 11・11・25 判時 1698 号 66 頁	215
最判平成 13・7・13 判自 223 号 22 頁	287, 293
最判平成 14・1・31 民集 56 巻 1 号 246 頁	126
最判平成 14・7・9 民集 56 巻 6 号 1134 頁	177, 180
最判平成 15・1・17 民集 57 巻 1 号 1 頁	106
最判平成 15・11・11 民集 57 巻 10 号 1387 頁	286, 291
最判平成 16・1・20 刑集 58 巻 1 号 26 頁	229
最決平成 17・6・24 判時 1904 号 69 頁	41, 46
最判平成 17・7・15 民集 59 巻 6 号 1661 頁	138, 205
最判平成 18・2・7 民集 60 巻 2 号 401 頁	245, 248, 260
最判平成 18・3・10 判時 1932 号 71 頁	290, 294
最判平成 18・7・14 民集 60 巻 6 号 2369 頁	191, 195
最判平成 18・9・4 判時 1948 号 26 頁	249, 264
最判平成 18・10・26 判時 1953 号 122 頁	192, 195
最判平成 18・11・2 民集 60 巻 9 号 3249 頁	215, 217, 245, 248
最判平成 19・2・6 民集 61 巻 1 号 22 頁	128
最判平成 19・4・17 判時 1971 号 109 頁	285
最判平成 19・12・7 民集 61 巻 9 号 3290 頁	249
最大判平成 20・9・10 民集 62 巻 8 号 2029 頁	216, 219
最決平成 21・1・15 民集 63 巻 1 号 46 頁	287
最判平成 21・7・10 判時 2058 号 53 頁	190, 195, 197
最判平成 21・11・18 民集 63 巻 9 号 2033 頁	126
最判平成 21・11・26 民集 63 巻 9 号 2124 頁	139
最判平成 21・12・17 民集 63 巻 10 号 2631 頁	154, 161
最判平成 22・6・3 民集 64 巻 4 号 1010 頁	148, 159
最判平成 23・6・6 民集 65 巻 4 号 1855 頁	255
最判平成 23・6・7 民集 65 巻 4 号 2081 頁	274, 280
最判平成 24・1・16 判時 2147 号 127 頁	243, 245, 247, 253

最判平成 24・2・28 民集 66 巻 3 号 1240 頁	243
最判平成 24・4・2 民集 66 巻 6 号 2367 頁	243
最判平成 24・4・20 民集 66 巻 6 号 2583 頁	**78, 96**
最判平成 24・12・7 刑集 66 巻 12 号 1722 頁	**125, 130, 132**
最判平成 25・1・11 民集 67 巻 1 号 1 頁	126

|高等裁判所|

大阪高決昭和 40・10・5 行集 16 巻 10 号 1756 頁	173
東京高判昭和 48・7・13 行集 24 巻 6 = 7 号 533 頁	249
仙台高判昭和 49・7・8 判時 756 号 62 頁	257
東京高判平成 13・6・14 判時 1757 号 51 頁	278

|大審院|

| 大判昭和 17・9・16 刑集 21 巻 417 頁 | 184 |

【著者紹介】

尹　龍澤（いん・りゅうたく）　　　　　　序論・第1部・第2部
　最終学歴　創価大学大学院法学研究科博士課程
　現　　職　創価大学法科大学院教授、博士（法学）、弁護士
　主要著作　『東アジアの行政不服審査制度―韓国・中国・台湾そして日本』
　　　　　　（有信堂高文社、2004年）、『現代の韓国法―その理論と動態』
　　　　　　（有信堂高文社、2004年）、『法学へのプレリュード―法は誰の
　　　　　　ものか』（八千代出版、2009年）など

島田　新一郎（しまだ・しんいちろう）　　　　　　第3部
　最終学歴　上智大学大学院法学研究科博士前期課程
　現　　職　創価大学法科大学院教授、弁護士（第44期司法修習）
　主要著作　「取消訴訟における違法の内容について」『創価ロージャーナ
　　　　　　ル』第3号（2009年）、「環境行政法からみる公益概念」『創価
　　　　　　ロージャーナル』第5号（2012年）、「明治憲法下における行
　　　　　　政執行法の諸問題」『通信教育部論集』第15号（2012年）な
　　　　　　ど

　　　　　　　　　　　一般行政法Ⅰ〈総論〉

2015年11月11日　第1版1刷発行

著　者―尹龍澤・島田新一郎
発行者―森口恵美子
印刷所―シナノ印刷㈱
製本所―㈱グリーン
発行所―八千代出版株式会社
　　　　〒101-0061　東京都千代田区三崎町2-2-13
　　　　TEL　03-3262-0420
　　　　FAX　03-3237-0723
　　　　振替　00190-4-168060

＊定価はカバーに表示してあります。
＊落丁・乱丁本はお取り替えいたします。

ISBN 978-4-8429-1665-1　　©2015 Y. Yoon and S. Shimada